Ronald Rolheiser

En busca de espiritualidad

Lineamientos
para una espiritualidad cristiana
en el siglo XXI

Grupo Editorial Lumen
Buenos Aires - México

Traducción: Marcelo Pérez Rivas

Supervisión de texto: María Eugenia Schindler

Coordinación gráfica: Lorenzo Ficarelli

Título original: *Seeking Spirituality.*

Guidelines for a Christian Spirituality for the Twenty-First Century

© 1998 by Ronald Rolheiser

Published by Hodder and Stoughton,

a division of Hodder Headline Ltd., Londres NW1 3BH

291.4	Rolheiser, Ronald
RON	En busca de espiritualidad : lineamientos para una espiritualidad cristiana del siglo XXI. – 1ª ed.– Buenos Aires : Lumen, 2003.
	304 p. ; 22x15 cm.
	ISBN 987-00-0352-4
	I. Título - 1. Espiritualidad

© Editorial Distribuidora Lumen SRL, 2003.
Grupo Editorial Lumen
Viamonte 1674, (C1055ABF) Buenos Aires, República Argentina
4373-1414 (líneas rotativas) Fax (54-11) 4375-0453
E-mail: editorial@lumen.com.ar
http://www.lumen.com.ar

Hecho el depósito que previene la ley 11.723
Todos los derechos reservados

LIBRO DE EDICIÓN ARGENTINA
PRINTED IN ARGENTINA

Para Henri Nouwen, 1932-1996, el Kierkegaard de nuestra generación. Al compartir sus propias luchas fue nuestro maestro, ayudándonos a orar cuando no sabíamos cómo se oraba, a descansar cuando nos sentíamos inquietos, a estar en paz cuando nos acosaba la tentación, a sentirnos seguros en medio de la ansiedad, a estar rodeados por una nube de luz aunque todavía permanecíamos en las tinieblas, a amar cuando seguíamos dudando.

ÍNDICE

PREFACIO

Éste es un libro para ti si espiritualmente estás luchando. Theillard de Chardin, que fue al mismo tiempo un místico y un científico, acostumbraba a preguntarse por qué tantas personas buenas y sinceras no creían en Dios. Su respuesta desbordaba simpatía, no juzgaba. Él sentía que no se les debía haber hablado de Dios de una manera correcta. Sus escritos religiosos constituyen un intento de hacer más aceptable la fe en Dios para aquellos que, sea por la razón que fuera, están luchando con ella. Este libro, salvando las distancias y con toda modestia, intenta hacer algo similar, a saber, ser una especie de guía para aquellos que no han oído hablar de la espiritualidad cristiana de una manera agradable.

Hay muchas personas buenas y sinceras que luchan hoy con su fe y con sus iglesias. Muchas cosas contribuyen a ello: el pluralismo de una época rica en todo, excepto en claridad; el individualismo de una cultura que dificulta la vida en familia y la vida en comunidad en todos los niveles; un sentimiento opuesto a la Iglesia tanto en la cultura popular como en el mundo intelectual; un antagonismo creciente entre aquellos que entienden la religión en términos de una oración y una piedad privadas y aquellos que la entienden como una búsqueda de la justicia; y una especie de cansancio dentro de las mismas iglesias cristianas mismas. No es una época fácil para ser cristiano, especialmente si está uno intentando transmitir su fe a sus propios hijos.

Nuestra esperanza es que este libro ayude, en medio de todo esto, a poner un poco más en claro las cosas de la fe, a hacerlas un poco más "saboreables" y mucho más esperanzadoras. Tengo la esperanza también de que un poco de la simpatía y el consuelo divinos pueda filtrarse y tocarte a ti, en tu lucha con la fe y con la Iglesia, en una época muy compleja.

También corresponde hacer un comentario con respecto al lenguaje y el estilo del libro. He intentado usar el lenguaje más sencillo posible. Primero porque el escritor espiritual que más ha influido sobre nuestra generación, Henri Nouwen, tenía la costumbre de volver a escribir sus libros una y otra vez para intentar hacerlos más sencillos. Éste, me parece a mí, es el ideal. Jesús hablaba el lenguaje común de la gente de su tiempo; se lo entendía en la mesa donde las familias se sentaban para comer todos los días y no solamente en las aulas académicas. En segundo lugar, pertenezco a una congregación religiosa, los Oblatos Misioneros de María Inmaculada, cuyo carisma es servir a los pobres. Los pobres tienen muchos rostros y hay muchas clases de pobreza. Servir a los pobres también significa intentar hacer que la Palabra de Dios y el consuelo divino se hagan accesibles a todos y no solamente a aquellos que han tenido el privilegio de una capacitación académica superior. Por lo tanto, por más que conozca y valore la importancia crítica del lenguaje más técnico de la academia de los teólogos profesionales, este libro intentará, como lo hizo el fundador de los Oblatos, hablar el dialecto, la lengua vulgar de los pobres. Tengo la esperanza de que se encuentre cómodo en las salas de las casas de familia, en los lugares de trabajo, en las conversaciones de la gente común, porque se propone, como la fraternidad de sobremesa de Jesús, ser una conversación religiosa con vino, cerveza y comida.

Por último, permítanseme algunos agradecidos reconocimientos. Quiero agradecer a los Oblatos de María Inmaculada por haberme liberado de otros ministerios para que pudiera dedicarme exclusivamente a escribir este libro. De manera muy especial quiero agradecer a Zygmunt Musielski OMI y a la comunidad (clérigos y laicos) que vive y trabaja en la casa de los oblatos en Indian Trail, en Toronto. Ellos me brindaron el espacio ideal a partir del cual escribir este libro: una familia, un techo, un altar, una mesa bien provista, una estufa a leña, dos luces y una confraternidad excepcionalmente agradable y cargada de fe. También le doy las gracias a mi familia, ese clan de hermanas y sobrinos y primos que gozan con mis pequeñas virtudes, sonríen frente a mis muchas faltas y soportan temporadas enteras de abandono, cuando el ministerio me llama lejos de ellos.

A Eric Majot, que trabajó para Hodder & Stoughton y ahora lo hace en Doubleday, un gran agradecimiento por haberme sugerido este libro, y a Annabel Robson, mi hábil editora, muchas, muchas gracias por todo el trabajo que aún ahora sigue haciendo para mí.

Ron Rolheiser, Toronto, Canada.

Parte 1

La situación

Dilo a una persona sabia o permanece callado,
porque el hombre del montón se burlaría enseguida.
Alabo aquello que en verdad vive,
aquello que anhela ser consumido como por fuego, hasta la muerte.

En el agua tranquila de las noches de amor,
donde tú fuiste engendrada, donde engendraste,
te invade un sentimiento extraño
cuando ves como se quema la vela silenciosa.

Ahora ya nada ye atrapa
en la obsesión de la oscuridad,
y el deseo de un hacer el amor más alto
te arrastra hacia arriba.

La distancia no te hace vacilar,
cuando llegas, en la magia, volando
y por último, enloquecida por la luz,
eres la mariposa y desapareces.

Y en la medida en que no hayas experimentado
esto: morir y de ese modo crecer,
solamente eres un huésped perturbado

sobre la tierra oscura.[1]

Goethe

---

[1] "The Holy Longing".

1

¿QUÉ ES LA ESPIRITUALIDAD?

Somos disparados a la vida con una locura que viene de los dioses y que quisiera hacernos creer que somos capaces de experimentar un gran amor, perpetuar nuestra simiente y contemplar lo divino.[1]

El deseo, nuestra enfermedad fundamental

No es una tarea sencilla caminar por la tierra y encontrar la paz. Dentro de nosotros, parecería, hay algo que se enfrenta con el mismísimo ritmo de las cosas, y estamos inquietos todo el tiempo, insatisfechos, frustrados y doloridos. Estamos hasta tal punto sobrecargados de deseo que simplemente descansar resulta difícil. El deseo es siempre más fuerte que la satisfacción.

Para decirlo de manera más sencilla, dentro de nosotros hay una enfermedad fundamental, un fuego inextinguible que nos hace incapaces, en esta vida, de alcanzar jamás una paz completa. Este deseo alienta en el centro de nuestras vidas, en la médula de nuestros huesos y en los rincones más profundos del alma. No somos seres humanos tranquilos que de vez en cuando nos inquietamos, personas serenas a quienes una vez cada tanto el deseo nos obsesiona. Todo lo contrario. Somos personas bajo presión, siempre obsesionadas, enfermas de manera congénita, que vivimos vidas de una desesperación tranquila y

---

[1] Paráfrasis de una frase atribuida a Platón.

solamente de manera muy ocasional experimentamos la paz. El deseo es el sorbete que revuelve el trago largo.

En el corazón de toda gran literatura, poesía, arte, filosofía, psicología y religión está el nombre y análisis de este deseo. Es de este modo como nos acosa el *Diario* de Ana Frank, o los escritos de Teresa de Lisieux y Etty Hillesum. El deseo nos intriga, conmueve nuestra alma. Nos atraen las historias sobre el deseo: los cuentos de amor, de sexo, la inquietud de los viajeros, la nostalgia, la ambición sin límites y la pérdida trágica. Muchos de los grandes pensadores seculares de nuestro tiempo han hecho de este fuego, de esta fuerza que nos habita sin darnos descanso, el centro de su pensamiento.

Sigmund Freud, por ejemplo, habla de un fuego sin un punto de concentración que se mantiene encendido en el centro de nuestras vidas y que nos empuja a una inquieta e insaciable búsqueda de placer. Para Freud, todos estamos irremediablemente sobrecargados para la vida. Karl Jung habla de energías arquetípicas profundas e inalterables que estructuran nuestras mismas almas y de manera imperiosa reclaman toda nuestra atención. La energía, nos advierte Jung, no es amistosa. Cada vez que por la noche nos sentimos demasiado inquietos para dormir, entendemos algo de lo que nos habla Jung. Doris Lessing habla de un cierto voltaje en nuestro interior, mil voltios de energía para el amor, el sexo, el odio, el arte, la política. James Hillman habla de un fuego azul en nuestro interior y de estar hasta tal punto atrapados y obsesionados que ni la naturaleza ni la educación, sino los demonios, incansable y exigentes espíritus del más allá, son los factores determinantes de nuestras conductas. Tanto los grupos de mujeres como los de hombres hablan constantemente de una cierta energía salvaje que necesitamos reconocer y comprender de manera más plena. Es así como los grupos de mujeres hablan de la importancia de correr con los lobos y los grupos de hombres hablan de sus viajes desenfrenados y de tener un fuego encendido en sus vientres. Los gurus de la New Age trazan las cartas astrales de los movimientos de los planetas y nos piden que nos ubiquemos debajo de los astros correctos para que obtengamos la paz.

Sea cual fuera la manera de expresarlo, todos hablan, en último término, de la misma cosa: un fuego inextinguible, una inquietud, un anhelo, una intranquilidad, un apetito, una soledad, una nostalgia que nos carcome, una naturaleza indómita que no puede someterse, un dolor congénito que lo abarca todo, que está en el centro de la experiencia humana y es la fuerza última que arrastra a todo lo demás.

Esta enfermedad es universal. El deseo no admite excepciones. Pero sí admite diferentes estados de ánimo y rostros. A veces nos golpea como un dolor: insatisfacción, frustración, padecimiento. Otras veces no se siente su garra como dolorosa, sino como una energía profunda, como algo hermoso, como un tironeo inexorable, más importante que cualquier otra cosa que tengamos adentro, que nos arrastra hacia el amor, la belleza, la creatividad y un futuro más allá de nuestro presente limitado. El deseo puede mostrarse como una herida dolorosa o como una esperanza deliciosa.

La espiritualidad se trata de lo que haremos con ese deseo. Qué hacemos con nuestros anhelos, tanto en términos de manejar el dolor como la esperanza que nos trae, ésa es nuestra espiritualidad. De manera que cuando Platón dice que estamos incendiados porque nuestras almas provienen del más allá y que el más allá intenta —por el anhelo y la esperanza que su fuego crea en nosotros— arrastrarnos hacia sí mismo, está bosquejando las líneas generales de una espiritualidad. Lo mismo sucede con Agustín, cuando dice "Nos has hecho para ti, Señor, y nuestros corazones estarán inquietos hasta que descasen en ti."[2] La espiritualidad es lo que hacemos con nuestra inquietud. Todo esto, sin embargo, requiere aún más explicaciones.

---

[2] San Agustín, *Confesiones.*

¿Qué es la espiritualidad?

En nuestro idioma hay pocas palabras tan mal comprendidas como "espiritualidad". En primer lugar, es una palabra de uso relativamente reciente, por lo menos en términos de lo que significa hoy. No es así en un idioma como el francés, donde posee una historia mucho más larga y rica. Sin embargo, si fuéramos a una biblioteca y revisáramos los títulos de los libros, encontraríamos que, salvo por unas pocas excepciones, la palabra "espiritualidad" aparece en títulos que datan apenas de los últimos treinta años. También recién en estos últimos años el concepto de "espiritualidad" se ha hecho popular, tanto dentro de los círculos eclesiásticos como entre la población más amplia. Hoy las librerías, tanto religiosas como seculares, están llenas de libros sobre espiritualidad.

No sucedía esto hace sólo una generación. El mundo secular no tenía interés alguno en esta área. Lo mismo sucedía en la mayoría de las iglesias. Aquello que hoy denominaríamos "espiritualidad" existía, pero tenía un rostro muy distinto. En las iglesias cristianas existía sólo dentro de ciertos grupos de oración carismática y en la teología de las iglesias pentecostales, la acción social de algunas de las iglesias protestantes y la vida devocional dentro de las Iglesia católica. En las librerías seculares hubiéramos encontrado muy poco en el área de la espiritualidad, salvo como una sección bajo el título general de libros sobre la Biblia y algunos libros sobre los méritos del pensamiento positivo. En las librerías eclesiásticas, dado que se la consideraba en áreas diferentes de la teología académica en un sentido estricto, también hubiéramos encontrado muy poco, excepto en las librerías católicas, donde bajo "espiritualidad" habríamos encontrado literatura devocional y algunos libros etiquetados como "teología ascética".[3]

---

[3] Los libros clásicos eran, por ejemplo, Tomás de Kempis, *Imitación de Cristo*, Francisco de Sales, *Introducción a la vida devota*, y el manual para seminarios de A. Taquerey, *La vida espiritual*.

Hoy hay libros sobre espiritualidad en todos lados. Sin embargo, pese a la virtual explosión de literatura en esta área, en el actual mundo occidental subsisten algunos malentendidos importantes con respecto al concepto. El principal entre éstos es la idea de que la espiritualidad es algo exótico y esotérico y no algo que forma parte fundamental de la vida cotidiana común y corriente. Así, para muchas personas el término "espiritualidad" conjura imágenes de algo paranormal, místico, santurrón, devoto de una manera especial, piadoso, algo que no pertenece a este mundo, *"new age"*, algo que está en los márgenes y no en el centro, algo "alternativo". Es muy raro que lo espiritual se entienda como referido a un elemento vital de la fe, como algo no negociable que está en el centro mismo de nuestras vidas.

Éste es un malentendido trágico. La espiritualidad no es algo que esté en los márgenes, una opción para algunos que se sienten inclinados hacia ese tipo de cosas. Ninguno de nosotros puede elegir con respecto a este tema. Todos debemos tener una espiritualidad y todos la tienen, sea ésta dadora de vida o destructiva. Nadie tiene el lujo de poder elegir, porque todos nosotros hemos sido disparados a la vida con una cierta locura que proviene de los dioses y tenemos que hacer algo al respecto. No nos despertamos un día en este mundo tranquilos y llenos de serenidad, con el lujo de poder elegir entre actuar o no hacerlo. Nos despertamos llorando, incendiados de deseo, con una cierta locura. *Lo que hagamos con esta locura es nuestra espiritualidad.*

La espiritualidad, entonces, no tiene nada que ver con elegir de manera serena y racional ciertas actividades espirituales como ir a la iglesia, orar o meditar, leer libros espirituales o emprender una búsqueda espiritual explícita de algún tipo. Es algo mucho más básico. Mucho antes de hacer algo explícitamente religioso tenemos que hacer algo con el fuego que nos quema adentro. Qué hagamos con este fuego, cómo lo encaucemos, es nuestra espiritualidad. En ese sentido todos tenemos una espiritualidad, la querramos o no, seamos o no religiosos. La espiritualidad tiene más que ver con que podamos dormir de noche que con que vayamos a la iglesia. Tiene que ver con que estemos integrados o nos desarmemos, con formar parte de una comunidad o estar solos, con mantener una relación armónica con la madre tierra o vivir alienado de ella. Sin que tenga nada que ver con que nos permitamos conscientemente conformarnos con alguna idea religiosa explícita, actuamos de maneras que nos dejan sanos o enfermos, capaces de amar o amargados, en una comunidad o apartados de ella. *La espiritualidad es aquello que da forma a nuestras acciones.*

Aquello que da forma a nuestras acciones es básicamente lo mismo que conforma *nuestro deseo.* El deseo nos hace actuar y, cuando actuemos, aquello que hagamos podrá llevarnos a una mayor integración o a la desintegración de nuestras personalidades, mentes y cuerpos... y al fortalecimiento o el deterioro de nuestra relación con Dios, con los otros y con el universo cósmico. Los hábitos y disciplinas[4] que usamos para dar forma a nuestro deseo forman la base de una espiritualidad, sin que entre en juego aquí si éstas tienen una dimensión religiosa explícita que las acompañe ni si se las expresa de manera conscientemente.

La espiritualidad tiene que ver con lo que hacemos con el deseo. Recibe sus raíces del *eros* que hay adentro nuestro y tiene totalmente que ver con la forma como modelamos y disciplinamos ese *eros.* Juan de la Cruz, el gran místico español, da comienzo a su famoso tratamiento del viaje del alma con las palabras: "En una noche oscura, en ansias de amores inflamada".[5]

---

[4] Nótese que la palabra "discipulado" tiene su raíz en la palabra "disciplina". Ser un discípulo quiere decir estar bajo una cierta disciplina. Ésta puede ser una disciplina explícitamente religiosa, de modo que hablamos de los discípulos de Jesús como aquellos que están bajo la disciplina de Jesús, pero puede tratarse de otro tipo de disciplina, por ejemplo una ideología, una filosofía, una ambición, una amargura, etc.

[5] Juan de la Cruz, poema "Noche oscura del alma", primera estrofa. La estrofa completa dice:
En una noche oscura / en ansias de amores inflamada /
¡oh dichosa ventura! / salí sin ser notada, / dejando ya mi casa sosegada.

Para él son las ansias urgentes, *eros,* aquello que constituye el punto de partida de la vida espiritual y, desde su óptica, la espiritualidad, definida de una manera esencial, consiste en cómo manejamos ese *eros.*

Por eso, para ofrecer un ejemplo sorprendente de cómo la espiritualidad tiene que ver con la manera como uno maneja su *eros,* comparemos las vidas de tres mujeres famosas: la Madre Teresa, Janis Joplin y la Princesa Diana.

➤ Empezamos con la Madre Teresa. Pocos de nosotros, sospecho, consideraríamos a la Madre Teresa como una mujer erótica. Pensamos en ella, más bien, como una mujer espiritual. Sin embargo, fue una mujer muy erótica, aunque no necesariamente en el sentido estrecho, freudiano, de esa palabra. Era erótica porque era un dínamo de energía. Podía parecer frágil y humilde, pero pregúntenle a cualquiera que en algún momento se haya interpuesto en su camino si esa impresión es correcta. Era una pala mecánica humana, una mujer movida por su erotismo. Sin embargo y al mismo tiempo, era una mujer muy disciplinada, dedicada a Dios y a los pobres. Todos la consideraban una santa. ¿Por qué?

Un santo es alguien que puede, precisamente, canalizar un *eros* poderoso de un modo creativo y dador de vida. Soren Kierkegaard en una oportunidad definió al santo como alguien que puede *querer una sola cosa.* Nadie puede discutir que la Madre Teresa hizo exactamente eso. Quiso una sola cosa: a Dios y a los pobres. Poseía una energía poderosa, pero era una energía muy disciplinada. Su *eros* feroz se derramaba para Dios y los pobres. La dedicación total de todas las cosas a Dios y a los pobres era su firma, su espiritualidad. Hizo de ella lo que llegó a ser.

➤ Mirando a Janis Joplin, la estrella de rock que murió de una sobredosis de vida cuando tenía veintisiete años, muy pocos la considerarían una mujer muy espiritual. Sin embargo, lo era. La gente piensa de ella como lo opuesto a la Madre Teresa: erótica, pero no espiritual. Sin embargo Janis Joplin no fue tan diferente de la Madre Teresa, por lo menos no en los elementos que la constituían y en su carácter. También fue una mujer excepcional, una persona con un *eros* feroz, una gran amante, una persona con una rara energía. A diferencia de la Madre Teresa, sin embargo, Janis Joplin no podía querer una sola cosa. Quería muchas cosas. Su gran energía se le salía en todas las direcciones y finalmente creó un exceso y un cansancio que la llevó a una muerte precoz. Pero esas actividades —una entrega total a la creatividad, la representación, las drogas, la bebida, el sexo, junto con un descuido del necesario descanso— eran su espiritualidad. Ésta era su firma. Era de este modo como canalizaba su *eros*. En su caso, como ocurre trágicamente con muchos artistas bien dotados, el resultado final, por lo menos en esta vida, no fue una integración sana sino la disipación. Llegó a un punto donde perdió las cosas que normalmente mantienen centrada a la persona humana y, bajo un exceso de presión, se desintegró.

Mirando la vida de la Joplin y nuestras propias vidas, hay una reflexión interesante que puede hacerse con respecto a la definición de Kierkegaard sobre ser santo: "querer una sola cosa". Si bien la mayoría de nosotros somos muy diferentes de una persona como la Madre Teresa, no es que no queramos a Dios y a los pobres. Los queremos. El problema es que, además, queremos muchas otras cosas. Así, queremos ser santos, pero también queremos sentir todas las sensaciones que experimentan los pecadores; queremos ser puros e inocentes, pero también queremos tener experiencias y sentir el gusto de toda la vida; queremos servir a los pobres y llevar un estilo de vida simple, pero también queremos todas las comodidades de los ricos; queremos tener la profundidad que proviene de estar solos, pero al mismo tiempo no queremos perdernos nada; queremos orar, pero también queremos ver televisión, leer, hablar con amigos y salir de paseo. No es una sorpresa que tantas veces la vida nos parezca una empresa difícil y que la mayor parte del tiempo estemos cansados y nos sintamos patológicamente dispersos.

La filosofía medieval tenía una frase que rezaba: toda elección es una renuncia. Cada elección, sin duda, implica mil renunciamientos.

Elegir una cosa es volver nuestras espaldas a muchas otras. Casarnos con una persona es no casarnos con todas las otras, tener un hijo es abandonar otras cosas y orar es perdernos la televisión o dejar de visitar a algunos amigos. Esto hace que la elección sea difícil. No es sorprendente que luchemos tanto antes de tomar una decisión. No es que no queramos ciertas cosas, se trata de saber que si las elegimos estamos cerrando las puertas a muchas otras cosas.

> *No es fácil ser santos, querer una sola cosa, tener la disciplina de la Madre Teresa. El peligro es que terminemos, cosa bastante probable, como Janis Joplin: una persona de buen corazón, con una gran carga de energía, arrastrada a beber todo lo que la vida tiene para ofrecernos, pero, eso sí, con el peligro de desintegrarnos y morir por falta de descanso.*

Janis Joplin quizá sea un ejemplo extremo. La mayoría de nosotros no vamos a morirnos por falta de descanso a los veintisiete años. La mayoría de nosotros, es mi sospecha, somos como la Princesa Diana (Lady Di): medio Madre Teresa, medio Janis Joplin.

La Princesa Diana merece que pensemos en ella en este contexto, no porque su muerte haya detenido el mundo en algún sentido que nadie, hasta el momento, haya logrado hacerlo, sino porque es interesante señalar que al mirarla, a diferencia de la Madre Teresa o Janis Joplin, espontáneamente juntamos los dos elementos de lo erótico y lo espiritual.

A la Princesa Diana se la considera como una persona que es, a la vez, erótica y espiritual. Esto es raro, dada la forma como se entiende comúnmente la espiritualidad en nuestros días. Por lo general una persona se nos presenta como una cosa o la otra, pero no como las dos: erótica y espiritual. Además, merece esta designación porque refleja, de manera bastante clara, estas dos dimensiones.

Lo que había de erótico en ella era evidente, aunque no siempre del modo como mucha gente entiende este término de primeras. En la superficie el juicio es fácil: era la persona más fotografiada del mundo, admirada en círculos muy amplios por su belleza física, gastaba millones de dólares en ropa y evidentemente no era una monja célibe. Mantenía relaciones con hombres, pasaba sus vacaciones con galanes en yates en el Mediterráneo, comía en los mejores restaurantes de París, y llevaba un estilo de vida que difícilmente se ajuste al modo de un santo clásico.

Pero todo esto, en sí, era superficial, no necesariamente indicativo de una persona con un *eros* poderoso. Muchas personas hacen esas cosas y son bastante comunes y corrientes. Su energía era más importante. En esto era como la Madre Teresa o Janis Joplin, alguien evidentemente encendida por un gran fuego —esa locura de la que los griegos hablaban— dentro de ella. En parte esto era algo intangible, pero en parte se lo podía percibir en cada una de las cosas que hacía, en cada una de sus decisiones, en cada línea de su rostro. No es por nada, ni simplemente debido a su belleza física o a las causas que apoyaba, que la gente se sentía tan poderosamente atraída hacia ella. Su energía, mucho más que su belleza o sus causas, era lo que la hacía excepcional.

Su parte espiritual también era evidente, mucho antes de que se hiciera amiga de la Madre Teresa y procurara seriamente ayudar a los pobres. A esta dimensión suya se refirió su hermano en su oración fúnebre: sus causas, sí, pero era más importante aún algo que había dentro de ella, una profundidad, una ambigüedad moral que nunca le permitió sentirse cómoda con sólo pertenecer al jet set. Tenía una forma habitual de pasar al segundo plano, un deseo ansioso de agradar, de ser aceptada; era una persona sometida a una disciplina, por desgracia demasiado a menudo de carácter restrictivo, una persona que, aunque de manera imperfecta, quería aquello de lo que Kierkegaard ha-

Ronald Rolheiser

blaba: Dios y los pobres, aun si al mismo tiempo también quería muchas otras cosas.

La espiritualidad tiene que ver con la forma como canalizamos nuestro *eros*. En los intentos de la Princesa Diana por hacerlo vemos algo con lo que la mayoría de nosotros podemos identificarnos, una tremenda complejidad, una lucha dolorosa por la elección y el compromiso, una combinación muy humana de virtudes y pecados. La espiritualidad tiene que ver con lo que hacemos con el espíritu que llevamos dentro. Para la Princesa Diana, su espiritualidad era tanto su compromiso con los pobres como sus vacaciones en el Mediterráneo... con todo el dolor y las preguntas que hay entre cosa una y otra. El suyo, como podemos darnos cuenta, era un camino mezclado. No recorrió del todo el camino de la Madre Teresa, ni el de Janis Joplin. Eligió algunas cosas que la dejaron más integrada que otras, en cuerpo y alma, y otras que le desgarraron el cuerpo y el alma. Esto es espiritualidad. Tiene que ver con la integración y la desintegración, con hacer el tipo de elecciones que la Princesa Diana tenía que hacer todo el tiempo y vivir después con lo que esas elecciones nos hacen.

En resumen, podemos definir la espiritualidad de la siguiente manera:

La espiritualidad tiene que ver con lo que hacemos con el fuego que arde dentro de nosotros y con el modo como canalizamos nuestro **eros**.

Y cómo lo canalizamos, las disciplinas y los hábitos con los que elegimos vivir, nos conducirán a una mayor integración o a la desintegración de nuestros cuerpos, mentes y almas, y a una mayor integración o desintegración en la manera como nos relacionamos con Dios, con los otros y con el universo cósmico. Esto lo vemos encarnado de una manera en la Madre Teresa; de otra, distinta, en Janis Joplin, y de otra aún más distinta en la Princesa Diana.

Con todo esto, notamos que la espiritualidad tiene que ver con lo que hacemos con nuestro espíritu o alma. Y con todo esto también notamos que un espíritu sano o un alma sana debe cumplir dos tareas:

1. *Por un lado, debe darnos energía, fuego, de manera que no nos anquilosemos, perdamos nuestra vitalidad, caigamos en una depresión paralizante y perdamos totalmente el sentido y el gozo de estar vivos.* De este modo, lo opuesto de una persona espiritual no es una persona que rechaza la idea de Dios y vive como un pagano. Eso es una persona no eclesial. Lo opuesto de ser espiritual, según esta manera de hablar, es no tener energía, es haber perdido el deseo de vivir... estar recostado en un sillón mirando un partido de fútbol o un juego electrónico, tomando cerveza por vía intravenosa.

2. Pero abastecernos de energía es solamente una de las dos tareas del alma. *Su otra tarea, que es muy vital, es mantenernos unidos, integrados, de manera que no nos desarmemos y muramos.* Bajo este aspecto, lo opuesto a una persona espiritual sería alguien que ha perdido su identidad, a saber, la persona que en un cierto punto ya no sabe más quién es. Un alma sana nos mantiene provistos de energía y con unidad interior.

Sin embargo, para entender esto de manera más profunda, tenemos que mirar más hondo en el alma, tanto para ver cómo es un principio de fuego como para también, al mismo tiempo, cómo es el pegamento que mantiene integradas nuestras personas.

Las dos funciones del alma

¿Qué es un alma?[6] Sería interesante consignar impresiones de lo que viene a la mente de manera espontánea cuando oímos la palabra "alma". Para muchos de nosotros, sospecho, la palabra, en la medida en que conjura algo, produce una imagen muy vaga de algo blanco, medio invisible, de una especie de papel de seda espiritual, que flota en algún lugar profundo, adentro de nosotros, que se mancha cuando pecamos y que se separará del cuerpo en el momento de la muerte e irá a que Dios la juzgue.

Por más inadecuada que sea esta imagen, no carece de mérito. Después de todo, estamos intentando imaginar algo que es inimaginable y necesitamos recurrir a alguna forma que la represente.

Lo que está mal en esta concepción, sin embargo, es que separa el alma demasiado de lo que sería el núcleo de nuestra persona, nuestra propia identidad consciente. Nuestra alma no es algo que *tenemos,* es antes algo que *somos.* Es el pulso, dentro de nosotros, de la vida que nos anima, aquello que hace que estemos vivos. En cuanto tal tiene dos funciones.

1. *En primer lugar, es un principio de energía.* La vida es energía. Solamente hay un cuerpo que no tiene energía o tensión alguna en su interior: un cuerpo muerto. El alma es aquello que le da vida. En su interior reside el fuego, el *eros*, la energía que nos impulsa. Estamos vivos en la medida que hay un al-

---

6 Uso aquí la palabra "alma" en su sentido clásico, por lo menos tal como se la usaba de manera clásica en la mayor parte de la filosofía antigua, medieval y moderna en Occidente. Como bien sabemos, donde no se recibió la influencia de la filosofía griega —y esto incluye una buena parte de las Escrituras—, la palabra se usa de manera diferente. En la actualidad, hay una escuela de pensamiento (por ejemplo James Hillman, Thomas Moore, Richard Rohr) que distingue *alma* de *espíritu.* Esta distinción, válida y valiosa en sí misma, no se empleará aquí. *Alma,* de la manera como se la usará en este capítulo y en este libro, incluirá la idea de *espíritu.*

ma en nuestros cuerpos y morimos en el segundo cuando abandona el cuerpo.

Es interesante que a veces, cuando usamos la palabra "alma" y pensamos que la estamos usando de manera metafórica, estamos en realidad usándola de una manera curiosamente exacta. Hablamos, por ejemplo, de música *soul (soul,* en inglés, significa "alma"). ¿Qué le da un alma a la música? Esto puede entenderse revisando el opuesto. Imagine la música que.tan a menudo se escucha en los aeropuertos, los supermercados o los ascensores. Es simplemente una forma de llenar el silencio, una música sin alma. No le hace nada a uno. No conmueve los cromosomas. Hay cierta música que sí lo hace y es por eso que la llamamos música *soul.* Está llena de energía, de *eros,* y de todas las cosas que el *eros* lleva (deseo, inquietud, nostalgia, anhelo, apetito y esperanza). El *eros* es alma y el alma da energía.

2. Pero el alma hace más que simplemente darnos energía. También es el pegamento que nos mantiene unidos, el principio de integración y de la individuación personal. El alma no solamente nos da vida, también hace que seamos, cada uno, uno. En el nivel físico esto puede verse de manera fácil. Nuestro cuerpo, considerado en su aspecto biológico, es simplemente un congregado de sustancias químicas. Sin embargo, mientras estemos vivos, mientras tengamos un alma adentro, todas esas sustancias químicas forman un organismo único, un cuerpo, dentro del cual todas las sustancias químicas diferentes y todos los procesos que éstas producen operan de manera conjunta para constituir una unidad, una sola cosa, que es mayor que la simple combinación de todas sus partes.

A esto lo llamamos un "cuerpo" y todos los cuerpos dependen cada uno de un alma para subsistir. Por eso, cuando vemos que alguien muere, vemos exactamente que, a partir del instante cuando se produce la muerte, ya no tenemos un cuerpo. De hecho, ya ni siquiera lo llamamos "cuerpo": es un cadáver. En el momento de la muerte todas las sustancias químicas empiezan a funcionar por su cuenta. La muerte y la descomposición son precisamente esto. Las sustancias químicas que operaban de manera conjunta para una unidad pasan a funcionar cada una por su cuenta. Durante algún tiempo, después de la muerte, todavía poseen la apariencia de un cuerpo, pero solamente porque todavía siguen estando cada una al lado de la otra. Eso cambia muy rápido. Una vez que el alma ha abandonado el cuerpo, deja de ser un cuerpo. Las sustancias químicas, cuando operan cada una por su cuenta, no hacen la vida.

Y lo que vale desde el punto de vista de la bioquímica también es verdad desde el punto de vista de la psicología. En este aspecto, el alma también es el principio de la unidad. En el corazón y en la mente, el alma también es aquello que nos unifica. De manera que cuando usamos la expresión "perder el alma", no estamos hablando necesariamente de la condenación eterna. Perder el alma es, en un lenguaje contemporáneo, despegarnos. Perder el alma es desarmarnos. Por lo tanto, cuando siento que mi mundo interior se derrumba sin que pueda hacer nada para evitarlo, cuando ya no sé quién soy, cuando estoy tratando de correr en todas las direcciones al mismo tiempo pero no sé a dónde voy, estoy perdiendo el alma. Esto, como la pregunta sobre la eternidad, es lo que Jesús quiso decir cuando afirmó: "¿De qué le aprovecha a una persona ganar todo el mundo y sufrir la pérdida de su propia alma?"

Un alma sana, por lo tanto, debe hacer dos cosas por nosotros. Primero, debe meter algo de fuego en nuestras venas, mantenernos energizados, vibrantes, capaces de vivir con celo y llenos de esperanza al ver que la vida, en último término, es hermosa y vale la pena vivirla. Cuando esto se quiebra en nosotros, hay algo que anda mal con nuestra alma. Cuando el cinismo, la desesperanza, la amargura o la depresión paralizan nuestra energía, hay una parte del alma que nos duele.

En segundo lugar, un alma sana debe mantener nuestra unidad. Debe darnos todo el tiempo conciencia de quién somos, de donde venimos, hacia dónde vamos y qué sentido tiene todo esto. Cuando nos miramos en un espejo, de manera confusa, y nos preguntamos qué sentido, si acaso alguno, tiene nuestra vida, es esta otra parte del alma, nuestro principio de integración, que está rengueando.

Por decirlo de alguna manera, el alma tiene en ella un principio de caos y un principio de orden, y su salud depende de darle a cada cual lo que le corresponde. Si tenemos demasiado orden morimos de sofocación. Si tenemos demasiado caos morimos de disipación. Toda espiritualidad sana, por lo tanto, deberá adorar a Dios en dos santuarios: el santuario del caos y el santuario del orden. Uno nos mantendrá llenos de energía, el otro nos mantendrá unidos. Estas dos funciones del alma mantienen entre sí, siempre, una tensión creativa. Por eso a veces experimentamos en nuestro interior contradicciones muy intensas. Energía e integración, pasión y castidad, fuego y agua, están todo el tiempo combatiéndose, cada una con una preocupación legítima a nuestro favor. No debe sorprendernos que vivir no sea una tarea fácil.

Esto tiene inmensas implicaciones prácticas para nuestras vidas. ¿Qué es lo sano para nuestras almas y qué no lo es? Así, por ejemplo, ¿es sano ver violencia o sexo en la televisión o en el cine? ¿Esta o aquella experiencia en particular es enferma o poco sana para mí, ahora? Dado este trasfondo sobre el alma, vemos que esta pregunta sobre las cosas que contribuyen a la salud de nuestras almas es muy compleja, porque en cualquier día dado podremos necesitar más integración que energía, o viceversa. Para dar un ejemplo sencillo: Si me estoy sintiendo disipado, inseguro de quién soy y de qué significa mi vida, probablemente me haga mejor leer a Jane Austen antes que a Robert Waller, ver *Sense and Sensibility* (*Sensatez y sentimientos*) antes que *The Bridges of Madison County* (*Los puentes de Madison*), y pasar algún tiempo en soledad en vez de haciendo sociedad con otros. Puede ser que quiera hacer lo opuesto. Algunas cosas ayudan a darnos fuego y otras nos ayudan a sobrellevar de manera más paciente las tensiones de la vida. Ambas tienen su lugar en la vida espiritual.

Por esta razón, los elementos del fuego y el agua han ocupado siempre un lugar tan central en el simbolismo religioso. El fuego simboliza la energía, el *eros*, la pasión. El agua simboliza el enfriamiento, mantener algo contenido, una matriz de seguridad. Desde un punto de vista mítico, a menudo se ve la espiritualidad como un juego entre estos dos elementos, fuego y agua. No debe sorprendernos. En la mitología, el alma está siempre en una forja, calentada y formada por el fuego y después enfriada con el agua.

En este mismo sentido, es absolutamente fascinante estudiar, en distintas culturas, las diferentes leyendas con respecto a los orígenes del alma y todo lo que tiene que ver con la forma como entra en nuestros cuerpos. Para dar sólo algunos ejemplos:

En la cultura japonesa se da la idea de que el bebe que ingresa en la comunidad humana viene de muy lejos. Su alma es extraña en este mundo y por lo tanto es de importancia crítica que, al principio, el bebe se mantenga muy cerca, que la madre o la persona encargada de cuidarlo nunca lo deje solo. Esta creatura extraña debe sentirse bienvenida. Hay algo en este niño, un fuego, que viene de otro lado.

Entre los noruegos hay una hermosa leyenda según la cual antes de que un alma sea colocada en un cuerpo, Dios la besa, y que durante toda su existencia el alma retiene una memoria, oscura pero poderosa, de este beso y que relaciona todas las cosas con ella.

Y también hay una leyenda judía según la cual antes que un alma entre en un cuerpo se le pide que olvide toda su vida preternatural. De este modo, cuando un alma entra en su cuerpo, uno de los ángeles de Dios mantiene cerrada la boca del bebe, un gesto que significa que durante su vida terrenal deberá mantener silencio sobre sus orígenes divinos. La marca que todos llevamos en el labio superior, debajo de la nariz, es la huella del dedo del ángel que selló nuestros labios y por eso, cuando alguien intenta acordarse de algo, mientras está realizando el esfuerzo de hacer presente una memoria, el dedo índice, instintivamente, se levanta y se lleva a esa marca.[7]

---

[7] Se encontrará un excelente repaso de estas leyendas, incluyendo una explicación de la más famosa, de Platón, en James Hillman, *The Soul's Code – In Search of Character and Calling*, Nueva York, Random House, 1996, pp. 41-62.

Éstas son leyendas hermosas que verdaderamente honran el alma. También señalan, como hemos venido sugiriéndolo, que hay un fuego en el alma que viene de más allá y que todo lo que el alma hace en esta vida se debe al impulso de ese fuego.

Una última cosa, muy importante, debe decirse con respecto al alma antes de seguir adelante. Tiene que ver con su omnipresencia en todo el universo natural.

Durante toda la antigüedad y el medioevo se creía que no solamente las personas tienen alma y una espiritualidad. Según su punto de vista, toda cosa viva, un planeta, un insecto u otro animal, también tiene un alma. Y tenían razón. Más aún, hoy, dada nuestra forma de entender la física, sabemos que las partículas más pequeñas, con sus cargas positivas o negativas, tienen algo que se asemeja al deseo y de ese modo puede decirse que poseen su propia clase de alma. Es importante darse cuenta de esto, no por razones románticas o míticas, sino porque todos somos de la misma sustancia que el resto de la naturaleza. Para entendernos de manera correcta y para comprender qué significa la espiritualidad para nosotros, necesitamos ubicarnos en el contexto más amplio que sea posible, en la totalidad del universo cósmico.

Pierre Theillard de Chardin definió a la persona humana como la evolución que adquiere conciencia de sí misma. Para nosotros esto es iluminador. Porque nosotros, en cuanto seres humanos, no estamos separados de la naturaleza, sino que somos simplemente la parte de la naturaleza que puede pensar, sentir y actuar de manera consciente. La naturaleza es toda una, un cierto continuo. Una parte de la naturaleza tiene conciencia de sí misma, otra parte simplemente tiene conciencia y otra parte sólo posee una conciencia muy oscura, apenas análoga. Pero toda la naturaleza, incluyendo la humanidad, está impulsada por el alma, el espíritu, el deseo, el *eros*, el anhelo.

La naturaleza también puede encenderse en una locura que viene de los dioses. La diferencia es que, antes del nivel de la conciencia humana de sí misma y de la libertad, la fuerza que arrastra a la naturaleza es oscura, aparentemente ciega, inconsciente, a veces brutal, una especie de presión que no cede. Nada está nunca quieta, aún en el nivel más elemental de la naturaleza.

El oxígeno se une con el hidrógeno; esta combinación es a su vez arrastrada a unirse con otras cosas y así sucesivamente. Todas las cosas que hay en la naturaleza, como todos los seres humanos, están fundamentalmente enfermos, empujados a salir de sí mismos. Permítaseme dar un ejemplo:

Un amigo mío me contó cómo, después de haber comprado una casa, decidió deshacerse de una vieja planta de bambú que había en el camino de entrada. Cortó la planta, con un hacha la separó de las raíces y después de destruirla tanto como pudo, derramó un herbicida sobre lo que quedó en el pozo. Terminó llenando el pozo con varios centímetros de pedregullo que apisonó encima y por último pavimentó el lugar con cemento.

Dos años después el cemento se rajó y la planta de bambú empezó a aparecer por el intersticio. Su principio vital, esa presión ciega que la llevaba a crecer, no pudo ser ahogada por el hacha, el veneno ni el cemento.

En todas las cosas vemos este espíritu increíble, aparentemente ciego. En todo, desde el átomo hasta la persona humana, hay un poder ciego de unirse con otras cosas y crecer. Nada puede detenerlo. Si uno pone una banda de acero sólido de cinco centímetros de ancho alrededor de un melón que está creciendo, el melón, al crecer, reventará el hierro. Todo sale para afuera. Las piedras, las plantas, los insectos y los animales son tan eróticos, están siendo arrastrados de manera tan sostenida, como los seres humanos.

En cierto nivel hay una sorprendente similitud entre una planta de bambú que empuja para crecer, de manera ciega, a través del pavimento, y un bebe que come, un adolescente joven movido por sus hormonas, la inquietud tangible de un bar para solteros y la Madre Teresa, arrodillada de manera conscientemente en oración frente a Dios. En todos los casos opera el deseo, a veces de manera ciega, a veces de manera consciente. San Pablo diría que, en cada caso, el Espíritu Santo está rezando, a través de algo o de alguien. La ley de la gravedad y la atracción de la obsesión emocional no son cosas tan diferentes.

Theillard de Chardin, que era al mismo tiempo científico y teólogo, dijo en cierta oportunidad que Dios le habla a cada elemento en el lenguaje que éste puede entender. De este modo, Dios llama al hidrógeno a través de la atracción que el oxígeno ejerce sobre él. Es de este mismo modo como Dios nos atrae a cada uno, incluyéndonos a nosotros mismos.

Hay, en última instancia, una fuerza, un espíritu, que opera en todo el universo. Las sustancias químicas de nuestras manos y las que tenemos en el cerebro se forjaron en el mismo fuego donde se hicieron las estrellas. El mismo espíritu que arrastra al oxígeno a unirse con el hidrógeno, hace que el bebe llore cuando tiene hambre, empuja al adolescente arrastrado por su inquietud hormonal y conduce a la Madre Teresa al templo para rezar.

Hay un cierto desasosiego (otra forma para decir "alma" y espíritu) en todas las cosas, y lo que estas cosas o personas hacen con respecto a ese desasosiego es su espiritualidad.

Formamos parte de un universo, la parte que ha llegado a adquirir conciencia de sí misma, en el cual todo anhela algo que está más allá, fuera de él. En nosotros tenemos un espíritu, un alma, y lo que hacemos con esa alma es nuestra espiritualidad.[8] En un nivel muy elemental, mucho antes de hablar de

---

[8] A continuación se ofrecen algunas otras definiciones técnicas de "espiritualidad".

I. Sandra Schneiders, en un artículo publicado en *Theological Studies*, volumen 50, 198, pp. 676-697, da dos definiciones valiosas y complementarias:

cualquier cosa explícitamente religiosa, puede decirse que si hacemos cosas que nos mantienen llenos de energía e integrados, encendidos pero al mismo tiempo bien unificados, poseemos una espiritualidad sana. De manera contraria, si nuestro anhelo nos lleva a emprender acciones que endurecen nuestro interior y hacen que nos desarmemos y muramos, nuestra espiritualidad está enferma. La espiritualidad, como ya lo hemos dicho anteriormente, tiene que ver con ese deseo incurable, esa locura que viene de los dioses, que hay dentro de nosotros.

Al definir la espiritualidad como un concepto genérico (es decir, no como una noción de interés explícitamente cristiano), Schneider subraya la fluidez del término, pero sugiere que puede definirse en estas líneas esenciales: como el intento consciente y deliberado de integrar la propia vida, no solamente en términos de autointegración y autodesarrollo, sino en términos de la autotrascendencia hacia un horizonte de interés último.

Al definirla como una disciplina académica sugiere lo siguiente: Espiritualidad es el campo de estudio que se propone investigar, de manera interdisciplinaria, la experiencia espiritual en sí misma. El término "experiencia espiritual" aquí se usa no sólo para indicar la experiencia religiosa en el sentido técnico de la palabra sino todas las experiencias análogas de significado y valor últimos que poseen un poder trascendente e integrador de la vida para los individuos o los grupos.

II. Hans Urs Von Balthasar define la espiritualidad como la manera de entender una persona su propio compromiso existencial, ético y religioso, y la forma como actúa y reacciona de manera habitual dada esta manera de entender la cuestión.

III. Juan de la Cruz, uno de los grandes maestros de la vida espiritual, define (parafraseado) la espiritualidad de la siguiente manera: La espiritualidad es un intento de un individuo o un grupo por salir al encuentro y encarar la presencia de Dios, de los otros y del mundo cósmico, para integrarse en una comunidad de vida y celebración con ellos. Los hábitos genéricos y específicos de interacción que se desarrollan a partir de esto conforman la base de una espiritualidad.

> *Todos necesitamos tener una espiritualidad. Si bien esto, de hecho, resulta muy claro, no se lo entiende de manera tan clara, no se lo acepta hoy, en nuestra cultura occidental. Por numerosas y variadas razones luchamos con lo espiritual y —sea que poseamos o no un trasfondo cristiano— todos nosotros luchamos, en particular, con la dimensión eclesial de la espiritualidad.*

A este tema, a nuestras luchas tanto teóricas como existenciales para entender esto, nos dedicaremos ahora.

2

LAS LUCHAS ACTUALES CON LA ESPIRITUALIDAD CRISTIANA

Qué es la locura
sino la nobleza del alma
enfrentada con nuestra circunstancia.

El día está incendiado
y conozco la pureza de la pura desesperación.[1]

———◆———

Enfrentados con la circunstancia

En su novela autobiográfica, *Mis primeros amores,* el novelista checo Ivan Klima se debate frente a algunas preguntas dolorosas. Es un hombre joven, lleno de pasión sexual, que se mueve entre hombres y mujeres de su propia edad, menos vacilantes que él en pasar a la práctica. Él, en cambio, es reticente, célibe, y no está seguro de porqué. No es, ciertamente, por razones religiosas de ningún tipo. Entonces se pregunta: ¿Es acaso porque respeto a los otros más que mis pares y estoy menos dispuesto a actuar de manera irresponsable? ¿Es porque me anima una soledad moral superior, cuasi religiosa, por lo que vacilo más antes de comprometerme? ¿O soy simplemente más estricto, tímido, y me falta el atrevimiento? ¿Soy virtuoso o soy estéril? No está seguro. Termina el libro con estas palabras:

---

[1] Theodore Rothke, "In a Dark Time".

Supongamos que paso toda mi vida nada más que esperando, esperando el momento cuando por fin vea esa cara como una estrella. Posará sobre mí su mirada y me dirá: "Has sido incapaz de aceptar la vida, querido amigo, de manera que lo mejor es que vengas conmigo." O, por otro lado, podría decirme: "Has hecho bien, porque supiste soportar tu soledad con una gran altura, porque fuiste capaz de pasar sin consuelo para no tener que hacerlo sin esperanza." ¿Qué le contestaré, en realidad? En este momento no podría decirlo. [2]

Su pregunta es, en última instancia, de carácter espiritual. También es una pregunta difícil. No es fácil conocer las disciplinas que pueden servir para canalizar de manera creativa nuestras energías más poderosas e íntimas, de manera que el resultado sea la felicidad y el deleite en la vida. No importa qué hagamos, algunas preguntas siempre nos acosarán. ¿Estoy siendo demasiado duro o demasiado blando conmigo mismo? ¿Soy infeliz porque estoy perdiéndome algo de la vida o soy infeliz porque soy egoísta? ¿Soy demasiado tímido y estricto o debiera ser más disciplinado? ¿Qué es un verdadero crecimiento y qué es simplemente mi ego planteando sus exigencias? ¿Dónde encuentro esa línea muy fina entre la disciplina y el gozo? ¿Por qué me siento tan culpable todo el tiempo? ¿Qué hago cuando he traicionado la confianza que alguien depositó en mí? Éstas son preguntas perennes, tienen que ver en último término con la espiritualidad, y cada generación debe responder por sí misma. Sin embargo, de generación en generación se plantean de maneras distintas.

En el pasado, estas preguntas se planteaban en un contexto explícitamente religioso. Las preguntas que incluían el significado y la moral se respondían, por lo general, dentro de un marco que incluía a Dios, la religión y la iglesia. En el pasado las sociedades eran más manifiestamente religiosas que la nuestra.

---

[2] Ivan Klima, *My First Loves,* Nueva York, Harper & Row, 1986.

Simplemente les resultaba menos difícil creer en Dios y relacionar los deseos humanos básicos con la búsqueda de Dios y la obediencia a las demandas de Dios. En cierto sentido, esto les daba una ventaja religiosa por encima de nosotros, pero tenían sus propios y muy serios problemas religiosos. Les resultaba fácil creer en Dios, pero luchaban con la superstición, la esclavitud, el sexismo, con ciertas concepciones poco sanas del destino y la predestinación, con temores excesivos respecto del castigo eterno y con el legalismo. También, en distintos momentos, quemaron brujas, libraron guerras religiosas, mataron gente inocente creyéndose cruzados de Cristo, prohibieron a los científicos mirar a través de telescopios y, mucho antes de eso, hicieron sacrificios humanos, especialmente de niños, en sus altares. Cada generación ha tenido su lucha espiritual. No ha habido una edad de oro. Desde un punto de vista espiritual, ni siquiera nuestra propia era lo es. Aunque hayamos ganado algún terreno moral y religioso, en comparación con las aberraciones del pasado, nuestra generación no debiera juzgar de manera demasiado dura el pasado. La visión retrospectiva es una ciencia exacta. Nadie está por encima de su época. Por otro lado, no somos tan libres como nos gustaría creerlo de las cosas con que lucharon las generaciones pasadas. La superstición, la esclavitud, el sexismo, el fatalismo, el legalismo, las guerras religiosas e ideológicas y el sacrificio de los niños todavía subsisten entre nosotros. Su rostro es, simplemente, más sutil.[3]

Más allá de todo esto, tenemos nuestras propias luchas con la espiritualidad. ¿Cuáles son los demonios espirituales de nuestro propio tiempo?

¿Qué es lo especialmente peculiar de nuestras luchas religiosas, morales y espirituales? ¿Dónde luchamos con mayor

[3] Para un análisis de las nuevas formas sutiles de violencia fundada en la religión, recomiendo dos fuente excelentes: Gil Bailie, *Violence Unveiled: Humanity at the Crossroad,* (Nueva York, Crossroad Publishing, 1997) y René Girard, *Things Hidden since the Foundation of the World* (Stanford, California, Stanford University Press, 1987).

ahínco para encauzar de manera creativa nuestras energías eróticas y espirituales? Si bien los demonios son siempre legión, hay tres, entrelazados, que debieran mencionarse como aquellos que determinan el color de la lucha contemporánea en busca de una espiritualidad sana: *ingenuidad con respecto a la naturaleza de la energía espiritual, patológica ocupación y distracción constante e inquieta, y un problema crítico con el equilibrio, que nos lleva a una ola de divorcios.* Vamos a dedicarnos, brevemente, al examen de cada uno de éstos.

Ingenuidad con respecto a la naturaleza de la energía espiritual

Toda energía es imperialista, especialmente la energía erótica y creativa. La energía no es amigable: quiere todo de nosotros, puede castigarnos como el matón del parque de juegos. Karl Jung lo dijo de manera explícita, pero las culturas premodernas vivieron toda su vida cara a cara con esta verdad. Trataron a la energía con una reverencia cuasi religiosa. Tenían sus razones para hacerlo.[4]

La primera razón era de naturaleza religiosa. La Biblia nos dice que Dios "es un Dios celoso". Hay más, en esta afirmación, de lo que nosotros tendemos a imaginarnos de manera espontánea. La energía no es solamente algo a lo que resulta difícil acceder; una vez que está adentro es muy difícil contenerla. Son muchos los amantes obsesivos, los artistas poseídos y los fanáticos religiosos desequilibrados que dan testimonio de ello. Estar incendiado de amor, creatividad o religiosidad es duro. Pero del mismo modo es duro contener ese fuego, cuando nos posee.

---

[4] Para un brillante comentario secular sobre cómo nuestra sociedad es ingenua con respecto a la energía —de dónde viene y qué papel juega en nuestras vidas— recomiendo las obras de James Hillman, especialmente su libro *El código del alma. La respuesta a la voz interior*, Planeta, 1999.

Las culturas precedentes, sean cuales fueran sus faltas, comprendieron la naturaleza imperialista de la energía, especialmente de la energía espiritual o erótica. En la mayoría de los casos temían la energía, especialmente la energía sexual y la religiosa. Este temor se expresaba en las distintas formas de resguardos que interponían para protegerse de su fuerza bruta. La energía, sentían, requiere una cierta mediación, como los cables de alto voltaje necesitan transformadores para rebajar el voltaje. Por lo tanto, tenían cantidades de tabúes, miedos, timideces, rituales y prohibiciones, especialmente sobre la energía sexual y la religiosa. Del mismo modo, por lo general se evitaba (y a menudo se prohibía) plantear ciertas preguntas. Se consideraba peligroso el exceso de pensamiento libre, a ciertos libros se los ponía en un *index* y estaban condenados y a Galileo se le prohibió mirar por el telescopio. Se temía el mero deseo de la mente humana de pensar y hacer preguntas.

Podemos juzgar todo esto de manera dura, pero no todo era enfermo. Los premodernos entendieron, por más viciada que fuera su comprensión, no solamente que la Biblia cree lo que afirma cuando nos dice que tenemos un Dios celoso, sino también lo que sostiene cuando dice: "Nadie puede ver a Dios y permanecer con vida." Para ellos esto significaba que la energía, especialmente la energía creadora contenida en la sexualidad, debe llegar a nosotros a través de una cierta mediación, que necesitamos filtros, que algunos tabúes deben rodearla. Sin esa protección nos destruiría. Por sí misma es demasiado cruda, demasiado exigente, demasiado poderosa. Necesitamos ayuda, no solamente para evaluarla sino también para contenerla. Sabiendo esto, procuraron hacer dos cosas con la energía. Especialmente con la energía espiritual, la sexual.

En primer lugar, siempre intentaron entender que esa energía venía de Dios y en último término estaba dirigida hacia Dios. De este modo, rodearon la energía religiosa y sexual y el deseo, de símbolos muy elevados. Allí donde nosotros usamos símbolos biológicos y psicológicos, ellos usaron símbolos teológicos; por ejemplo, cuando nosotros nos enfrentamos con el deseo y hablamos de estar "calientes" u obsesionados, ellos hablaban de "anhelos eternos" y de "hambre por el pan de vida". Se entendía el deseo, siempre, en el marco de un horizonte infinito. En este tipo de marco, con rebordes simbólicos muy altos, podemos entender por qué san Agustín resume toda su vida en dos líneas: "Nos has hecho para ti, Señor, y nuestros corazones seguirán inquietos hasta que descansen en ti."

En segundo lugar, para intentar contener la naturaleza imperialista de la energía espiritual y erótica, colocaron alrededor del deseo un cúmulo de tabúes, prohibiciones y leyes estrictas. En su nivel más básico, mucho antes de cualquier tabú o prohibición se mencionara o codificara, la idea fue simplemente que, como humanos, estamos hechos para postrarnos delante de Dios, esto es, arrodillarnos y poner nuestra voluntad por debajo de la santidad y voluntad de Dios. Por medio de la genuflexión, física e intelectual, sentían que uno respetaba la energía de una manera adecuada. Por supuesto, las cosas no quedaban allí, sin que se las nombrara. Más tarde se estableció e impuso toda clase de prescripciones, ley, tabúes y restricciones. En las mentes de quienes formularon y establecieron estas restricciones estaba la idea de que, por medio de estos tabúes, mediando la energía sagrada, en último término a las gentes se las protegía de ellos mismos.

El mundo premoderno entendió que la espiritualidad tiene que ver con la forma como canalizamos nuestro *eros*. Para ellos, el camino necesario para canalizar el deseo de manera correcta era el camino que dirigía ese deseo hacia Dios, el camino de la genuflexión. Este camino muy a menudo se convirtió en un camino de miedos, un camino de control por medio de tabúes externos, prohibiciones y leyes. El resultado fue una mezcla, no siempre mala. Por un lado es cierto que las personas vivieron con muchos más miedos, supersticiones, restricciones y timidez que nosotros. Por otro lado, tuvieron tanto estabilidad social como una cierta sustancialidad psicológica, cosas que a nosotros suelen faltarnos y envidiamos en ellos. Dicho de manera más sencilla, podemos mirar la forma como manejaron las energías espirituales y eróticas y considerar que eran legalistas y estirados, pero sus familias y sus comunidades no se desarmaban, funcionaban mejor que las nuestras y vivían menos inquietos, dormían de manera más pacífica, comparándolos con nosotros, porque todos esos símbolos y restricciones elevadas, sean cuales fueran sus disfunciones, les enseñaban que eran seres inmortales, creados a la imagen de Dios, cuyas acciones, por privadas que fueran, eran importantes. No necesitaban atribuirse a sí mismos su propio significado. Debido a esto (probablemente una verdadera ironía) sufrían menos depresión y exaltación que nosotros.

Hoy, sea cual fuera nuestra sofisticación, somos ingenuos con respecto a la naturaleza de la energía. A diferencia de Jung, la consideramos amigable, algo de lo que no necesitamos tener miedo y algo que podemos manejar por nuestra cuenta, sin la ayuda de un Dios o de reglas externas y tabúes. De hecho, tendemos a desdeñar cualquier fuerza exterior, religiosa o secular, que de alguna manera pueda censurar o restringir la libertad absoluta con que dejamos que esa energía fluya en nosotros. La obediencia y la genuflexión no son muy populares. Queremos manejar la energía por nuestra propia cuenta. Esto, en parte, es un paso bueno y necesario en la maduración humana y en parte es exactamente lo opuesto. El rechazo de cualquier censor externo de nuestras acciones puede ser una señal de haber crecido pero también puede ser una señal de un narcisismo infantil: el niño que está sentado en la silla alta y exige que el mundo gire alrededor de él. En todo caso, hay un precio que debemos pagar por pretender manejarlo todo por nuestra cuenta, especialmente por nuestra incapacidad para encontrar esa línea muy fina entre la depresión y la autoexaltación. Esto significa que, totalmente por nosotros mismos, fuera de los tabúes clásicos, sociales o eclesiásticos, invariablemente fluctuamos entre perder contacto con la fuente profunda de la energía (depresión) y no ser capaces de contenerla de una manera adecuada (inflación/exaltación). Raramente flotaremos en un nivel uniforme, siempre estaremos demasiado abajo o demasiado arriba, sintiéndonos muertos en nuestro interior o no pudiendo dormir tranquilos, porque estamos demasiado nerviosos e inquietos.

En esta lucha, lo principal es la depresión, sentirse muerto por dentro. Éste es el principal problema. En términos generales, hoy, en el mundo occidental, la mayoría de nosotros, los adultos, vivimos en una cierta depresión crónica. ¿Cómo debe entenderse esto? La depresión, aquí, no significa una depresión clínica, sino algo mucho más amplio.

¿Qué es la depresión? A veces puede ayudarnos el entender ciertas cosas por contraste con sus opuestos. Y tal es el caso aquí. Espontáneamente tendemos a pensar que lo opuesto a la depresión es el espíritu festivo, optimista, acelerado, estimulado por la diversión. Pero no es en realidad así todo el tiempo, ni siquiera a menudo. Un temperamento entusiasta, un optimismo chispeante, un pensamiento positivo son muchas veces síntomas de una depresión oculta, algo así como la esquizofrenia del payaso, todo lo contrario a un genuino gozo de la vida. A menudo vemos este mismo estado de ánimo en el optimismo superficial, el gozo forzado y la energía artificial del gurú cuando piensa de manera positiva.

Lo opuesto de la depresión es el deleite, el sorprenderse de manera espontánea con la bondad y la belleza de la vida. Esto no es algo que podamos fabricar y hacer que nos suceda. Es el producto no buscado, como nos lo han dicho muchos santos y hombres o mujeres sabios, de alguna otra cosa. Es algo que nos sucede y que no podríamos, de manera alguna, hacer que nos suceda. Tal como lo sugiere C. S. Lewis en el título de su autobiografía, *Cautivado por la alegría*, el gozo debe atraparnos de manera inesperada, en un momento cuando no estamos racionalizando que nos sentimos contentos. La famosa oración de Francisco de Asís también lo sugiere. El deleite debe sorprendernos.

Esto es lo que significaría no estar deprimidos. Imagínese usted mismo en cualquier día normal, caminando hacia su automóvil, esperando en la parada de un ómnibus, cocinando una comida, sentado en su escritorio o haciendo cualquier otra cosa que sea muy elemental y corriente. De repente, sin una razón aparente, usted se siente lleno de la sensación de la bondad, la belleza y el gozo de simplemente estar con vida; usted siente su propia vida —su corazón, su mente, su cuerpo, su sexualidad, las personas y las cosas con las que está relacionado— y de manera espontánea viene a sus labios la exclamación: "Dios, qué hermoso es estar vivo." Esto es el deleite, esto significa no estar deprimido. ¿Pero con qué frecuencia nos sentimos así? En el caso de la mayoría de las personas adultas, esta experiencia es rara. Podemos vivir los años y durante todo ese tiempo amar, estar dedicados a una causa, ser generosos, positivos, contribuir con algo positivo, ser adultos compulsivos —buenos esposos, buenos padres, empleados dignos de confianza, amigos generosos, miembros fieles de la iglesia, que nos sentimos cómodos cuando rezamos— y nunca, durante todos esos años, sentir que se derrama en nosotros ni siquiera un dedal de genuino deleite. Esto sucede todo el tiempo. El deleite es algo que las personas adultas no experimentan con frecuencia, aunque no sucede así con los niños. Si usted quiere ver cómo se ve el deleite, vaya alguna vez al patio de cualquier escuela en el momento cuando los niños, los niños pequeños, salen para su período de recreo a la mitad de la mañana. Simplemente corren y gritan. Eso es deleite. Eso es la respuesta espontánea a la bondad y la belleza de la vida, no las grabaciones comercializadas de alguien que expone los méritos del pensamiento positivo. Es así como se siente lo opuesto a la depresión. Cuando ves a un niño en una silla alta, a quien se lo está alimentando, que grita y arroja puré de papas por toda la habitación, estás en presencia del deleite. Y también estás frente a algo que, excepto en los niños, es extremadamente raro. En la cultura occidental los gritos gozosos de los niños muchas veces nos irritan, porque interfieren con nuestra depresión. Es por eso que hemos inventado un término, "hiperactividad", para poder, con la conciencia tranquila, sedar el gozo espontáneo que experimentan la mayoría de nuestros niños.

Luchamos con la depresión, con la estimación exacta de nuestras energías; pero, como ya lo hemos dicho, también tenemos el problema opuesto. También nos inclinamos hacia la auto-exaltación, a estar tan poseídos de energía y tan llenos de nosotros mismos que somos candidatos poco probables para que el gozo nos sorprenda con la guardia baja. Algunas veces no estamos deprimidos. Pero, tristemente, en esos momentos estamos tan llenos de nosotros mismos que nos convertimos en una amenaza para nuestras familias, para nuestros amigos, para nuestras comunidades y para nosotros mismos. En ambas formas constituimos un problema, sea que volquemos la energía hacia fuera o que la contengamos. En nuestra cultura es rara la persona que ha encontrado el equilibrio exacto entre la afirmación de sí mismo y saber borrarse, desaparecer frente a los demás, entre el egoísmo y el altruismo, entre el propio desarrollo y el compromiso con los demás, entre la creatividad y el sacrificio, entre ser demasiado duro con uno mismo y ser demasiado blando, entre estar demasiado entusiasmado y quedarse apagado, entre la dependencia que se aferra a alguien o algo y una independencia malsana, entre doblar la rodilla de una manera muy infantil y pronunciar el desafío autodestructivo de Lucifer: "No serviré."

El equilibrio que todos estamos buscando está lograr una relación adecuada con la energía, especialmente la energía creativa, erótica, espiritual. Éstas son todas una misma cosa. La espiritualidad tiene que ver con encontrar las maneras adecuadas, las disciplinas que nos permitan tanto manifestar como contener esta energía. Nuestra época, en su lucha por crecer y más allá de lo que considera el enfoque infantil y más bien legalista de este asunto en el pasado, ha empezado a creer, ingenuamente, que entiende esta energía, que puede controlarla y que necesita muy poca ayuda externa, si acaso alguna, que nos ayude a vérnosla con ella.

Ésta, desde mi punto de vista, es una de las principales piedras de tropiezo de nuestra época. En términos de entender la energía espiritual y su relación con nosotros no somos muy diferentes a un adolescente, varón o mujer, cuyo cuerpo está explotando de energía hormonal y que siente que está a la altura de la tarea de enfrentar de manera creativa esa tensión sin ninguna regla ni guía de los adultos. Esta ingenuidad, como nosotros sabemos, es tanto arrogante como peligrosa. Los fuegos que arden dentro son mucho más poderosos de lo que nosotros, de manera ingenua, suponemos. Cuando descuidamos esto, creyendo que esos fuegos están lo suficientemente domesticados como para que podamos controlarlos, terminamos deprimidos o exaltados. Permítaseme dar un ejemplo de cada una de estas situaciones.

¿Cómo puede deprimirnos la ingenuidad con respecto al poder de la energía erótica? Hace algunos años la cadena de televisión CBS puso en el aire una telenovela que más o menos se desarrollaba de la siguiente manera. Tres parejas de clase media de Ontario deciden pasar unas vacaciones juntas, haciendo campamento. Estas vacaciones eran una especie de escapada para esta gente de clase media, un encuentro de viejos compañeros de la universidad que habían pasado los últimos veinticinco años criando hijos, pagando hipotecas y haciendo los servicios sociales y religiosos que son característicos de este grupo. Ahora, después de años de estar atados a sus compromisos, con sus hijos más o menos crecidos, por fin tenían un poco de tiempo para pasarlo juntos, viajando por el país y renovando sus antiguas amistades. De manera que cada pareja alquiló una casa rodante, la abasteció de alimentos y bebidas, dejaron sus respectivas casas al cuidado precario de sus hijos, que ya eran adultos jóvenes, y partieron por un mes con la intención de disfrutar unas vacaciones que nunca habían tenido antes.

Todo empezó bien. Durante los dos primeros días y noches hubo mucho entusiasmo. Risas a montones y las conversaciones sonaban más o menos como esto: "¡Es grandioso! ¿No es formidable volver a estar juntos de este modo? ¿No es extraordinario tener la libertad, el dinero y el tiempo para simplemente disfrutar estando juntos y conociendo nuestro país de este modo?" Hasta el clima se portó bien.

Las cosas cambiaron la tercera noche. La pasaron en un lugar para acampar, cerca de un centro turístico. Entrada la noche, mientras estaban sentados alrededor del fuego, el campamento se llenó de gente joven. Lo que siguió fue una especie de fiesta salvaje, música rock a muy alto volumen, alcohol y drogas de todo tipo, y varias parejas practicando el sexo de manera más o menos abierta entre los árboles. Al principio se quedaron alrededor de su propio fuego y las tres parejas dijeron la clase de cosas que cualquier gente de edad media hubiera podido decir en una situación similar. ¿Adónde va el mundo? ¿Quién crió a estos chicos? Pero no se dieron cuenta de lo que el espectáculo les estaba haciendo adentro. A partir de ese momento, hasta el final de su viaje de un mes, cada uno de ellos entró en una depresión. El disfrute de su viaje, el sentimiento de libertad y deleite desaparecieron, cediendo el lugar al silencio y a sentimientos negativos con respecto a sus propios matrimonios, a sus cuerpos, sus historias sexuales, sus hijos, y sus vidas en general. Y eso los mantuvo casi todo el tiempo quisquillosos y sintiéndose infelices.

¿Qué había sucedido? Habían tenido una experiencia de primera mano de lo que Jung expresa cuando dice que la energía no es amistosa. En este caso fue una experiencia de los efectos negativos de la pornografía. Lo malo de la pornografía no es que haya algo malo en presenciar un acto sexual. El sexo no es algo sucio ni pecaminoso. Con la pornografía lo que pasa es que estimula de manera excesiva nuestras energías eróticas arquetípicas y nos obliga a actualizar esas energías (como lo haría un dios o diosa mítica, sin restricciones ni límites) o entrar en una depresión, hacer funcionar los mecanismos de enfriamiento que tenemos en nuestro interior, restringir esas energías y después recocinarnos en la frustración mientras, muy despacio, se produce el enfriamiento.

Nuestra cultura es demasiado ingenua cuando se enfrenta con el poder de la energía. No vemos que haya nada de malo en exponernos a ella en sus formas más crudas. En un sentido tenemos razón: La energía erótica es buena. No pasa nada malo cuando Afrodita y Eros hacen el amor debajo de un árbol. Lo único problemático es que esto no es algo que otros deban ver. Es demasiado crudo. El amor debe practicarse detrás de

puertas cerradas. Toda sociedad tiene tabúes con respecto al sexo, con respecto a practicarlo y con respecto a exhibirlo. La sabiduría del tabú contra la exhibición no tiene que ver, en primer lugar y sobre todo, con la moralidad y el pecado. Se trata de proteger las almas de las personas de la clase de infelicidad que experimentaron nuestras tres parejas de Ontario después de haber visto, precisamente, a Afrodita y Eros debajo de un árbol.[5]

La verdad, en este caso, no tiene que ver solamente con la pornografía y la sexualidad, sino que se refiere a algo que puede ser tan crudo como para estimular excesivamente nuestras energías. La energía es imperialista, no con la tiranía de un mal dictador, sino con la fuerza avasalladora de un agente divino. La energía que tenemos adentro es simplemente demasiada para nosotros y cuando intentamos manejarla sin la reverencia adecuada, las seguridades, los tabúes y la mediación, muy pronto nos descubriremos privados de todo gozo y deleite. Encauzar el *eros* de manera correcta no tiene que ver, en primer lugar y sobre todo, con el pecado y la moralidad, tiene que ver con que seamos capaces, como esas tres parejas de Ontario, de quedarnos sentados alrededor de un fuego de campamento, con deleite o deprimidos, mientras comemos nuestra cena.

De manera opuesta, ¿cómo puede inflarnos la energía espiritual y erótica? Un ejemplo, claro, aquí es el de los cultos religiosos. Lo malo con los cultos no es que quienes los practican no sean sinceros o que la energía a la que intentan acceder y contener no sea real. Sucede más bien lo opuesto. Lo que está

---

[5] Albert Camus tiene algunos comentarios muy lúcidos sobre esto. Por ejemplo en *Carnets (Diarios)* comenta frecuentemente sobre la necesidad y belleza del ascetismo. En un momento, comentando sobre la sexualidad, escribe: "La sexualidad no lleva a nada. No es inmoral, pero es improductiva. Uno puede abandonarse a ella cuando no quiere producir nada. Pero la castidad está relacionada con el progreso personal. Hay un momento cuando la sexualidad es una victoria —cuando uno la separa de los imperativos morales— pero entonces se vuelve muy pronto una derrota y a su vez la única victoria que puede ganarse sobre ella es la castidad." Unos pocos días después, escribiendo en sus *Carnets*, dice: "La sexualidad incontrolada lleva a una filosofía de la insignificancia del mundo. Por el contrario, la castidad da significado al mundo" (Albert Camus, *Carnets*).

mal es que un culto, por definición, intenta acceder a lo divino, a lo verdaderamente divino, sin la mediación y la reverencia adecuadas. Equivale a alguien que mete un cuchillo en un enchufe de 220 voltios: el efecto es real, pero nos mata electrizándonos. Eso es precisamente lo que sucede en un culto religioso, como puede verse en lo que le sucedió a David Koresh y sus seguidores en Waco y a los miembros del Culto del Templo Solar en Suiza y Canadá. No es un accidente que tan a menudo la gente que está metida en un culto muera y que muera por medio del fuego. La energía espiritual es fuego y la gente que juega con ese fuego de manera ingenua termina quemándose. David Koresh, líder del Culto Davidiano en Waco, Texas, acumuló ametralladoras, se acostó, como si le asistiera un derecho divino, con todas las mujeres del grupo, prometiendo que él y solamente él podía revelar los secretos más profundos de Dios y de la vida. Fue el análogo típico de la exaltación, de alguien poseído de manera peligrosa por la energía y por lo que ésta había hecho con su propio ego. Que se haya encendido en una bola de fuego no es una sorpresa, en una perspectiva bíblica.

La Biblia nos dice que nadie puede ver a Dios y seguir con vida. Cuando Moisés le pide a Dios que lo deje verlo, Dios le dice que se quede en una hendidura entre las rocas y después Él, Dios mismo, cubrirá el rostro de Moisés mientras pasa y una vez que lo haya hecho Moisés podrá ver las espaldas de Dios... ¡pero nunca su rostro! (Éxodo 33, 18-23). Todo esto es lenguaje metafórico, es una advertencia para que nosotros sepamos que la energía divina (y toda energía, en último análisis, es divina) requiere que nos aproximemos a ella de manera cuidadosa, con los pies desnudos (Éxodo 3, 1-6). Antes que nos dé la vida, debemos inclinarnos frente a ella como un reconocimiento claro de que es algo separado de nosotros y que debemos acceder a ella de manera reverente. La vieja moral y los tabúes religiosos, así como los rituales litúrgicos clásicos, sea cuales fueran sus defectos, procuraron enseñarnos esto. Tal como lo dice Annie Dillard, "Muy a menudo pienso que los pasajes litúrgicos establecidos son palabras que la gente ha dirigido a Dios sin morir en el intento."[6] David Koresh podría estar todavía vivo si hubiera entendido esto.

La espiritualidad tiene que ver con el manejo adecuado de los fuegos, esas energías poderosas que fluyen a través de nosotros. Luchamos porque somos ingenuos y no reconocemos el origen y el poder de este fuego. Creemos que la energía es nuestra, y no lo es. Creemos que por nuestra cuenta podemos controlarla y no podemos. Hay en nosotros una locura que viene de Dios y que, a menos que respetemos y sepamos relacionarnos con su origen divino de una manera precisa, nos dejará para siempre demasiado inquietos o demasiado deprimidos como para disfrutar la vida de manera plena. En caso contrario seremos como una versión en pequeño de David Koresh, convencidos de que somos Dios.

La ocupación, la distracción y la inquietud patológicas

Jan Walgrave comentó, en cierta oportunidad, que nuestra era constituye una virtual conspiración contra la vida interior.[7] Lo que quiso decir no es que haya, en algún lugar, una conspiración consciente contra los valores adecuados, las iglesias y la verdadera espiritualidad, como quisieran creerlo los conservadores paranoicos. Dijo que hoy están actuando ciertas circunstancias históricas que confluyen de manera ciega y accidental y conspiran para producir un clima dentro del cual resulta difícil no sólo pensar en Dios o rezar, sino tener una vida in-

---

[6] Annie Dillard, *Holy the Firm*, Nueva York, Harper & Row, 1977, p. 59.

[7] De una conversación privada. Sin embargo, una parte de esta conversación aparece escrita en un artículo breve. Véase Ronald Rolheiser, "Just Too Busy to Bow Down" en *Forgotten among the Lilies* (Londres, Hodder & Stroughton, 1990; y Nueva York, Crossroads, 1996).

terior de cualquier tipo. El aire que hoy respiramos no nos lleva por lo general a una interioridad, de la profundidad que sea.

¿Por qué? ¿Cuáles son los factores que están conspirando de manera accidental para producir este efecto? En un libro anterior, *The Shatered Lantern*,[8] intenté nombrarlos y analizarlos. Aquí me limitaré a nombrarlos. Entre las muchas cosas que actúan en nuestros días contra la interioridad pueden individualizarse tres que son particularmente dañinas: el *narcisismo*, el *pragmatismo* y la *inquietud desbocada*.[9]

Definido de manera muy simple, el narcisismo significa una preocupación excesiva con uno mismo; el pragmatismo significa una concentración excesiva en el trabajo y la inquietud significa un anhelo excesivo de experiencias, comer demasiado, pero no en términos de comida sino en términos de querer beber demasiada vida. El narcisismo tiene que ver con nuestras desilusiones en el campo de los afectos, el pragmatismo con nuestros dolores de cabeza y la inquietud con nuestro insomnio. Y la combinación de estos tres factores explica que tan a menudo vivamos absorbidos en nosotros mismos por desilusiones afectivas, dolores de cabeza y ansias de experiencias, hasta el punto de que raramente encontremos el tiempo y el espacio para estar en contacto con los movimientos más hondos adentro y alrededor de nosotros.

No hay en esto límites para el análisis más rico. Thomas Merton dijo, en cierta oportunidad, que el problema espiritual mayor de nuestro tiempo es la eficiencia, el trabajo, el pragmatismo; cuando conseguimos hacer funcionar la fábrica nos queda poco tiempo o energía para cualquier otra cosa.[10] Neil Postman sugiere que, como cultura, nos estamos entreteniendo hasta la muerte, es decir, que nos estamos distrayendo en

---

[8] Véase Ronald Rolheiser, *The Shatered Lantern, Rediscovering the Felt Presence of God* (Londres, Hodder & Stroughton, 1994; y Nueva York, Crossroads, 1996).

[9] Para un análisis detallado del narcisismo, el pragmatismo y la inquietud desatada como formas de reducir la conciencia espiritual, véase *The Shattered Larntern*, pp. 24-43.

[10] Citado en *The Shatered Larntern*, p. 34.

una superficialidad blanda y sin ingenio.[11] Henri Nouwen ha escrito, de manera elocuente, sobre cómo nuestro hambre de experiencias y la inquietud, hostilidad y fantasía que éste genera bloquean en nuestras vidas la soledad, la hospitalidad y la oración.[12] Tienen razón. Lo que cada uno de estos autores y muchos otros más dicen es que nosotros, por todo tipo de razones, buenas y malas, nos estamos distrayendo en el olvido de todo lo espiritual. No es que tengamos nada contra Dios, la profundidad o el espíritu. Es que por hábito estamos demasiado preocupados como para que cualquiera de éstas aparezca en las pantallas de nuestros radares. Somos más personas ocupadas que personas malas, más distraídas que anti-espirituales y nos interesamos más por el cine, el campeonato deportivo, el *shopping* y la vida de fantasía que esto nos genera, de lo que nos interesamos por la iglesia. La ocupación patológica, la distracción y la inquietud son hoy bloqueos importantes en nuestras vidas espirituales.

Un crítico problema de equilibrio, que lleva a un conjunto de divorcios

La buena espiritualidad, como hemos visto, es una cuestión de encauzar de manera correcta nuestro *eros*. Entre las cosas con las que lucha nuestra generación, aquí se presenta la cuestión del equilibrio. Quizá éste es el lugar a dónde nos ha traído la historia o quizá sea nuestra inquietud incurable que nos hace analizarlo todo. Sea cual fuera la razón, el equilibrio sano, en cualquier cosa, no es uno de los fuertes de nuestra época. De manera invariable dividimos las cosas y enfrentamos

---

[11] Neil Postman, *Amusing Ourselves to Death: Public Discourse in the Age of Show Business*, Nueva York, Penguin Books, 1985.

[12] Henri Nouwen, *Abriéndose: Los tres movimientos de la vida espiritual*, Guadalupe.

unos elementos contra otros. Esto es válido, en particular, con nuestra espiritualidad.

Uno de los problemas de nuestra época es que hemos creado un conjunto de divorcios dentro de la espiritualidad, forzándonos a nosotros mismos y a los otros a tener que hacer elecciones poco sanas. Nos pasamos todo el tiempo creando dicotomías ilícitas, malos divorcios, que nos obligan a elegir entre dos cosas cuando, de hecho, las necesitamos a las dos para encauzar de manera sana nuestra nuestras energías espirituales. ¿Cuáles son estos malos divorcios? Como los demonios bíblicos, son legión, pero hay cinco que son particularmente destructivos en términos de nuestra espiritualidad hoy y necesitamos nombrarlos y examinarlos de manera breve.

1. El divorcio entre la religión y el eros

Entre esas falsas alternativas que nos enfrentan hoy, ninguna resulta más dañina desde un punto de vista espiritual, sea que estemos en la iglesia o no, que la división que hacemos muy a menudo, aunque sea de manera inconsciente, entre la religión y el *eros*. ¿Cómo es esta dicotomía falsa? Puede explicarse mejor usando un ejemplo.

Hace algunos años yo estaba ayudando como asesor a una monja joven que estaba luchando para dar sentido a su vida religiosa. Su lucha no era fácil. Por un lado, tenía una fe genuina. Creía en Dios y sobre todo creía que Dios la había llamado para ser monja, aunque los votos de pobreza, castidad y obediencia no cuadraban muy bien con su temperamento natural. Por otro lado, tenía dentro una inquietud que la carcomía y su pulso erótico para la vida hacía que le resultara muy duro soportar la vida en el convento. Con el tiempo, tomó una decisión. Dejó de intentar ser monja y lo razonó de la siguiente manera. Sus palabras, que cito aquí, son las palabras de nuestra cultura, pronunciadas de manera consciente o inconsciente por millones de mujeres y hombres sinceros cuando intentan describir sus vidas espirituales: "He decidido que estoy demasiado llena de vida para poder llegar a ser alguna vez verdaderamente religiosa. Amo a la vida demasiado, soy demasiado sexual, demasiado física, tengo la sangre demasiado roja y estoy demasiado arraigada en este mundo y lo que tiene para ofrecerme, como para poder ser verdaderamente espiritual. No puedo servir a Dios y a la iglesia, poseo demasiada energía erótica y creativa."[13]

Lo que está poniendo en palabras es el divorcio, en la cultura occidental, entre la religión y el *eros*. Como todos los divorcios éste ha sido doloroso y, como en todos los divorcios, las propiedades se dividieron: la Religión se quedó con Dios y el mundo secular con el sexo. Lo secular se quedó con la pasión y Dios con la castidad. Nosotros, los hijos de este divorcio, como todos los hijos de un hogar roto, nos encontramos desgarrados entre los dos, deseamos inconscientemente que se reconcilien. Pero, por el momento, vivimos en una situación de divorcio. La religión, especialmente tal como se la vive en las iglesias, se percibe como anti-erótica, anti-sexual, anti-creativa, anti-gozo y opuesta a este mundo. Al Dios que respalda a las iglesias se lo percibe como estoico, célibe, aburrido, frío, de otro mundo. Se cree que el sexo y la creatividad humana lo amenazan. Al mundo secular se lo ve como el campeón del eros, del sexo, de la creatividad y del disfrute, pero también como opuesto a Dios y a la iglesia. Y nos sentimos desgarrados. ¿Cómo puede uno elegir entre el uno y el otro?

---

[13] Hay mucha gente que intenta zanjar este abismo convirtiendo la sexualidad, en sí misma, en una cuasi-religión o en una religión hecha y derecha. Así, por ejemplo, se ve esto, en un nivel muy popular, en un escritor como Tom Robbins (*Skinny Legs and All the Wayside Atraction*) y en un nivel más deliberadamente religioso en alguien como Jalaja Bonheim (*Aphrodite's Daughters*, Nueva York, Fireside, Simon & Schuster, 1997).

2. El divorcio entre la espiritualidad y la eclesiología

Hay algo muy extraño que está sucediendo hoy en el mundo occidental. Mientras decrece dramáticamente la cantidad de personas que participan en nuestras iglesias, la cantidad de personas interesadas en la espiritualidad aumenta de manera proporcional. Estamos presenciando una declinación drástica de la vida eclesial en medio de un renacimiento espiritual. ¿Qué es lo que está sucediendo? Se está produciendo un divorcio entre la espiritualidad y la eclesiología, entre aquellos que se sienten como lanzados a una búsqueda espiritual y los que están adentro de nuestras iglesias. Una vez más, la manera más sencilla de explicar esto es dando un ejemplo.

Hace varios años, un escritor estadounidense, Sam Keen, publicó un libro titulado *Hymns to an Unknown God* (Himnos a un Dios desconocido). Keen no es un novicio de la religión organizada, puesto que posee un grado de bachiller en teología y un doctorado en teísmo. En este libro lo que hace es establecer una distinción entre la espiritualidad (la búsqueda espiritual) y la religión (la vida de iglesia) con el propósito de legitimizar la primera y denigrar la segunda. Se llama a sí mismo "un agnóstico lleno de confianza", un "presbiteriano en recuperación" y alrededor de su cuello lleva un signo de interrogación en lugar de una cruz. Se entiende como alguien que busca, en un peregrinaje espiritual. Pero el camino de la espiritualidad, desde su punto de vista, no es igual al de la religión organizada. Todas las religiones empiezan con las respuestas, sostiene, pero la peregrinación espiritual hace todo lo contrario: empieza con las preguntas. Para Sam Keen, dentro de la espiritualidad, a diferencia de la religión, uno no se rinde. No se limita a obedecer.[14] Más aún, desde su punto de vista, en la búsqueda espiritual nunca se llega al final del camino, por lo menos en esta vida. Para él,

---

[14] Sam Keen, *Hymns to an Unknown God* (Nueva York, Bantam Books, 1994).

cuando una persona se establece en la práctica de una religión, ya no puede afirmar que anda en una búsqueda espiritual. Se ha cambiado la espiritualidad por una religión.

Al decir esto, Keen habla para nuestra era, poniendo en palabras algo que millones de hombres y mujeres de hecho sienten y creen. Es típica de nuestros días la persona que quiere una fe pero no la Iglesia; las preguntas, pero no las respuestas; lo religioso pero no lo eclesial; la verdad pero no la obediencia. Más y más típica, también, es la persona que se entiende a sí misma como "un cristiano en recuperación", alguien cuya búsqueda de Dios lo ha indispuesto con la Iglesia, mientras que antes era un miembro fiel. Pero este quiebre no es unilateral. Lo inverso, tristemente, también funciona. Tenemos más personas que van a la iglesia de las que son necesarias, que quieren la Iglesia pero no la fe, las respuestas, pero no las preguntas, lo eclesial pero no lo religioso y la obediencia pero no la verdad. Una persona así en esencia está haciendo lo contrario que el "cristiano en recuperación" y puede, por lo tanto, llamarse un "secularista en recuperación". En cuanto tal pone de manifiesto una similitud sorprendente con respecto a su primo alienado, el "cristiano en recuperación". El resultado de este divorcio de manera bien clara corta por ambos lados.

3. El divorcio entre la moralidad privada y la justicia social

Ernst Käseman, el muy conocido erudito bíblico, una vez comentó que lo que hay de malo en el mundo y en las iglesias es que las personas piadosas no son liberales y los liberales no son piadosos. Esto es verdad y pone de manifiesto otro divorcio trágico que ha tenido lugar dentro de la espiritualidad y dentro de la cultura occidental en general: es muy raro encontrar en una misma persona una moralidad privada y una moralidad pública. Es muy raro el caso donde vemos juntos, en una misma persona, en una misma ideología, en un mismo grupo o una misma iglesia, una pasión idéntica por la justicia social y por la moralidad privada, para la acción y para la contemplación, para el manejo de la cosa pública (política) y para el cuidado del alma (misticismo). Esto significa que la persona que conduce el grupo de protesta muy difícilmente conduzca el grupo de oración, la persona interesada en los valores familiares no está preocupada por la pobreza en las ciudades y el agitador político o social por lo general carece de una interioridad profunda, el desprendimiento y la calma del místico. A la inversa también pasa lo mismo.

La espiritualidad, como veremos, tiene que ver del mismo modo con las dos cosas: liberalidad y piedad, acción y contemplación, moralidad privada y justicia social, los intereses del feminismo y de Greenpeace, y los diez mandamientos. Lamentablemente, en nuestros días –y ésta es una de las principales piedras de tropiezo para que podamos vivir una espiritualidad sana— esto está divorciado entre sí.

4. El divorcio entre el niño dotado y el adulto generoso

La espiritualidad tiene que ver, en un último análisis, con la autotrascendencia, el altruismo y la generosidad. La religión siempre ha puesto estas cosas en el centro. Ser maduro, desde un punto de vista religioso, significa ser una persona libre para dar la vida. Tal como lo dijo Jesús: "No hay amor mayor que dar la vida por los amigos" (Juan 15, 13). Mientras que esto es verdad de manera evidente, la forma como se lo ha predicado ha sido a veces problemática. La que aparentemente se presenta como generosidad puede ser egoísmo y manipulación del otro. Aun el don más aparentemente libre puede ocultar condiciones. No es tan fácil definir la generosidad verdadera. Conocemos demasiado bien la situación de aquel que da su vida por su amigo y termina amargado por estar haciéndolo y sintiéndose usado. Se puede cargar la cruz de otro y terminar pasándole la cuenta.

En nuestra búsqueda de la autotrascendencia, muchas veces no podemos trazar la línea de la distinción entre aquel que se entrega de manera generosa y aquel que es la víctima del otro. ¿Cuándo estamos frente a una acción altruista y cuando alguien es simplemente usado de felpudo? ¿Cuándo una acción generosa es virtud y cuándo es señal de debilidad y timidez? Una vez más, la mejor manera de aclarar esto es por medio de un ejemplo. Hace cerca de veinte años, la analista suiza Alice Miller escribió un ensayo breve que produjo un gran impacto: "El drama del niño dotado".[15] Para Miller el niño superdotado no es aquel que tiene un coeficiente intelectual muy alto, un Einstein en miniatura. El niño superdotado es aquella persona que a partir del seno materno es sensible de una manera extraordinaria, la persona que recoge, internaliza y actúa las expectativas de los otros. El niño superdotado es el que satisface a los demás, el que no quiere que los otros se sientan desilusionados con él. Pero, tal como Miller muestra, las personas que se sacrifican por los demás porque tienen miedo de frustrarlos terminan, hacia la mitad de sus vidas, sintiéndose amargados, victimizados, enojados por haber tenido que sacrificar siempre sus necesidades personales en aras de los deseos de los otros. El niño superdotado termina siendo un adulto amargado. La generosidad puede conducir de manera muy fácil tanto a la ira como al gozo.

La espiritualidad tiene que ver con dar nuestra vida por los amigos. Hoy, y ésta es una circunstancia trágica, hay un divorcio entre los que predican esto pero no son sensibles al drama del niño superdotado, y aquellos, que con una sensibilidad total al dolor de la víctima no son capaces de ver que la cosa más noble que puede hacer un ser humano es morir por algo que está fuera de sí mismo. Desde un punto de vista espiritual, el niño superdotado debería llegar a ser un adulto superdotado,

---

[15] Alice Miller, *El drama del niño dotado*, Buenos Aires, Tusquets, 1992.

una persona que, como Jesús, puede decir: "Nadie me quita la vida, yo la doy, de manera libre."[16] Por desgracia, en la cultura actual y en el clima espiritual de nuestros días, hay muy pocos que puedan contener juntos a ambos, el niño superdotado y el adulto generoso. Por lo general, también, la sociedad acepta al primero y las iglesias al segundo.

5. El divorcio de la cultura contemporánea con respecto a su herencia paternalista cristiana

¿Qué significa esta frase extraña? Hay un mito que se llama "La Dulzura de la Vida".[17] Es una historia larga y complicada, pero la parte que arroja luz sobre nuestra cuestión es la siguiente. Una vez había un hombre que era cazador, un gran cazador que sabía todo lo que se puede saber con respecto al bosque. Sabía cuáles frutas eran venenosas y cuáles podían comerse; cuáles eran las buenas hierbas y cuáles no lo eran. Sabía cuáles aves podían cazarse y sabía dónde éstas se escondían. Sabía todo esto porque su padre se lo había enseñado y su padre había recibido la instrucción de su propio padre y así sucesivamente por muchas generaciones. El gran cazador provenía de una larga línea de cazadores nobles y sabios.

Un día la esposa del cazador quedó embarazada y el cazador supo, intuitivamente, que el niño sería su hijo primogénito. De ese modo, todas las noches, el cazador, por medio de una magia que él había creado, sacaba el espíritu de su hijo del

---

[16] Jesús pone bien en claro que no es una víctima. Él entrega su vida, no se la quitan. Esto está presente en todos lados en los cuatro Evangelios, especialmente en el relato de su agonía en el Huerto de Getsemaní y cuando finalmente cuando se entrega, en un acto libre de voluntad, a la voluntad de su Padre. Así, puede pararse frente a Poncio Pilatos y decir: "Tú no tienes poder sobre mí", o sea: "¿Cómo puedes tú matarme, si yo ya he entregado mi vida?"

[17] Véase Michael Meade, *Stories of Spirit, Descent and Healing* (Oral Traditions Archives, Limbus, Vashon Islands, Washington 98070).

58

seno de su madre y lo llevaba a los bosques, donde le enseñaba todos los secretos: cuáles frutas eran venenosas y cuáles eran las hierbas que podían comerse, dónde vivían las diferentes aves y cómo se las podía cazar. Después, antes de la mañana, por medio de su magia, volvía a poner a su hijo en el seno de su madre. Ella, por su parte, dormía y no sabía que todas las noches su hijo salía de su seno para aprender a cazar, con su padre.

Por fin llegó el día cuando el niño debía nacer. Las mujeres del pueblo se reunieron para cantar canciones de alabanza en honor del primogénito y el niño nació. Era un bebé enorme. Y era precioso. Tomó la leche de su madre solamente el primer día. Al segundo día se negó a beber y pidió que le dieran carne. Al tercer día empezó a caminar. Al cuarto día salió corriendo y al día siguiente, ya crecido, acompañó a su padre a cazar en el bosque. Padre e hijo salieron juntos e inmediatamente, cuando cruzaron el claro y entraron en el bosque se encontraron con un pájaro conocido por su afición a la miel. Conocedores de los secretos del bosque, siguieron al ave, sabiendo que los llevaría a un panal de miel. Cuando llegaron al árbol donde las abejas habían escondido una reserva importante de miel, el padre trepó al árbol y le dijo a su hijo: "Voy a alcanzarte el panal. Ponlo en la calabaza del agua, pero no comas la miel. Ni siquiera te lamas la miel de los dedos. Esta miel es muy amarga, no es para comer."

Pero el hijo, sabiendo todo lo que su padre le había enseñado, también sabía que la miel era muy dulce. Por eso, en vez de guardar el panal en la calabaza que usaban para llevar agua, tal como el padre se lo había ordenado, se puso a comer la miel, hasta la última gota, chupándose los dedos después de haber terminado. Cuando el padre bajó del árbol y vio lo que había sucedido se enojó mucho. La ira hacía relampaguear a sus ojos mientras miraba incrédulo a su hijo que estaba delante de él, desafiante.

Entre muchas otras cosas, ésta es una imagen de la tradición judeo-cristiana y la cultura, en el actual mundo occidental. La cultura es el hijo. Está frente a su padre, la tradición judeo-cristiana, un poco en una actitud de desafío. Usando los secretos que había aprendido de su padre, le dice: "Me diste amargura cuando debiste haberme dado dulzura. Me mentiste. Estás demasiado lleno de prohibiciones falsas, de tabúes amargos, de temores innecesarios. Se supones que debieras darme la dulzura de la vida, pero tus mandamientos y tabúes me traen la muerte y la culpa en vez de la vida y la dulzura." La tradición judeo-cristiana es el padre, patriarcal, jerárquico, de pie junto al árbol de la miel, sintiéndose traicionado por el hijo a quien él mismo le había enseñado los secretos del bosque. (Por cierto, según dice René Girard, no es porque hayamos inventado la ciencia que dejamos de quemar brujas, sino que fue cuando, como consecuencia de la tradición judeo-cristiana, dejamos de quemar brujas que inventamos la ciencia).[18]

Y de este modo quedamos atrapados en otro divorcio. Por un lado tenemos la tradición judeo-cristiana que nos enseñó los secretos de los bosques y que ahora se siente traicionada, ve cómo hemos desobedecido sus mandamientos fundacionales y se siente juzgada de manera implacable por sus propios hijos. Por otro lado está nuestra cultura, adolescente en su desafío, acusando a la tradición, a su padre, de haberle dado la muerte y no la vida. Como cualquier niño atrapado en un divorcio doloroso, estamos entre las dos, sentimos su incompatibilidad y no sabemos a quién deberíamos entregarle nuestro corazón.

Hacia una espiritualidad cristiana

Nadie duda de la sinceridad de nuestra generación. En términos de espiritualidad, nuestra lucha no es con la sinceridad sino con la dirección. Nuestros corazones son buenos, pero nuestras mentes y nuestros pies no saben en qué dirección deben avanzar. Nos llaman muchos caminos, muchas voces, y ya sabemos que hay muchas maneras como se puede caer del cable

---

[18] René Girard, citado por Bailie, *Violence Unveiled,* p. 191.

tenso que Jesús una vez llamó el camino hacia la vida eterna. Cada generación tiene su propia noche oscura del alma, su propia tentación particular a la desesperanza mientras intenta encontrar la paz del alma y hacer la paz con su Dios.

> *Nuestra propia noche oscura de la espiritualidad viene en gran parte de nuestra ingenuidad con respecto a la naturaleza de la energía espiritual, de la conspiración contra la profundidad y la oración, causada por el narcisismo, el pragmatismo y la inquietud desbocada de nuestra era; y de nuestra incapacidad para mantener unidos, aunque en tensión, una serie de dualidades.*

¿Cómo podemos hacer para avanzar y al mismo tiempo ser realistas y tener en cuenta todas las presiones únicas de nuestra época? ¿Qué visión y qué disciplinas necesitamos para canalizar de manera creativa lo erótico, el fuego interior del espíritu de manera que su resultado final sea días creativos y noches de descanso y una paz duradera con nuestro Dios, los unos con los otros y dentro de nosotros mismos?

Los capítulos que siguen, que intentan ser una respuesta, por más inadecuada que resulte, no intentarán ofrecer esas respuestas a partir de la perspectiva humanista y religiosa más amplia posible, aunque esto sería lo ideal. Porque un solo libro no puede dar una visión completa de nada. A veces es bueno ser un poco humildes. Éste será, sin duda, nuestro esfuerzo. Se limitará a una perspectiva antes que intentar abarcarlo todo. Intentará formular una espiritualidad desde una perspectiva, una perspectiva cristiana. Al hacerlo quiere ser el primero en admitir que hay datos valiosísimos, visiones religiosas luminosas que deberían extraerse del pensamiento secular, humanista y, de manera mucho más obvia, de las otras religiones mundiales.

Dios todavía habla de muchas maneras diversas y no hay una persona o una religión que tenga el monopolio de la verdad. Pero dicho esto, no haré la apología de procurar entretejer estas perspectivas apuntando un marco de referencia específicamente cristiano. No escribo como un analista neutral sino como miembro de una comunidad de adoración confesante, cristiana y católica. Lo que sigue se propone, en primer lugar, ayudar a otros que forman parte de esa misma comunidad. La esperanza, sin embargo, es que estas perspectivas también puedan ayudar a aquellos que, sea por la razón que fuera, están afuera de esa comunidad y se preguntan qué es lo que tengo para ofrecer.

Y de este modo, apoyándome en las palabras de Agustín, empiezo diciendo:

> *Que mi lector viaje conmigo cuando comparta de manera plena mis convicciones; que busque conmigo cuando comparta mis dudas; que vuelva a mí cuando reconozca que está equivocado; que me llame al camino correcto cuando vea que estoy equivocado. De este modo avancemos por el camino de la caridad hacia Él de quien escribimos.*[19]

---

[19] Cf. San Agustín, *De Trinitate*, 1. 3.

Parte 2

Bosquejo esencial
de una espiritualidad
cristiana

Ora, ayuna y da limosnas (Jesús).

La derecha religiosa piensa que para ser religioso uno tiene que ser extremista y fundamentalista... Y la izquierda religiosa está de acuerdo.

Jim Wallis[1]

Ya es tiempo para que tanto la izquierda como la derecha admitan que se les ha agotado la imaginación, que las categorías de liberal y conservador son disfuncionales y que necesitamos un extremismo que nos conduzca más allá de la derecha y la izquierda. Ese radicalismo que puede encontrarse en el Evangelio, que no es liberal ni conservador sino compasivo, de manera total.

Jim Wallis[2]

Necesitamos volver a estar encendidos,
porque nuestra esperanza ya no es una esperanza fácil.
Vivimos en una cultura de la desesperanza,
donde Pentecostés ya no puede darse por sentado.
Por eso debemos levantar la carga de nuestros tiempos
y negarnos a hacer del Espíritu Santo una propiedad privada,
sino un espíritu que nos convoca.

Mary Jo Leddy[3]

Tenemos algunos malos hábitos que solamente Dios puede curar (Miembro de una pandilla de Los Ángeles, dirigiéndose a un grupo de una iglesia).

---

[1] De una conferencia en una reunión del Catholic New Times en Toronto, el 25 de mayo de 1996.

[2] Ibídem.

[3] Ibídem.

3

ELEMENTOS ESENCIALES "NO NEGOCIABLES"

Guíame, luz amable, en medio de la oscuridad que me rodea,
guíame para seguir adelante.
La noche es oscura y estoy lejos de mi hogar,
guíame para seguir adelante.
Cuida mis pies, no pido ver el panorama
distante; un solo paso me basta.

John Henry Newman

Estado de la cuestión:
un rico y confuso pluralismo

Vivimos en un mundo rico en prácticamente todo, excepto en una visión clara en el área de la espiritualidad. No resulta fácil saber cómo debiéramos vivir algo tan esencial en
nuestras vidas de fe. ¿Qué debiéramos hacer, concretamente?
¿A quién deberíamos escuchar? Aun cuando hayamos aceptado
un credo, cuando fuimos bautizados en la Iglesia, y conozcamos
a fondo la Biblia, todavía seguimos sometidos a voces que nos
llaman en diferentes direcciones. Cada día enfrentamos una serie de preguntas que nos dejan perplejos: ¿Es esto importante o
no? ¿Tiene esto sustancia o no es más que una moda pasajera?
¿Perdurará esto o pasará al olvido? ¿Debo comprometerme en
esto o puedo elegir ignorarlo? ¿Es correcta o errónea la enseñanza de esta iglesia? ¿Es esto algo esencial o es meramente accidental?

¿Qué es lo esencial, lo no negociable, en la espiritualidad cristiana? ¿Cuáles son las columnas sobre las que debiéramos construir nuestras vidas espirituales? Antes de nombrarlas y examinarlas, será útil echar un vistazo a la historia reciente de la espiritualidad y al lugar donde ésta nos ha traído. ¿De dónde venimos? ¿Cuál es el equipaje espiritual que traemos a la situación actual?

Nuestra historia: de dónde venimos

Nuestra historia, aquí, no ha sido monolítica. Como cristianos nos encontramos en un pluralismo espiritual, rico pero confuso, con muchos transfondos diferentes de espiritualidad. No siempre hemos estado de acuerdo con respecto a lo esencial en la vida del espíritu y hemos vivido nuestras vidas de fe de maneras en algún sentido diferentes. El catolicismo, el protestantismo y la sociedad secular, cada uno tiene su propia historia en el área de la espiritualidad y cada uno de nosotros ha llegado a la situación actual con un equipaje único.

1. Catolicismo

Hasta los últimos treinta años, la eclesiología y la espiritualidad católica han estado caracterizadas por una cierta cantidad de énfasis claros y distintos. Se lo consideraba a uno un católico practicante si asistía a la iglesia de manera regular, oraba en privado e intentaba vivir los mandamientos, no se manifestaba públicamente en contra de las enseñanzas de la Iglesia con respecto al matrimonio y la sexualidad, si contribuía al sostén de la iglesia y no causaba escándalo de manera pública.[1] Todo esto, sin embargo, era considerado un primer escalón mínimo en la práctica de la fe. Si uno hacía estas cosas se lo consideraba católico, pero no mucho más. Ni siquiera lo definía a uno como un católico sano. Lo que ayudaba a definirlo a uno como un católico sano era la participación en ciertas prácticas espirituales, especialmente ciertas prácticas devocionales y ascéticas. De manera que uno no era católico solamente por ir a la iglesia de manera regular y respetar las leyes de la Iglesia con respecto al sexo y el matrimonio, sino también porque hacía ciertas otras cosas. Era uno católico porque no comía carne los días viernes, ayunaba durante la cuaresma, daba dinero a los pobres, rezaba el rosario, aportaba dinero para las misiones en el extranjero y participaba en algunas otras prácticas devocionales. Ser católico significaba asistir a la bendición, rezar las estaciones del vía crucis, cantar letanías a la Virgen María, a san José y al Sagrado Corazón de Jesús, ir a escuchar misa los primeros viernes y los primeros sábados, leer las vidas de los santos y otros libros piadosos, rezar por las almas del purgatorio e incorporar en su vida ciertos sacramentales, como los iconos, el agua bendita y las medallas bendecidas, y visitar ciertos lugares sagrados como Lourdes o Fátima.

Además, durante el último siglo, desde la encíclica social del papa León XIII, de 1870, la necesidad de practicar la justicia social ha crecido, como un componente importante de la espiritualidad católica. Su práctica, o la ausencia de ella, también ayuda a definir a alguien como católico. Sin embargo, excepto por unos pocos casos especiales, hasta fecha muy reciente este

En busca de espiritualidad

---

[1] Hasta fecha reciente, ésta era una frase muy definitoria en el catolicismo, es decir, "católico practicante" (en oposición a alguien que, si bien ha sido bautizado como católico, no se lo consideraba practicante de su fe). ¿Qué lo hacía a uno un "católico practicante"? Tres cosas (además de la iniciación plena en la iglesia: el bautismo, la confirmación y la Eucaristía): I) Asistencia regular a la iglesia (todos los domingos), y participación en la Eucaristía, II) oración privada y moralidad privada, especialmente la obediencia de los mandamientos con respecto a la sexualidad y el matrimonio y, III) respeto del foro público (es decir, que la vida personal no dé motivo de escándalo).

imperativo nunca ocupó un lugar central en la espiritualidad católica, en comparación con los elementos piadosos y sacramentales que se han mencionado. Estas prácticas espirituales (espiritualidad) se ven como diferentes de la asistencia esencial a la iglesia (eclesiología), como algo que alimenta y cultiva la fe, sin ser la esencia de la fe. A veces, sin embargo, se perdió esta perspectiva y para algunas personas estas prácticas se convirtieron en la esencia de su fe, pero ésa nunca fue la enseñanza oficial del catolicismo, ni siquiera su práctica central.

Estas prácticas, por otro lado, en general poseían un cierto estilo especial. Con unas pocas excepciones, incluían un estilo de monaquismo, ascetismo, piedad y soledad. Monjes y monjas, ascetas de todo tipo, los célibes, los piadosos e introvertidos que preferían el silencio se sintieron cómodos dentro de la espiritualidad católica. Aunque sea paradójico, también se sintieron cómodos los que bebían, fumaban y les gustaba ir de fiestas.[2] Debemos conceder que esta caracterización bordea la caricatura, pero, hasta fecha muy reciente, durante una buena cantidad de siglos, la espiritualidad católica estuvo marcada por estas prácticas y esta tonalidad.

2. Protestantismo

¿Y qué estaba haciendo el protestantismo durante este tiempo? Por su parte el protestantismo estaba de acuerdo con el catolicismo romano en su énfasis en asistir a la iglesia y en la im-

---

[2] Aquí hay algunas anomalías muy curiosas. No es accidental que cosas como el Mardi Gras y los carnavales surgieran en las culturas católicas (donde hay, precisamente, un acento puesto en el ascetismo) y que los católicos nunca hayan intentado prohibir el alcohol o el tabaco. En un sentido opuesto, tampoco es un accidente que, aunque parezca que las cosas deberían ser al revés, el protestantismo, que nunca llegó a aceptar el énfasis católico en el ascetismo, haya luchado más contra la costumbre de consumir bebidas alcohólicas, pese a que Jesús bebía vino.

portancia de la oración y la moralidad privadas. También definía al cristiano practicante esencialmente por estas características. Sin embargo, más allá del acuerdo en estas prácticas más esenciales, el protestantismo difería considerablemente del catolicismo en su espiritualidad práctica. ¿Cómo procuraban los protestantes alimentar y criar su fe, aparte de ir a la iglesia los domingos?

Con la excepción de algunas prácticas ascéticas principales, como la observación de la Cuaresma, compartida por los protestantes y los católicos, los protestantes han asumido una opción práctica muy diferente en el área de la espiritualidad. Desconfiaron —tanto de manera sana como paranoica— de las devociones y los sacramentos católicos. A diferencia de éstos, pusieron el acento en la Biblia: en leerla e intentar convertirla activamente en una guía para la vida. También se puso un fuerte acento en las obras de caridad privada y, en algunas iglesias, hubo una exhortación clara de desafío a que sus miembros participaran en la lucha por la justicia. En algunos grupos protestantes, ser cristiano y alimentar la fe como cristiano significó trabajar en contra de los distintos tipos de injusticia. Fue a causa de esto que la espiritualidad cristiana fue la fuerza que movió a muchos movimientos a favor de la justicia, desde la liberación de los esclavos hasta la fundación de hopitales médicos gratuitos.

Más aún, al igual que el catolicismo romano, la espiritualidad protestante también tuvo una cierta tonalidad: fue bíblica, no monástica, y especialmente en algunas iglesias subrayó la necesidad de la justificación personal por parte de Dios. Aquellos a quienes les gusta leer la Biblia, aquellos que querían un cristianismo puro, estoico (sin devoción, piedad y sacramentos rituales), aquellos que querían una experiencia sensible y personal de un nuevo nacimiento en Jesús, y aquellos que se sintieron inclinados a guiar las reformas sociales, se sintieron cómodos en la espiritualidad protestante. De manera paradójica, también se sintieron cómodos los que favorecían la prohibición del alcohol, el tabaco, el juego de azar y las fiestas en exceso.

Debo admitir que ésta es una simplificación excesiva, pero todavía es útil, como son muchas caricaturas, al proveernos de un cierto horizonte con el cual podamos comprender algo. En este caso ayuda a iluminar el lugar desde donde venimos, en términos de espiritualidad protestante, desde varios siglos atrás a esta parte.

3. *La sociedad secular*

Dicho de manera sencilla, hasta muy recientemente, la sociedad secular, en la medida en que uno puede extrapolar la actitud general a partir de un término tan amorfo, miraba a la espiritualidad cristiana con los ojos del Iluminismo. Por lo tanto, en lo principal, miraba a la espiritualidad cristiana (y a la espiritualidad teísta en general) con ojos de sospecha. Por eso la espiritualidad en sus mejores expresiones era una poesía que presta ayuda y, en las peores, una superstición dañina.

Aunque esta actitud está ahora cambiando, en lo esencial sigue dominando la filosofía secular y da forma a todas nuestras decisiones políticas y judiciales. Según este punto de vista la espiritualidad, en la medida en que se concentra en la creencia en Dios, si tiene lugar en algún lado, éste es en las iglesias y en la privacidad de los hogares de las personas individuales. Pero ciertamente no tiene un lugar propio en el dominio público, salvo como material objetivo para el estudio histórico. Por lo tanto no debería ocupar un lugar en la política, la economía o el curriculum académico de una universidad. La espiritualidad teísta en general, y la espiritualidad cristiana en particular, para la mentalidad secular es algo altamente privatizado y esotérico, tolerable en los márgenes de la sociedad pero que no tiene nada para decir en el centro. Tal es el punto de vista del Iluminismo y tal sigue siendo, excepto por unos pocos reductos confederados de desviaciones cognoscitivas, el punto de vista de la sociedad secular.

Sin embargo, el espíritu humano es incurablemente religioso y, pese a la filosofía secular, sigue haciendo cosas religiosas. Es así como, en el mundo occidental, aun cuando el Iluminismo haya tachado la religión, sus convertidos fervientes continúan, y siguen siendo celosamente religiosos, aunque en formas disimuladas.[3] *Todos adoran en algún santuario*. Así, por ejemplo, las ideologías de todo tipo, desde el marxismo al feminismo secular, substituyen la historia judeocristiana de la salvación con una teoría normativa y proponen esta nueva historia como la historia de la salvación. El arte secular convierte a la creatividad en una religión cuyo Dios es tan celoso como para hacer parecer tolerante al Dios viejo del judaísmo, el cristianismo e Islam. Los moralistas seculares exigen una ortodoxia doctrinal (políticamente correcta) que los fundamentalistas morales sólo pueden envidiar. Los zelotes morales seculares no agotan las causas que llaman al martirio religioso. El pensamiento positivo y los pedagogos de la excelencia proponen una nueva esperanza religiosa. Los cultos de la salud física, repletos de formas más exigentes aún de ascetismo, reemplazan las viejas espiritualidades con respecto al alma. El antiguo animismo, la adoración de la naturaleza, asume nuevas formas religiosas. Los mitos y los cuentos de hadas reemplazan a las viejas historias bíblicas. Nuevos santuarios (desde Graceland hasta la tumba de Lady Diana) siguen apareciendo; y hay formas seculares de canonización, de libros y personas, que hacen lo mismo que anteriormente hiciera la canonización religiosa. La religión no está en los márgenes. Todos tienen una espiritualidad, incluyendo a los actuales hijos adultos del Iluminismo. También el mundo secular ingresa a la arena espiritual, arrastrando una buena carga de equipaje religioso.

---

[3] Mirando las muchas maneras como nuestra actividad, supuestamente secular, es de hecho religiosa, debemos recordar la afirmación de Jung sobre cómo estamos condenados a actuar de manera inconsciente todas las configuraciones arquetípicas a las que no tenemos acceso y ni control por medio de un ritual conciente. No debe sorprendernos, entonces, que la actividad antirreligiosa sea tan difícil de distinguir, fenomenológicamente, de la actividad religiosa.

La situación actual

¿Dónde nos deja todo esto? En un pluralismo que nos marea tanto por su riqueza como por sus potencialidades de confusión. Entrar hoy en una librería de espiritualidad equivale a ser avasallado por la variedad y las alternativas de elección. Lo mismo vale con respecto a las muchas voces religiosas y morales que nos bombardean diariamente. Estas voces nos invitan a seguir toda clase de prácticas espirituales, tradicionales o nuevas: *Asista a un curso bíblico. Comprométase en un grupo que lucha por la justicia social. Hágase feminista. Únase a un grupo de hombres. Firme al pie y guarde las promesas. Practique este tipo de oración. Pruebe este tipo de meditación. Enfrente sus adicciones por medio de un programa de doce pasos. Desarrolle sus potencialidades más elevadas siguiendo los siguientes pasos. Aprenda qué pueden ofrecerle las religiones orientales. Haga un eneagrama. Encuentre pareja. Recupere el fuego en su vientre. Entre en sincronía con el lobo que tiene adentro. Haga un retiro ignaciano. Vuelva a nacer. Entregue su vida a Jesús. Entre en un contacto más íntimo con la naturaleza...* Hoy escuchamos muchas voces espirituales.

Si, por ejemplo, uno fuera a clasificar sólo las principales escuelas de pensamiento o los movimientos claves dentro de la espiritualidad actual en Occidente, terminaríamos con una lista muy extensa; cada nombre, en esencia, designa una espiritualidad. En cada una de ellas encontraremos una cierta concepción de Dios, más implícita que expresada y en cada una encontraremos trazado un cierto camino para el adherente. En cada caso, también, la concentración en un cierto punto determina cómo ha de entenderse todo lo demás. De este modo, si hoy uno entra en una librería que se especializa en espiritualidad, encontrará una variedad de libros extremadamente rica, cada uno invitándolo a conformar su vida espiritual en los términos de una sensibilidad particular. Encontraríamos libros, es decir espiritualidades, que giran en torno de:

• **La creación física, la naturaleza** (teólogos cuyo pensamiento se centra en la creación, con elementos de la *new age* y de la cientología);

• **El señorío de Jesús y la palabra de Dios** (grupos carismáticos, grupos pentecostales, grupos evangélicos, cumplidores de promesas);

• **Las mujeres y otros sectores o pueblos oprimidos** (feminismo, teología de la liberación, grupos de justicia social);

• **El ser humano varón y sus luchas** (espiritualidad masculina);

• **La injusticia mundial y el nuevo orden de Dios** (grupos de lucha por la justicia social);

• **Meditación privada y oración** (varios grupos de oración y meditación);

• **Nuestras adicciones y las maneras de liberarnos de ellas** (programas, temática familiar e instituciones disfuncionales);

• **El alma y sus ángeles y demonios** (jungianos, los discípulos de James Hillman, derivados de la *new age*);

• **Mitología, imaginación activa y la recuperación de los procesos rituales antropológicos** (feminismo, espiritualidad masculina, *new age*, hillmanianos);

• **La búsqueda de la excelencia y el contacto creativo con lo que hay de más elevado en nuestro interior** (gurúes del pensamiento positivo, partes de la cientología, Shirley MacLean).

Ronald Rolheiser

También encontraremos una buena cosecha de libros sobre **religiones orientales, el duelo como un camino hacia la renovación espiritual, la bendición como ruta hacia la regeneración adulta y la renovación espiritual.** Éstos son solamente los ingredientes más sobresalientes del guiso, y dentro de este pluralismo, rico y confuso, cada uno de nosotros debe escoger lo que es esencial para cada uno de nosotros.

Escoger: la búsqueda de la sustancia y el equilibrio

Entre todas estas voces, ¿cuáles son las correctas? Entre todas estas perspectivas y teorías, ¿cuáles poseen una verdadera sustancia espiritual y cuáles son simplemente modas pasajeras? ¿Qué puede resultar útil y qué puede ser dañino? Más específicamente, para nosotros, como cristianos, ¿qué cosas deberían formar parte de nuestra vida cristiana y cuáles deberíamos ignorar o rechazar, en el nombre de Cristo?

Clásicamente, dentro del cristianismo hemos hecho una distinción que puede ayudarnos a implantar un cierto orden y equilibrio en medio de todo esto. La teología cristiana siempre ha enseñado que hay una jerarquía de las verdades, que no todas las verdades tienen la misma importancia y que debemos distinguir entre las verdades que son esenciales y las que son accidentales. Las verdades esenciales son las que todos necesitan, las que están prescriptas para todos y que nadie puede negociar. No se las puede ignorar o colocar entre paréntesis a partir del temperamento, el gusto, la situación o la falta de tiempo. En el caso de las verdades esenciales, como los Diez Mandamientos, por ejemplo, no hay una cuestión de elección personal ("Siento que no debo cumplirlos o siento que se los debe observar"). No son negociables, están prescriptos para todos. Las verdades accidentales, por otro lado, pueden ignorarse o ponerse entre paréntesis, por una gran variedad de razones. De este modo, para dar solamente un ejemplo, puede ser verdad que la Bienaventurada Virgen María se apareció en un santuario en particular. Sin embargo, si esto es verdad, esta verdad no tiene la misma importancia que la verdad de la encarnación de Dios en Cristo. La verdad de la aparición de María es lo que la teología clásica denomina una verdad accidental.[4] La verdad que enseña no es de prescripción universal sino que es algo que uno puede elegir (a partir del temperamento, el gusto, el trasfondo, la cultura o la época) si responder o no. A diferencia de la verdad de la Encarnación o de los Diez andamientos, hay en este caso una cierta negociabilidad, no con respecto a su verdad, sino sobre si es algo importante para mí, que yo debo aceptar.

Sobre la base de esta distinción entre la sustancia y el accidente, podemos preguntarnos: en todo este rico pluralismo espiritual de hoy, ¿qué es lo esencial?, ¿cuáles son las verdades superiores?, ¿qué está prescripto de manera universal para el discipulado cristiano?, ¿cuáles son los elementos no negociables de la vida espiritual?

---

[4] La palabra "accidental", aquí, se usa en su sentido técnico filosófico (como opuesta a su uso en el lenguaje común), es decir, tal como Aristóteles definió "accidente" como opuesto a "sustancia". "Accidente" se refiere a aquellas cualidades de algo o alguien que, aun formando parte de la configuración de las cosas, puede (y de hecho lo hace) cambiar. Así, por ejemplo, Aristóteles diría que en el caso de un organismo vivo (por ejemplo, un conejo) aquello que permanece idéntico a sí mismo todo a lo largo de su vida es la sustancia, pero las cosas que cambian (color, pelo, forma, tamaño, textura de los huesos) son sus accidentes. Según este punto de vista los accidentes existen dentro de la sustancia y no tienen valor alguno fuera de ella.

Los elementos esenciales de una espiritualidad cristiana: las cuatro columnas no negociables de la vida espiritual

En resumen:

Hay cuatro columnas esenciales sobre las que se apoya cualquier espiritualidad cristiana sana. Éstos son desafíos espirituales prescriptos de manera universal y Cristo los reveló como los *elementos no negociables* de la vida cristiana. ¿Cuáles son?

En un momento de su ministerio, Jesús especifica tres componentes claros de la vida cristiana: la oración, el ayuno y la limosna (Mateo 6). Para Él, éstas eran las columnas de la vida espiritual. Sin embargo, debemos entender estas prescripciones tal como Jesús las significa. Para Él, *la oración* no era solamente la oración privada, sino también observar los mandamientos y rezar en común con otros. *Ayunar* quería decir un ascetismo muy amplio que incluía el ascetismo de vivir una vida de gozo; y dar limosnas incluía no solamente la caridad sino también la justicia.

Examinando todo esto, vemos que Jesús prescribió cuatro cosas como la praxis esencial de una vida espiritual sana:

1. *La oración privada y la moralidad privada.*
2. *La justicia social.*
3. *La calidez (compasión, ternura) del corazón y el espíritu.*
4. *La comunidad como un elemento constitutivo de la verdadera adoración.*

Para Jesús estos cuatro elementos incluyen lo esencial, lo no negociable de la vida cristiana. No se trata de elementos que podemos elegir o no para incorporarlos en nuestras vidas espirituales. Constituyen la esencia de la vida espiritual. También le brindan su equilibrio. Estamos sanos como cristianos y como seres humanos solamente cuando los cuatro están presentes en nuestras vidas. ¿Qué cosas abarcan, específicamente, cada uno de estos?

Antes de pasar a examinar cada uno en detalle, corresponde hacer una digresión. Freud dijo en cierta oportunidad que si uno quiere comprender bien algo debe mirarlo de cerca cuando está roto. Con esto en mente, examinemos una serie de historias en las cuales la salud de la vida espiritual, tal como Cristo la prescribió, ha sufrido quebrantos y está rota. ¿Cuál es el aspecto de una espiritualidad rota? Siguen a continuación cuatro historias, cada una de las cuales nos permite encontrarnos con un cristiano que, siendo totalmente sincero, es de algún modo parcial y carece de equilibrio, porque le falta una u otra de estas columnas no negociables de la espiritualidad cristiana.

Algunas historias de desequilibrio

1. La oración privada y la moralidad privada... pero falta de justicia.

Hace algunos años estaba escuchando un programa nacional de radio al que los oyentes podían llamar por teléfono. El tema tratado había suscitado un debate agudo. ¿Deben las iglesias participar en la política? El invitado del estudio era un obispo católico que gozaba de una reputación nacional por sus opiniones fuertes con respecto a la justicia social. Según su punto de vista las iglesias deberían empujar a los gobiernos, las corporaciones de negocios y a todos los demás hacia el establecimiento de un orden económico, político y social más justo.

En un momento una mujer iracunda llamó por teléfono al programa y le planteó al obispo la siguiente pregunta: "Su Excelencia, lo que yo no puedo entender es por qué la Iglesia y gente como usted, siempre están predicando sobre la economía, la pobreza, el cuidado universal de la salud, los derechos humanos y cosas como ésas que en realidad no son de interés para la religión. Hay unos pocos elementos radicales y tipos interesados en la justicia social que están molestos por esas cosas y tratan de imponérselas a todo el mundo. ¿Por qué no se queda la Iglesia donde se supone que debe estar, adentro de la iglesia, y nos enseña sobre la fe, la oración y los Diez Mandamientos y las cosas que sí tienen que ver con la religión? ¿Por qué no deja usted la política y la economía a los políticos y los economistas quienes, además... saben algo de esos temas?

La respuesta del obispo fue más o menos la siguiente: "Voy responder su pregunta si usted primero responde a la mía. ¿Qué haría usted si fuera obispo y una mujer muy sincera la llamara por teléfono y le dijera: 'Nuestro sacerdote se niega a predicar sobre la fe, la oración privada y la moralidad privada. Dice que estos temas son algo que un grupo pequeño de monjas contemplativas, con sus tradiciones monásticas, están tratando de endilgarnos al resto de la Iglesia. Dice que la oración y los Diez Mandamientos (excepto aquellos que tienen que ver con la justicia) no son importantes. Dios no le da ninguna importancia a nuestras pequeñas luchas privadas con la fe, la oración y los mandamientos, especialmente aquellos que se refieren a la moralidad privada. A Dios le interesa salvar al mundo, el panorama más amplio, y no tiene interés alguno en nuestros pequeños conflictos privados.' ¿Qué haría usted en esta situación?"

La mujer no dudó: "A ese sacerdote lo suspendería de inmediato."

"Muy bien —siguió el obispo—, imagínese qué debería hacer yo cuando la gente me dice 'nuestro sacerdote se niega a predicar sobre las exigencias del Evangelio con respecto a la justicia social. Dice que esto es algo que un grupo de teólogos de la liberación, con sus taras izquierdistas, están tratando de endilgarle al resto de la Iglesia. Sostiene que los dichos de Jesús sobre la justicia para los pobres no son importantes, mientras uno rece y observe los mandamientos'. ¿Qué debo hacer yo?

Pregunto esto porque el Evangelio sostiene que debemos ayudar a crear la justicia para los pobres, de manera tan clara y no negociable como nos llama a rezar y a mantener en orden nuestras vidas privadas. Tanto la oración como la justicia son no negociables."

Éste es un diálogo muy interesante porque ilustra de manera clara el desequilibrio de la fe que puede suceder en la vida de una persona muy sincera y profundamente creyente cuando pone entre paréntesis algo que es esencial en la vida espiritual. En este caso tenemos una mujer que, pese a asistir a la iglesia con regularidad, rezar y tener esencialmente en orden su vida privada, no posee una espiritualidad equilibrada. Un componente importante de la vida cristiana falta en su vida. Su fe es unilateral. En esto, sin embargo, como veremos, no está sola.

2. Justicia social, pero carencias en la oración privada y la moralidad privada

Siendo un sacerdote joven, mientras asistía a la universidad en San Francisco, ayudé a pagar mis estudios trabajando como capellán en una hostería de un sector económicamente deprimido de la ciudad. Gracias a mi trabajo allí conocí y llegué a trabar amistad con un joven asistente social que trabajaba en la misma zona y se llamaba David. Era católico, aunque iba poco a la iglesia, no tenía una vida de oración y ya ni siquiera intentaba vivir según las enseñanzas morales de la Iglesia con respecto al sexo y el matrimonio. A éstas las rechazaba abiertamente, considerándolas un lastre que la Iglesia cargaba desde la Edad Media. Sin embargo, estaba profundamente comprometido con las enseñanzas sociales de la iglesia, tenía una auténtica pasión por la justicia y era muy generoso, aunque le resultaba costoso, en su servicio a los pobres.

Un día me preguntó: "¿Tú crees que a Dios le importa algo si dices tus oraciones a la mañana y a la noche, si sigues enojado con alguien que te ha herido, si te masturbas o no y si te vas a la cama con alguien con quien no estás casado? ¿Crees que a Dios verdaderamente le interesan estas cosas pequeñas? Los cristianos hemos quedado tan atrapados en estas cosas privadas insignificantes que descuidamos el panorama más amplio: el hecho que la mitad de la gente todas las noches se va a la cama con hambre y a nadie le importa. La justicia, y no nuestras insignificantes vidas privadas de oración, es lo importante, tanto en lo religioso como en lo moral. ¿Por qué seguimos cargando con esas cosas que son insignificantes?"

Este joven, David, es en un cierto nivel la antítesis religiosa de aquella mujer que llamó al programa de radio y desafió al obispo. En otro nivel, sin embargo, no es muy diferente de ella. Él, como ella, tiene una vida espiritual unilateral, habiendo elegido poner entre paréntesis una parte no negociable de la vida cristiano. Su error es responder de manera incorrecta, él mismo, a sus propias preguntas. ¿Le importa a Dios nuestra vida privada de oración, nuestros enojos privados y nuestra moral privada? Le importa mucho. A Dios le interesa porque a nosotros nos interesa y es importante para Dios porque juega un papel muy importante en nuestras vidas. Sin embargo, si él y aquella mujer se casaran, pese a sus diferencias, no juntarían, entre los dos, una vida espiritual plena... como lo veremos en la siguiente historia.

3. La oración privada, la moralidad privada y la justicia social... sin bondad en el corazón y el espíritu.

En el verano de 1985 asistí a una conferencia sobre eclesiología organizada por Christiane Brusselmans. Me alojé en una casa de retiros en las afueras de Brujas, en Bélgica. La conferencia reunió a personas de todos los continentes del mundo y estaba organizada de tal manera que, en cada grupo de discusión, había por lo menos un participante de cada continente. Mi papel era llevar las actas de uno de esos grupos. El primer día cada uno de los participantes del grupo contó su historia, compartiendo con todos los demás su experiencia de Iglesia.

En el grupo del cual yo era secretario de actas había una monja joven de Asia, muy al estilo de la Madre Teresa. Vestía los hábitos religiosos tradicionales, tenía una vida de oración profunda, comulgaba todos los días y nadie hubiera podido tener ni la más mínima duda con respecto a su vida privada. En realidad no tenía una vida privada, su vida era un libro abierto, casi durante las veinticuatro horas del día había alguna otra persona de su comunidad con ella. Por lo tanto, con respecto a su vida y moralidad privadas su vida era de una honestidad extraordinaria.

Pero, a diferencia de la mujer que desafió al obispo en el programa radial, no le eran extrañas las enseñanzas sociales de la Iglesia. En este aspecto su vida también era ejemplar. Al compartir su historia describió cómo, en un momento, ella y toda su comunidad habían tomado la decisión de vivir en solidaridad con los pobres de la manera más radical. Por lo tanto, abandonaron muchas de las comodidades de las que habían disfrutado hasta ese momento, en términos de comida, vestido, habitación, agua corriente y ciertas comodidades de la cultura. Ahora vivía en un convento donde todas las monjas dormían sobre colchones de paja y cada una tenía solamente dos mudas de ropa (un hábito para los domingos y otro de trabajo), ayunaban de manera regular, evitaban los lujos de todo tipo y, como ministerio, trabajaban a tiempo completo para los pobres. Su propio ministerio era con los presos políticos. Por lo tanto, mucho más que el joven en la historia anterior, había optado por los pobres, al servicio de la causa de la justicia.

Pero esto no fue el fin de lo que compartió con el grupo. Su historia asumió una línea extraña.

Nuestra conferencia se celebraba en un centro de retiros y las comodidades allí, si bien eran satisfactorias, no eran como las de un palacio. De manera que nadie se sentía escandalizado por un nivel de vida demasiado alto, aun cuando hablábamos de la pobreza en otras partes del mundo. Al mismo tiempo, los organizadores de la conferencia nos estaban haciendo trabajar muy duro. Teníamos sesiones de trabajo por la mañana, la tarde y la noche y después de cuatro días de este régimen la mayoría estábamos cansados. En el quinto día, durante el almuerzo, Christiane se levantó y anunció que habíamos estado trabajando mucho y merecíamos un descanso. De manera que decretó una tarde libre. Nuestra única tarea para el resto del día era viajar en un ómnibus con aire acondicionado hasta la hermosa ciudad de Brujas, pasar la tarde haciendo compras, paseando, bebiendo cócteles a las 7 de la tarde y reuniéndonos en un restaurant para participar en una buena cena. Se escucharon víctores en toda la sala. Pero no todos, como descubriríamos al día siguiente, estaban igualmente contentos con esta tarde y noche de celebración. Parte del día siguiente debimos emplearla en ocuparnos de los daños. Algunos participantes se quejaron de que no estaba bien que nosotros, mientras nos habíamos reunido para hablar de los pobres, gastáramos el dinero y el tiempo de manera tan frívola. La monja joven, sin embargo, se mantuvo extrañamente callada.

La conferencia terminó con una celebración de la Eucaristía. Justo antes de la oración y la bendición finales, que darían por terminada la conferencia, se nos ofreció un micrófono abierto y se invitó a cualquiera que hubiera experimentado una gracia profunda, que pasara al frente y la compartiera con los demás. Varios se adelantaron, especialmente gente que provenía de las partes más afluentes del mundo, quienes dijeron qué gran gracia había significado para ellos encontrarse cara a cara y compartir con sus hermanos y hermanas de otras partes del mundo. Casi al final, la monja joven de Asia también se acercó al micrófono. Y lo que tuvo para compartir fue aproximadamente lo siguiente:

"Yo también tuve una experiencia de la gracia durante estos últimos días y experimenté una conversión que nunca antes pensé que pudiera necesitar en mi vida. Mi conversión empezó cuando se hizo el anuncio de la tarde libre. Desde el momento cuando se hizo el anuncio hubo algo adentro de mí que se congeló y me sentí enojada. Pensaba: '¡Qué insulto para los pobres! Esto es un despilfarro de tiempo y dinero. Estamos aquí con el dinero y el tiempo de los pobres, ¿y cómo lo utilizamos? Nos paseamos por las terrazas, bebemos alcohol, y lo coronamos todo con una opípara cena en un Holiday Inn.' Me sentí enojada y solamente fui a la excursión porque quería quedarme con el grupo y no imponerles a los demás mi propia voluntad. Caminamos, miramos las tiendas con toda clase de lujos y después nos sentamos en la terraza de un café. Me sentía tan dolorida que ni siquiera se me ocurrió rechazar el trago que me ofrecieron. Bebí, entonces, el primer trago de ginebra y agua tónica de mi vida. Bueno, todo culminó cuando entramos al Holiday Inn y vi todos los cubiertos plateados y las servilletas de lino. Entonces sentí nauseas y no pude seguir adelante. Salí y me subí al ómnibus, para esperar que los otros terminaran de comer.

Tuve que esperar un rato muy largo. Muchos pensamientos pasaron por mi mente y, en un momento, me hice la pregunta: ¿Estaría Jesús, en una situación como ésta, comiendo y bebiendo con todos los demás y divirtiéndose un rato? Y me di cuenta, aunque fue horrible, que Jesús hubiera estado con ellos, comiendo, bebiendo y pasando un buen rato. Darme cuenta de esto fue una experiencia terrible. Juan el Bautista, con su cinturón de cuero y su dieta de langostas, estaría en el ómnibus, rechazando toda esa alegría en nombre de los pobres. Me di cuenta de que en mi mente tenía mezclados a Jesús y a Juan el Bautista. Y también me di cuenta de que en mí había algo que no funcionaba bien.

Había algo frío en mi interior. Me había vuelto como el hermano mayor del hijo pródigo, que hacía todas las cosas que debía hacer pero no tenía alegría en su corazón."

Una historia muy reveladora. Aquí tenemos a una mujer joven que aparentemente está viviendo toda la enseñanza práctica de Jesús. Ora, ayuna, da limosnas, combinando la oración privada y una buena vida privada con una preocupación sana por la justicia social. ¿Qué es lo que falta en su vida? ¿Dónde resulta inadecuada su espiritualidad?

Ella misma nos da la respuesta. "Me estaba convirtiendo en alguien muy parecido al hijo mayor de la parábola del hijo pródigo." El ayuno, tal como Jesús lo prescribe, incluye ayunar por la amargura del corazón. La bondad del corazón es un elemento no negociable dentro de la vida espiritual, tal como también lo son una vida privada íntegra y la preocupación por la justicia. ¿Por qué? Porque de otro modo, como el otro hijo de la parábola del hijo pródigo, podríamos sucumbir a la tentación que T. S. Eliot describe de manera tan apropiada: "La última tentación, la mayor de las traiciones, es hacer las cosas correctas por razones equivocadas".[5] Desde el punto de vista de Jesús, con respecto a las cosas no solamente necesitamos la verdad correcta, también necesitamos la energía correcta.

Pero aún entonces puede faltarnos un ingrediente esencial para la salud plena. ¿Qué otra cosa se nos exige, además de la oración privada y la moralidad privada, la justicia social y la calidez del corazón? Necesitamos una historia más.

4. La oración privada y la moralidad privada, la justicia social y un corazón bondadoso... pero falta de compromiso dentro de una comunidad concreta.

Tengo una amiga que es, desde todo punto de vista, una cristiana ejemplar, excepto por una cosa. Es una mujer de fe, es fiel en su matrimonio, es una buena madre, es escrupulosamente honesta, lee libros espirituales, reza sola todos los días y

---

[5] T. S. Eliot, *Beckett* (Nueva York, Harcourt Brace, 1935), p. 44. Eliot en realidad dice: "La última tentación es la mayor traición: hacer lo que se debe hacer pero por una razón errónea".

hasta conduce retiros sobre espiritualidad para otros. No hay incoherencias en su vida con respecto a su vida privada de oración, ni en su integridad personal. Posee, además, un profundo interés por la justicia, está comprometida en varias causas y participa en varios grupos que intentan ayudar a los pobres. Algunos de los miembros de su familia sostienen que es una exagerada en las cosas que tienen que ver con la justicia social. Además de esto es una mujer cálida y llena de gracia. Disfruta cuando puede celebrar la vida con otros, tiene un buen sentido del humor, sabe lo que se debe hacer con una botella de vino, aparentemente tiene muy poca amargura e ira con respecto a la vida, y no pone nerviosa a la gente, preocupándose de no decir algo de manera inadvertida, sea por accidente o ignorancia, que sea políticamente incorrecto y pueda alterar trágicamente, de ese modo, la historia del planeta. Su presencia es una bendición antes que un juicio y con ella uno se siente cómodo y nunca ansioso o falsamente intenso.

Pero... no va a la iglesia. Desde su punto de vista, el compromiso personal con una comunidad de una iglesia concreta no posee un valor muy importante. No es particularmente negativa con respecto a la iglesia y puede ser que asista ocasionalmente a algún servicio religioso. Lo único que manifiesta es una cierta indiferencia. Para ella ir a la iglesia no es importante, es una cuestión negociable, accidental, no esencial, dentro de la espiritualidad. Es así como, pese a toda su fe, preocupación por los pobres y la bondad de su espíritu, todavía le falta un equilibrio pleno. ¿Por qué? ¿Qué puede faltar en una vida tan honesta, dada a la oración y llena de gracia?

Es el contacto con el suelo, el cable a tierra y el necesario dolor que solamente puede darle a uno un compromiso real con la familia de una iglesia parroquial concreta. En las parroquias, como todos lo sabemos, no elegimos a la persona que está al lado nuestro mientras adoramos y celebramos juntos. Una familia parroquial es como una mano de cartas que se nos da de manera aleatoria y, precisamente en la medida que verdaderamente incluye de todo un poco, incluirá personas de todos los temperamentos, ideologías, virtudes y faltas. Del mismo modo, el compromiso con la iglesia, cuando se lo entiende de manera correcta, no nos da la opción de alejarnos cuando sucede algo que no nos gusta. Es un compromiso sellado por un pacto, como un matrimonio, y nos ata para mejor o para peor.

Si nos comprometemos con la comunidad de una iglesia y nos mantenemos dentro de ese compromiso, en algún momento tendremos la experiencia que Jesús le prometió a Pedro como parte de la vida de todo discípulo: "Antes de asumir este compromiso puedes ajustarte el cinturón e ir donde te plazca, pero después de haberte unido a la comunidad de una iglesia concreta, habrá otros que te pondrán un cinturón alrededor de tu cintura y te llevarán a lugares donde tú preferirías no ir" (cf. Juan 21, 18). Y Jesús tiene razón. La comunidad de la iglesia nos quita la libertad falsa de volar sin carga alguna, como las aves, creyendo que somos maduros, llenos de amor y comprometidos. La asistencia real a una iglesia concreta muy pronto quiebra esta ilusión y no nos deja escapatoria, mientras nos sentimos humillados todo el tiempo por nuestra inmadurez y falta de sensibilidad al dolor de los otros cuando su dolor se refleja en los honestos y los que no parpadean.

Podemos ser excelentes personas, rezar de manera regular, estar comprometidos con la justicia social y sin embargo no ser todavía plenamente responsables. Es posible vivir en un montón de fantasía y mantener seguras nuestras vidas, para nosotros mismos. Esto se nos hace más difícil, sin embargo, si empezamos a ir a la iglesia, casi a cualquier iglesia, pero especialmente a una que sea lo suficientemente grande como para incluir todo tipo de gente. Participar de manera real en una comunidad eclesial es permitir que nos quiten todos nuestros comodines.

Hacia la plenitud y el equilibrio – detalles con respecto a las cuatro columnas esenciales de la espiritualidad cristiana

Cuando no le damos a las cosas el nombre que les corresponde, nos metemos en complicaciones e incluso problemas. El problema que nos ocupará en el resto de este capítulo tiene que ver con los nombres correctos. No intentaremos desplegar una teología positiva de la oración, la justicia social, la salud y el alma, y una eclesiología. De eso se ocuparán otros capítulos, más adelante. Aquí solamente queremos decir por qué cada una de estas cuatro columnas son tan esenciales y no negociables e iluminar algunos de los problemas que resultan de nuestro descuido de ese hecho.

1. La oración personal y la moralidad privada

La oración privada y la integridad moral personal en todas las cosas, aun en los asuntos privados más insignificantes, es una de las cosas que Jesús convierte en no negociables dentro de la vida espiritual. Nos pide "orar en secreto" (Mateo 6, 5-6), mantener una relación personal privada con Él y a través de Él con Dios. Más aún, en la mente de Jesús, la prueba de si estamos o no manteniendo una relación personal con Dios, no tiene que ver con lo que nosotros sentimos, sino con la obediencia de los mandamientos. "Si alguien me ama, observará mis mandamientos" (Juan 14, 15, 23). *En los evangelios la fidelidad en la observación de los mandamientos es el único criterio real para distinguir la oración verdadera de la ilusión.* Una de las anclas de la vida espiritual es la oración privada y la moralidad privada. En el pasado no hubiera sido necesario subrayar esto en un libro como éste. Cuando se revisa la literatura espiritual cristiana del pasado, este mandato siempre ocupó un lugar central y a veces hasta llegó a considerárselo el único componente importante de la espiritualidad. Muchos católicos tradicionales y la mayoría entre los protestantes evangélicos siguen creyendo que es así, de esta manera. Para ellos una relación personal con Jesucristo y el cumplimiento de los Diez Mandamientos son todavía el centro de la espiritualidad.

Por toda clase de razones, en nuestra cultura, muchos cristianos, y los cristianos liberales en particular, no comparten ese punto de vista. En el cristianismo liberal —y en términos generales en la cultura secular—, se teme que mantener una relación privada con Jesús sea peligroso. En algún sentido nos aparta de la verdadera religión. De este modo, hablar hoy de una relación personal con Jesús es correr el riesgo de ser llamado "fundamentalista". Hay muchos que consideran que la piedad es una virtud conservadora.

Si bien esta crítica del aspecto privado de la espiritualidad no carece de méritos (o razones históricas), en sí misma es espiritualmente peligrosa. Es posible que haya otras cosas que se deben acentuar en la religión, pero las cuestiones de la oración personal y la moralidad privada no pueden borrarse ni trivializarse de manera alguna como poco importantes. Es verdad, como sostiene uno de los críticos más agudos del cristianismo conservador, que podemos observar los mandamientos y no amar a nadie; pero también es cierto, y esto lo enseña Jesús de manera muy clara, que no podemos fingir amar si no obedecemos los mandamientos.

Hay peligros reales en la excesiva privatización de la espiritualidad. La vida espiritual no tiene que ver exclusivamente con "Jesús y yo". Hay un peligro similar, sin embargo, de no tener suficiente "Jesús y yo" en nuestras vidas espirituales. El peligro es no tener la interioridad correcta (intimidad con Dios) y la fidelidad moral personal como respaldo de la predicación de nuestra fe. Es así como empezamos a convertir el cristianismo en una filosofía, una ideología y un código moral, perdiendo de vista completamente que el cristianismo es ante todo una relación con una persona real. Si nos negamos a tomar en serio esta primera columna de nuestra vida espiritual, seguiremos ejecutando los movimientos, quizás incluso con una cierta pasión, pero no seremos capaces de inspirar a nuestros propios hijos o transmitirles nuestra fe. Además, al final nos encontraremos vacíos y llenos de ira, nos sentiremos engañados y lucharemos con la tentación de volvernos cada vez más amargos o de abandonarlo todo.

San Pablo recomienda que siempre seamos solícitos si no queremos que, aun habiendo predicado a otros, nosotros mismos nos perdamos. La oración personal y la moralidad privada nunca pueden ponerse entre paréntesis pues, como bien dice Henri Nouwen, podría encontrar que "justo cuando se me alaba por mi visión espiritual, me siento vacío de fe. Justo cuando la gente me agradece por traerlos más cerca de Dios, siento que Dios me ha abandonado. Es como si el hogar que por fin he encontrado no tuviera piso".[6]

En muchos de los clásicos espirituales de la literatura cristiana, los autores, muy a menudo santos, sugieren que progresaremos en la vida espiritual solamente si, día a día, tenemos un período prolongado de oración privada, y solamente si practicamos una escrupulosa vigilancia a todas las áreas morales de nuestras vidas privadas. En esencia, éste es el primer punto no negociable de la vida espiritual.

2. Justicia social

Varios cristianos se sorprenderían al saber que el llamado a comprometerse en la creación de la justicia para los pobres es tan esencial y no negociable en la vida espiritual como el mandamiento de Jesús de rezar y mantener en orden nuestras vidas privadas. La enseñanza de Jesús sobre este tema es muy

---

[6] Henri Nouwen, *La voz interior del amor: un viaje a través de la angustia hacia la liberación*, Buenos Aires, Lumen, 1998.

fuerte, coherente todo a lo largo de los evangelios y no deja lugar para la equivocación. En las Escrituras cristianas, una de cada diez líneas de texto se ocupa directamente de personas físicamente pobres y el llamado que Dios nos hace llegar es a responderles. En el evangelio de Lucas, el promedio es de una cada seis líneas y en la epístola de Santiago este mandamiento aparece una vez cada cinco líneas.

Por otro lado, el llamado a vivir la justicia como parte de nuestra relación con Dios ya es bastante fuerte en las Escrituras hebreas. Desde alrededor del año 800 antes de Cristo, los profetas hebreos hicieron de esta verdad un elemento esencial de sus enseñanzas. Dijeron que en el pueblo la calidad de la fe depende de la justicia en la tierra (y el carácter de la justicia en la tierra se ha de juzgar a partir de la forma como tratamos a los grupos más vulnerables de la sociedad, a saber, las viudas, los huérfanos y los extranjeros). De este modo, según los profetas, nuestra relación con Dios depende no solamente de la oración y la sinceridad del corazón sino también de nuestra actitud con respecto a los pobres.

Jesús nunca pone esto en tela de juicio. Lo lleva más allá. Identifica su propia presencia con los pobres y nos dice que, en último análisis, se nos juzgará por la forma como tratemos a los pobres. Dicho de manera muy directa, iremos al cielo o al infierno sobre la base de si damos o no comida, agua, vestimenta, refugio y justicia a los pobres (Mt 25, 31-46). La forma como tratamos a los pobres es la forma como tratamos a Dios. Por esta razón Jesús nos pide optar por los pobres de manera preferencial. "Cuando ofrezcas un almuerzo o una cena, no invites a tus amigos o tus familiares, a tus parientes o a tus amigos ricos, porque ellos te invitarán a ti y te pagarán tu gesto. No, cuando ofrezcas una fiesta, invita a los pobres, a los lisiados, a los rengos, a los ciegos; entonces recibirás la bendición de Dios" (Lc 14, 12-14). La opción preferencial por los pobres es un componente esencial de nuestra vida espiritual.

Ésta no es una enseñanza nueva aunque, como explicaremos luego, nuestra forma de entenderla se está profundizando. Todas las confesiones cristianas han enseñado esto de una u otra manera y siempre, en sus mejores expresiones, han llevado sus enseñanzas a la práctica. Pese a algunas manchas embarazosas en la historia del cristianismo, también hay una historia muy bella en términos de su asistencia a los pobres. Desde el establecimiento inicial de hospitales, orfanatos, ollas populares y escuelas para los pobres (mucho antes que la sociedad secular asumiera la responsabilidad) hasta el papel de las iglesias en la abolición de la esclavitud o el establecimiento del evangelio social en muchas iglesias protestantes y la teología de la liberación y las encíclicas sociales dentro del catolicismo actual, las iglesias cristianas siempre han hecho una opción de preferencia a favor de los pobres, como parte integral de la práctica de su fe.

El llamado a involucrarse en la ayuda a los pobres es un pilar no negociable de la espiritualidad cristiana. Una parte importante de nuestra cultura actual —y un cierto cristianismo conservador en particular— lucha contra todo esto, protestando que es en realidad una cuestión política y no algo que esté en el corazón mismo de la religión. Pero, tal como Jesús mismo lo deja bien en claro, no puede haber una relación real con Él cuando se descuida a los pobres y abunda la injusticia. Cuando hacemos de la espiritualidad una cuestión privada y nos separamos de los pobres e ignoramos las demandas de justicia que provienen de sus necesidades, la religión muy pronto degenera en una especie de terapia personal, una forma de arte o, aún peor, en la conspiración de un grupo enfermo.

Es imposible relacionarse con Dios sin digerir de manera continua la inquietud y el dolor que se experimentan al ver, de manera directa y honesta, cómo los miembros más débiles de nuestra sociedad sobreviven y cómo nuestros estilos de vida contribuyen a ello. Esto no es algo que intenten endilgarnos unos pocos teólogos de la liberación, feministas y defensores de la justicia social. Esto no es un punto que figura en el programa liberal. Es algo que está en el corazón mismo del Evangelio y que Jesús establece como criterio último en nuestro juicio final.

3. Un corazón y un espíritu compasivos

La santidad tiene que ver con la gratitud. *Ser santo es estar encendido de gratitud, nada más y nada menos.* Soren Kierkegaard, como hemos visto, en cierta oportunidad definió al santo como una persona que desea una sola cosa. Lo que falta en esta definición, sin embargo, es la cuestión de la motivación, a saber, la energía real que hay por detrás del desear. Podemos desear y hacer lo correcto por una razón equivocada. Así, por ejemplo, puedo hacer algo que no sea egoísta a favor de otros, pero ser manipulador en esa supuesta generosidad; puedo morir por una causa y estar actuando mi propio dolor o a partir de una grandiosidad infantil. Puedo ser un guerrero de la verdad porque el conflicto me llena de energía. Puedo hacer todo tipo de cosas buenas a partir del enojo, la culpa, el orgullo o el interés propio. Además, como el hermano mayor del hijo pródigo, puedo ser escrupulosamente fiel durante años y años, pero con un corazón amargo.

La santidad tiene tanto que ver con un corazón bondadoso como con hacer y creer las cosas correctas, tanto con la energía recta como con la verdad. Gustavo Gutiérrez, el padre de la teología de la liberación, sugiere que para tener una espiritualidad sana debemos alimentar nuestra alma de tres maneras: por medio de la oración, tanto privada como comunitaria, por medio de la práctica de la justicia y teniendo en nosotros aquellas cosas (buenos amigos, saber compartir un vaso de vino, siendo creativos y practicando un ocio sano) que ayudan a mantener el alma bondadosa y agradecida.[7] Para Gutiérrez, nuestra tarea como cristianos es transformar el mundo por medio del amor y la justicia, pero tiene muy en claro que no podremos conseguirlo si nuestras acciones emanan de la ira o de la culpa.[8]

---

[7] Véase, por ejemplo, Gustavo Gutiérrez, *Beber en su propio pozo*, Lima, CEP, 1986.

[8] Véanse los comentarios de Nouwen sobre los puntos de vista de Gutiérrez en *Gracias: A Latin American Journal* (San Francisco, Harper & Row, 1983).

> *Hay solamente una clase de persona que puede transformar espiritualmente el mundo: la que tenga un corazón agradecido.*

Jesús también es muy claro al respecto. En la parábola del Hijo Pródigo enseña que podemos estar lejos de la casa del Padre tanto por infidelidad como por debilidad ("el hermano menor"), o por amargura e ira ("el hermano mayor"). Dios pide de nosotros que tengamos la compasión del padre (un tipo de solidaridad en los sentimientos que sólo puede surgir de un corazón muy agradecido).[9] En los Evangelios, el llamado a tener un corazón compasivo y agradecido es tan no-negociable como las exhortaciones a observar los mandamientos y a la práctica de la justicia social.

Este desafío de mantener viva la compasión es parte integrante del ayuno. El ascetismo tiene tanto que ver con la disciplina de las emociones como con la disciplina del cuerpo. ¿De qué sirve un cuerpo en perfecto estado, libre de grasas y toxinas, pero lleno de enojo e infelicidad? ¿De qué vale una fidelidad que consiste en observar los mandamientos y practicar la justicia si terminamos tan amargados como el hermano mayor del hijo pródigo? Tanto liberales como conservadores eliminamos con demasiada facilidad esta última vuelta de tuerca de la vida espiritual, pensando que nuestras causas son tan urgentes, que nosotros estamos tan heridos y nuestro mundo es tan malo que, en nuestra situación, la ira y la amargura están plenamente justificadas. Pero nos equivocamos y, como lo advierte el poeta estadounidense William Stafford, "siguiendo al dios equivocado podemos perder nuestra estrella"[10] El "dios equivocado" es el dios tanto de la derecha contemporánea como el de la izquierda contemporánea, es decir un dios tan amargo, ansioso, enfermo

---

[9] Véanse los brillantes comentarios de Nouwen sobre esto en *El regreso del hijo pródigo*, PPC.

[10] William Stafford, "A Ritual to Read to Each Other", en Robert Bly, Michael Mead y James Hillman (comp.), *The Rack and Bone Shop of the Heart* (Nueva York, HarperPerennial, 1993), p. 233.

de manía de trabajo, neurótico e infeliz como nosotros. Pero éste no es el Dios que es la meta de nuestra búsqueda espiritual y que, como nos asegura Juliana de Norwich, está sentado en el cielo, sonriente, completamente relajado, mirándonos con una maravillosa simpatía[11] y que está de acuerdo con Albert Camus cuando éste afirma que la verdadera venganza contra nuestros enemigos, tanto de la derecha como de la izquierda, y contra los demonios más hondos que nos habitan, es ser locamente felices.[12]

4. La comunidad como un elemento constitutivo de la verdadera adoración

Uno de los grandes intelectuales religiosos de nuestro siglo, Bernard Lonergan, intentó una vez establecer criterios para juzgar qué constituye una verdadera conversión religiosa. Él sugiere que una auténtica conversión religiosa posee seis dimensiones. Es religiosa, teísta, cristológica, eclesial, moral e intelectual.[13] No todas estas dimensiones se ponen de manifiesto de manera inmediata, y una persona puede a veces concentrarse en una en detrimento de las otras, pero, a su debido tiempo, para encontrarnos con Dios y descubrir su rostro tendremos que vérnoslas con cada una de estas dimensiones, incluyendo la eclesial: el elemento de un compromiso concreto con una comunidad histórica de adoración.

---

[11] Juliana de Norwich, *Enfolded in Love: Daily Readings with Julian of Norwich* (Londres, Darton, Longman & Todd, 1991), p. 10. La cita dice, literalmente, lo siguiente: "Completamente relajado y cortés, él (Dios) era, en sí mismo, la felicidad y paz de sus queridos amigos. Su hermoso rostro irradiaba un amor sin medida, como una maravillosa sinfonía."

[12] Albert Camus, citado por Oliver Todd, en *Albert Camus, A Life* (Nueva York, Alfred Knopf, 1997), p. 419.

[13] Podrá encontrarse un breve resumen de los puntos de vista de Lonergan sobre esto en Edward Braxton, *The Wisdom Community* (Nueva York, Paulist Press, 1980), especialmente en el capítulo 3: "The Turn to Interiority: Conversion – The Process of Self Trascendence", pp. 71-100.

La manera como Jesús dice esto es menos intelectual pero no menos clara. Nos enseña que Dios nos llama. No solamente como individuos sino en tanto comunidad, y que el modo como nos relacionamos entre nosotros es tan importante, desde un punto de vista religioso, como el modo como nos relacionamos con Dios. O, de manera más exacta, que la forma como nos relacionamos entre nosotros forma parte de la manera como nos relacionamos con Dios. Para Jesús los dos grandes mandamientos, amar a Dios y amar al prójimo, no pueden separarse. Amar al prójimo no es algo abstracto. Esencialmente significa que para nuestra adoración de Dios, que está en los cielos, debemos comprometernos concretamente con una comunidad de adoración aquí en la tierra. Por eso nos dice que cualquiera que diga que ama a Dios, que es invisible, pero se niegue a tratar con una comunidad visible, es un mentiroso, porque uno solamente puede amar a Dios, que es amor, si está verdaderamente comprometido con una comunidad real (en última instancia, una "comunidad eclesial") sobre la tierra (Juan 6).[14]

Para un cristiano, el compromiso concreto con una comunidad histórica de fe (participar en la iglesia) es uno de los elementos no negociables de la vida espiritual. Esto es algo que en nuestra edad es difícil de oír. Como ya vimos en el capítulo anterior, nuestra época tiende a divorciar la espiritualidad de la eclesiología. Queremos a Dios, pero no queremos a la iglesia. Al hacer esto, sin embargo, ponemos entre paréntesis una de las exigencias primarias inherentes en la misma búsqueda de Dios.

Hace ya un siglo, un eminente teólogo protestante, Frederick Schleiermacher, intentó señalar exactamente esto en un libro con un título curioso pero revelador: *Discursos sobre la religión para aquellos, entre los hombres de cultura, que la desprecian.* Schleiermacher señala que mientras está separado de la religión histórica —a saber, de las iglesias con sus deficiencias— , el individuo que busca a Dios, por más sincera que sea su búsqueda, vive una vida sin confrontaciones. Sin la Iglesia tenemos

---

[14] Juan 6. Véase el cap. 5 de este libro: "Consecuencias de la Encarnación para la espiritualidad". Allí se encontrará una explicación de todo esto.

más fantasías privadas que verdadera fe. Al igual que Lonergan, él afirma que la verdadera conversión implica entrar a formar parte de la debilidad y la gracia de una vida de iglesia concreta.

La espiritualidad es, en último análisis, una acción comunitaria, aun en aquellas religiones, como el budismo, el hinduismo, islam y el taoísmo, que en su constitución son no eclesiales (como sí lo son el cristianismo y el judaísmo). ¿Por qué? Porque la búsqueda de Dios no es una búsqueda privada de lo que hay de más elevado para uno, o de lo que para uno es lo mejor. La espiritualidad es una búsqueda comunitaria del rostro de Dios, y se busca de manera comunitaria sólo dentro de una comunidad histórica.

Caminar sobre la tierra como dioses

La espiritualidad, en parte, es una cuestión de equilibrio. Prestar atención a estos cuatro pilares esenciales puede ayudarnos, dándonos ese equilibrio. Sin embargo, el equilibrio no es la meta final de la espiritualidad. Queremos caminar sobre la tierra de manera equilibrada... pero también queremos caminar como dioses o diosas. Queremos, con nuestro Creador, seguir creando; y con nuestro Redentor, seguir redimiendo. Queremos ayudar a Dios a llevar este planeta hasta su perfección, a la consumación de todas las cosas que la esperanza inspira en nosotros. Una parte clave de la vida espiritual es cumplir una *vocación*.

¿Cómo hacemos nosotros, como cristianos, para caminar por esta tierra como dioses, como co-creadores, como personas a imagen y semejanza de Dios que estamos tratando de ayudar a Dios a salvar el planeta y todo lo que hay en él? ¿Cómo realizamos la vocación a la que Dios nos llama? Tomando parte en la *encarnación continua de Dios.*

Parte 3

La Encarnación como base para una espiritualidad cristiana

LA ORACIÓN DE NAVIDAD DE SHARON

Ella tenía cinco años
y estaba segura de las cosas;
las recitaba
con lenta solemnidad,
convencida de que cada palabra
era una revelación.
Ella decía
que eran tan pobres
que solamente tenían sandwiches de manteca de maní y jalea
para comer
y que iban muy lejos de su casa
sin perderse. Habían cabalgado
en un burro, la señora montaba el burro
y el hombre iba a pie y el bebe
estaba adentro de la señora.
Tuvieron que quedarse en un establo,
con un buey y un burro.
Pero los tres Hombres Ricos los encontraron
porque una estrella brillaba sobre el techo.
Vinieron pastores, y uno podía
tocar las ovejas pero no darles de comer.
Entonces el bebe nació:
¿Y a que no adivinas quién era?
Sus ojos entrecerrados se abrieron
como dólares de plata.

El bebe era Dios.
Y saltó en el aire,
dio una vuelta, se zambulló en el sofá
y escondió su cabeza debajo del almohadón,
que es la única forma adecuada de responder
a la Buena Nueva de la Encarnación.

John Shea[1]

---

[1] *The Hour of the Unexpected* (Allan, Texas, Argus Communications, 1977), p. 68.

4

EL CONCEPTO DE "ENCARNACIÓN"

Cristo no tiene otro cuerpo que el tuyo
y no tiene manos sino las tuyas.
Sus únicos pies son los tuyos
y tuyos los ojos con los que
la compasión de Cristo mira el mundo.
Tuyos son los pies con los que
camina para ir haciendo el bien,
tuyas las manos con las que ahora
tiene que bendecirnos.[1]

La centralidad de Cristo

Medimos el tiempo a partir del nacimiento de Jesús. Todas las fechas terminan con un pequeño sufijo: AC o DC, que indica si un acontecimiento tuvo lugar antes o después el nacimiento de Jesús. Todo el mundo lo hace. Para esto hay razones prácticas más allá de lo puramente religioso. Sin embargo, el hecho de que todo el mundo registre el tiempo en relación con el nacimiento de Jesús indica algo con respecto a su importancia en la historia. Para aquellos de nosotros que somos cristianos es obvio que el tiempo deba medirse a partir del naci-

---

[1] Oración atribuida a santa Teresa de Ávila.

miento de Jesús. Para nosotros Él es el centro de todo nuestro significado, nuestra esperanza, nuestra forma de entendernos a nosotros mismos, nuestra vida de iglesia, nuestra teología y nuestra espiritualidad. Él también es la guía de nuestra vida espiritual.

La espiritualidad, como hemos visto, tiene que ver con mantener bajo una disciplina creativa las fuerzas salvajes que fluyen a través de nosotros. Por lo tanto una buena espiritualidad requiere una cierta disciplina. Un discípulo es alguien sometido a una disciplina. Jesús estableció una cierta disciplina para canalizar nuestras energías de manera creativa. Pero hizo mucho más que eso... era mucho más que eso.

¿Quién es Jesucristo? Si el mismo Jesús nos examinara hoy, preguntando a cada uno de nosotros la pregunta que en cierta oportunidad le hizo a Pedro, "¿Quién decís vosotros que yo soy?" obtendría —estoy seguro— una gran variedad de respuestas. ¿Quién es Jesús, en realidad, para nosotros? ¿Un personaje histórico, un Dios-hombre (¡sea lo que fuera que esto signifique!), un gran maestro moral, una filosofía, una iglesia, un dogma, una imagen para la piedad, una superstición, un mítico super Papá Noel, un dios del hogar? ¿Quién es, verdaderamente, Jesús para nosotros?

La mayoría de los que somos cristianos por lo menos tenemos algo en común con respecto a Jesús: lo admiramos. Pero como Soren Kierkegaard señaló en cierta oportunidad, esto no es suficiente. Lo que Jesús quiere de nosotros no es adoración sino imitación. Es mucho más fácil admirar a personajes de gran moralidad y valentía que hacer lo mismo que ellos hacen. La admiración, por sí misma, es débil. La imitación es más importante, aunque con Jesús debemos ir todavía más allá. Es más que un modelo para imitar. Lo que Jesús quiere no es la admiración, ni la simple imitación (nadie, por otro lado, hace muy bien el papel de Jesús). Lo que Jesús quiere es que experimentemos su presencia al ingresar con Él a una comunidad de vida y de celebración. *Como dice John Shea, Él no es una ley que deba obedecerse ni un modelo que deba imitarse, sino una presencia* que *debemos encarnar para actuar a partir de ella.*[2] ¿Qué significa esto exactamente? El cometido de este capítulo y del siguiente es tratar de responder a esta pregunta.

La experiencia de Jesús debe ser el centro de cualquier espiritualidad cristiana. En la espiritualidad cristiana, mucho antes que hablemos de cualquier otra cosa (iglesia, dogmas, mandamientos, incluso antes de las invitaciones al amor y la justicia), debemos hablar de Jesús: la persona y la energía sobre lo que todo se apoya. Después de todo, las otras cosas, todas ellas, no son más que ramitas. Jesús es la vid, la sangre, el pulso y el corazón. ¿Pero cómo entender a Jesús? Se deben haber escrito, por lo menos, unos quinientos libros teológicos serios sobre Jesús en los últimos treinta años. Aquí no intentamos resumirlos, sino ubicar a Jesús y al discipulado que nos pide dentro del contexto del misterio central del cristianismo, la Encarnación, el misterio de la Palabra hecha carne.

Jesús y la vida que Él que nos pide puede entenderse mejor en una sola frase: *La palabra se hizo carne y habita entre nosotros* (Juan 1, 14).[3]

---

[2] John Shea, *Stories of Faith* (Chicago, Thomas More Press, 1980). El comentario que se cita aquí es la totalidad de la tesis de este libro y del anterior, de 1978, *Stories of God – An Unauthorised Biography* (Chicago, Thomas More Press).

[3] He puesto el verbo "habitar" deliberadamente en tiempo presente, aun cuando normalmente se lo traduce como un pasado. Si bien desde un punto de vista lingüístico el tiempo presente no es el correcto, transmite de manera más exacta lo que Juan dice, teniendo en cuenta que él usa el aoristo inceptivo que connota una acción iniciada en un momento preciso del pasado y sigue ejecutándose en el presente. De ahí que la frase pueda traducirse: "Y la palabra empezó a hacerse carne."

El concepto de la Encarnación: "la palabra hecha carne"

El misterio central dentro de todo el cristianismo, que está por debajo y como base de todo lo demás, es el misterio de la Encarnación. Por desgracia, también es el misterio que peor se entiende o, de manera más exacta, el que más se malentiende. No es que nos equivoquemos con respecto a la naturaleza de la Encarnación, es más bien como si solamente viéramos la pequeña punta de un gran iceberg. Perdemos su significado al no ver su inmensidad.

Por lo general concebimos la encarnación de la siguiente manera: En el principio Dios creó el mundo y todo lo que el mundo contiene, concluyendo con la creación de la humanidad. Pero la humanidad muy pronto pecó (el pecado original) y se volvió incapaz de salvarse a sí misma. Dios, en su bondad y misericordia, sin embargo, decidió salvar a la humanidad, pese a su pecado. De modo que Dios preparó un pueblo, llamando a los patriarcas, y después a los profetas. A través de ellos Dios fue preparando a su Pueblo (las Escrituras hebreas). Por último, al cumplirse el tiempo, Dios envió a su propio Hijo, Jesús, que nació en Palestina hace dos mil años. Jesús era Dios, pero también era plenamente humano. Tenía dos naturalezas, una divina, la otra humana. Jesús caminó sobre la tierra durante treinta y tres años. Reveló la naturaleza de Dios, enseñó grandes verdades, curó a la gente, hizo milagros; pero luego fue falsamente acusado, fue arrestado, fue crucificado y murió. Tres días después resucitó y durante los cuarenta días siguientes, se apareció de varias maneras a sus seguidores. Al finalizar este tiempo, con sus seguidores más ajustados a la nueva realidad de la resurrección, los llevó a una montaña, fuera de Jerusalén, los bendijo y ascendió físicamente al Cielo.

Dios caminó sobre esta tierra, físicamente, durante treinta y tres años y después volvió al Cielo, dejándonos el Espíritu Santo, una presencia de Dios menos física pero no menos real. El cuerpo físico de Jesús, la Palabra hecha carne, estuvo con nosotros durante treinta y tres años y ahora está en el Cielo.

¿Qué hay de malo en esto? Es correcto —en su propio hermoso lenguaje simbólico— con respecto a muchas cosas: nuestro pecado, la misericordia de Dios, la venida física de Dios a la tierra. Lo que hay de malo es que da la impresión de que la encarnación fue un experimento de treinta y tres años, una incursión de Dios en la historia humana, por una sola vez para siempre. En esta versión, Dios vino a la tierra físicamente y, después de treinta y tres años, volvió a su casa. Usa el tiempo pasado para hablar de la encarnación y eso es una forma peligrosa de no comprender el hecho. La encarnación prosigue y es tan real, tan radicalmente física, como cuando Jesús de Nazareth, en la carne, caminaba por los senderos polvorientos de Palestina. ¿Cómo puede ser esto?

La clave hermenéutica: "Darle una piel a Dios"

El misterio de la Encarnación, dicho de manera sencilla, es el misterio de cómo Dios asume la carne humana y se relaciona con los hombres de una manera visible y tangible. El carácter radical de esto, sin embargo, necesita alguna explicación, especialmente en lo que respecta a tres cosas: por qué actuaría Dios de esta manera; la chocante carnalidad de este acto, y su carácter continuo y no de una vez para siempre.

El porqué de la Encarnación

¿Por qué Dios habría de querer asumir para sí la carne humana? ¿Por qué, siendo un poder infinito, podría querer limitarse dentro de los confines de la historia y de un cuerpo humano? ¿Por qué la Encarnación?

Hay una historia maravillosa sobre una niña de cuatro años que una noche se despertó asustada, convencida de que en la oscuridad que la rodeaba había toda clase de seres horribles y monstruos. Sola, asustada, corrió a la habitación de sus padres. Su madre la tranquilizó y, tomándola de la mano la llevó de vuelta a su habitación, donde encendió una luz y reaseguró a la niña con estas palabras. "No necesitas tener miedo, aquí no estás sola. Dios está en esta habitación contigo." La niña le respondió: "Yo sé que Dios está aquí. Pero *yo necesito en esta habitación alguien que tenga piel.*"

En lo esencial esta historia nos da las razones de la Encarnación, así como una excelente definición de lo que significa. Dios asume la carne porque, como aquella niña, todos necesitamos con nosotros alguien que tenga piel. Un Dios que está en todas partes muy fácilmente viene a ser un Dios que no está en ninguna parte. Creemos en lo que podemos tocar, ver, oír, oler y gustar. Nosotros no somos ángeles sin cuerpos, sino criaturas sensibles, en el verdadero sentido de estas palabras: sensuales. Tenemos cinco sentidos y estamos presentes en el mundo por medio de esos sentidos. Conocemos por medio de ellos, nos comunicamos por medio de ellos y estamos abiertos los unos a los otros y al mundo solamente a través suyo. Y Dios, habiendo creado nuestra naturaleza, respeta la manera como funciona. Dios se relaciona con nosotros a través de nuestros sentidos. El Jesús que caminó por los senderos de Palestina podía ser visto, tocado y oído. En la Encarnación Dios tomó un cuerpo porque nosotros somos criaturas de los sentidos que, en ciertos momentos, necesitamos un Dios que tenga piel.

Niko Kazantzakis explicó esto en cierta oportunidad por medio de una parábola:

> *Un hombre vino a Jesús y se quejó de que Dios estuviera escondido. "Rabbí", le dijo, "yo soy un anciano. Durante toda mi vida he guardado los mandamientos. Todos los años de mi vida adulta he ido a Jerusalén y ofrecido los sacrificios prescriptos. Todas las noches de mi vida no me he retirado a mi cama sin haber dicho mis oraciones. Pero...*

miro a las estrellas y a veces a las montañas y espero, espero que Dios venga de tal manera que pueda verlo. He esperado años y años, pero en vano. ¿Por qué? ¿Por qué? Mi queja es muy grande. ¡Rabbí! ¿Por qué Dios no se muestra?"

Jesús sonrió y respondió de manera amable: "Había una vez un trono de mármol en la puerta oriental de una gran ciudad. En este trono se habían sentado 3.000 reyes. Todos le habían pedido a Dios que apareciera para que pudieran verlo, pero todos fueron a la tumba sin que su deseo se cumpliese.

Entonces, cuando los reyes habían muerto, un hombre pobre, descalzo y con hambre, vino y se sentó en el trono. "Dios", murmuró, "los ojos de un ser humano no pueden mirar directamente el sol, porque enceguecerían. ¿Cómo, entonces, podrían mirarte directamente a ti? Ten piedad, Señor, tempera tu poder, reduce tu esplendor, para que yo, que soy pobre y estoy afligido, pueda verte".

"Entonces —escucha anciano— Dios se convirtió en un pedazo de pan, una taza de agua fresca, una túnica abrigada, una choza y, frente a la choza, una mujer dándole el pecho a un niño".

"Gracias, Señor", susurró el hombre pobre. "Te humillaste por mí. Te convertiste en pan, agua, una túnica abrigada y una esposa y su hijo, para que yo pueda verte. Y te vi. Me postro y te adoro, rostro amado de muchos rostros".[4]

Dios asume la carne y de este modo cada hogar se convierte en un templo, cada niño es un Niño Dios y toda comida y bebida es un sacramento. Los muchos rostros de Dios están por todas partes, en la carne, atemperados y rebajados, de manera que los ojos humanos puedan verlo. Dios en su rostro de muchos rostros ha venido a ser tan accesible y visible como el

---

[4] Niko Kasantzakis, *La última tentación de Cristo*, Buenos Aires, Lohlé-Lumen.

grifo de agua más cercano. Ésta es la razón de ser de la Encarnación.

El carácter chocantemente físico, crudo, de la Encarnación

La Encarnación es chocante en la crudeza de su carácter físico. La palabra castellana "encarnación" tiene su raíz en la palabra latina *carnus*, que significa "carne", la carne física. Pero tanto en latín como en castellano es una palabra muy poco platónica. No hay nada de espiritual en ella. Subraya, como lo hacen sus derivados en castellano (carnal, carnalidad, carnívoro), el cuerpo en su tangibilidad cruda, brutal, física. "Encarnación" significa "en la carne", literalmente "en la carne física".

Por lo general nosotros no tenemos demasiados problemas para concebir a Jesús de esta manera, aunque, aun allí, muy a menudo dudamos de pensar en el cuerpo de Jesús: mortal, sexual, sujeto a las enfermedades, capaz de oler y caracterizado por todos los procesos humillantes del cuerpo. El problema es que, como lo señalaremos enseguida, no atribuimos la misma realidad física a la totalidad del Cuerpo de Cristo, a saber la Eucaristía y el cuerpo de los creyentes.[5]

Su carácter continuo

Por último —y con carácter crítico— está la pregunta por la naturaleza continua de la Encarnación. La Encarnación no es un experimento de Dios que tuvo treinta y tres años de duración, una incursión física aislada en nuestras vidas. La Encarnación empezó con Jesús y desde entonces nunca se detuvo.

---

[5] Se encontrará una descripción brillante de la manera como conmueve la Encarnación como un hecho terreno y físico en lo que dice un personaje de Graham Greene en la novela *The End of the Affair* (Londres, Penguin Books, 1951), pp. 109-112.

La ascensión de Jesús no dio por terminada, ni cambió fundamentalmente la Encarnación. El cuerpo físico de Dios todavía está entre nosotros. Dios está todavía presente, tan físico y tan real hoy como lo era en el Jesús histórico. Dios todavía tiene piel, una piel humana, y camina físicamente por el planeta Tierra, tal como lo hizo Jesús. En cierto modo es verdad que, en la ascensión, el cuerpo físico de Jesús abandonó esta Tierra, pero no fue así con el cuerpo de Cristo. La presencia encarnada de Dios entre nosotros prosigue, continúa como antes... ¿Qué es lo que estamos diciendo?

Hay una distinción inicial que resulta clave. "Cristo", como todos sabemos, no es el apellido de Jesús. No decimos Jesús Cristo (Jesu-cristo) como diríamos Susan Parker o José Pérez. Jesús no tenía apellido. La palabra "Cristo" es un título, que connota al Ungido de Dios, la presencia mesiánica de Dios sobre la tierra. Las Escrituras usan la expresión "el cuerpo de Cristo" en tres sentidos: "Jesús" (la persona histórica que caminó por la Tierra durante treinta y tres años), "la Eucaristía" (que también es la presencia física de Dios entre nosotros) y "el cuerpo de los creyentes" (que también es una presencia real). Decir la palabra "Cristo" es referirse, de una vez y al mismo tiempo, a Jesús, a la Eucaristía y a la comunidad de la fe.

Nosotros somos el cuerpo de Cristo. Ésta no es una exageración ni una metáfora.[6] Decir que el cuerpo de los creyentes *es* el cuerpo de Cristo no es decir algo que no dicen las Escrituras. Las Escrituras, y san Pablo en particular, nunca nos dicen que el cuerpo de los creyentes *reemplace* al cuerpo de Cristo, ni siquiera que sea el cuerpo *místico* de Cristo. Dice, sencillamente: "Nosotros *somos* el cuerpo de Cristo."[7]

---

[6] Pío II, en ocasión de proclamar su encíclica sobre el Cuerpo de Cristo, *Mystici Corporis Christi*, en 1943, expresó: "Cuando expliquéis el misterio del Cuerpo de Cristo no temáis exagerar, porque es imposible exagerar, tratándose de un misterio tan grande."

[7] 1 Corintios 12, 27 y 1 Corintios 6, 15 son textos explícitos, pero la idea está presente en la totalidad de las enseñanzas de Jesús y del Nuevo Testamento.

Los estudiosos están en desacuerdo con respecto al grado de literalidad de lo que Pablo quiere decir.[8] Cuando afirma que somos el Cuerpo de Cristo, ¿lo quiere decir de manera corporativa o de manera corporal? ¿Somos el Cuerpo de Cristo a la manera de un grupo animado por un espíritu común (como, por ejemplo, son los jesuitas, que son un cuerpo)? ¿O somos un cuerpo como un organismo físico es un cuerpo? Con algunas calificaciones (y, por supuesto, algunas excepciones), los estudiosos de las Escrituras están de acuerdo en que Pablo lo dice en el segundo de estos sentidos. El cuerpo de los creyentes, como la Eucaristía, es el cuerpo de Cristo de una manera orgánica. No es una corporación sino un cuerpo; no sólo una realidad místi-

[8] Se necesitaría aquí una detallada explicación. No hay consenso entre los estudiosos sobre cuán literalmente Pablo, y el Nuevo Testamento en general, entienden esto, de manera precisa. John A. T. Robinson, por ejemplo, sostiene que para Pablo se trata, aquí, de una afirmación muy literal.

"Algo no corporativo sino corpóreo... decir que la Iglesia es el cuerpo de Cristo no es más metafórico que decir que la carne del Cristo encarnado o el pan de la Eucaristía son el cuerpo de Cristo. En ninguno de estos dos casos tenemos algo así 'como' su cuerpo (Pablo nunca dice esto): en ambos casos se trata del cuerpo de Cristo, en cuando ambos son el complemento físico y la extensión de la Persona y la Vida de Cristo. Son expresiones de una misma cristología. Es casi imposible exagerar el materialismo y la crudeza de la doctrina paulina de la Iglesia como, literalmente, ahora, el cuerpo de la resurrección de Cristo... El cuerpo que tiene en mente es tan concreto y tan singular como el cuerpo de la Encarnación. La concepción subyacente en su pensamiento no es un colectivo suprapersonal sino un organismo personal específico" (*The Body: A Study in Pauline Theology*, Londres, SCM Press, 1966, pp. 50-51).

Algunos eruditos, sin embargo, verían esta opinión de Robinson como una interpretación demasiado crasa y física. Robert Gundry, *Soma in Biblical Theology —with Emphasis on Pauline Anthropology* (Cambridge University Press, Londres, 1976) concede el punto central de la interpretación de Robinson (que no se trata sólo de una metáfora), pero cree que Robinson está llevando demasiado lejos las cosas. Después repasa, de manera crítica, todas las opiniones.

ca, sino física; y no algo que representa a Cristo sino algo que Él es.[9]

Esto tiene inmensas implicaciones. Significa que la Encarnación no terminó después de treinta y tres años, cuando Jesús ascendió. Dios todavía está aquí, en la carne, con la misma realidad, del mismo modo físico, como en Jesús. La Palabra no se hizo carne y *habitó* ente nosotros: se hizo carne y *continúa habitando* entre nosotros. En el cuerpo de los creyentes y en la Eucaristía Dios todavía sigue teniendo una piel y puede ser físicamente visto, tocado, olido, oído y gustado.

Pero ésta no es simplemente una verdad de la teología, un dogma. Es el núcleo de la espiritualidad cristiana. De verdad nosotros *somos el cuerpo de Cristo* y, por lo tanto, la presencia de Dios en el mundo de hoy depende de nosotros en una gran medida. Debemos mantener a Dios presente en el mundo del mismo modo como Jesús lo hizo. Debemos convertirnos, como Teresa de Ávila lo dijo de manera tan sencilla, en las manos físicas de Dios, sus pies, su boca y su corazón en este mundo. El erudito bíblico Jerome Murphy-O'Connor resume la importancia de este hecho de manera menos sencilla que santa Teresa, pero muy exacta:

> *La comunidad es la mediadora de Cristo para el mundo. Las palabras que Él habló no se escuchan en el mundo contemporáneo a menos que la comunidad las proclame. El poder que fluía de Él ya no opera a menos que la comunidad lo haga manifiesto. Del mismo modo como Dios actuó a través de Cristo, ahora actúa a través de aquellos que son conformados a la imagen de su Hijo y cuyos esquemas de conducta son una imitación de los suyos. Aquello que Cristo hizo en y por el mundo de su época por medio de*

___

[9] Para una posición teológica equilibrada sobre este tema recomiendo Jerome Murphy-O'Connor, *Becoming Human Together* (Wilmington, Del., Michael Glazier Press, 1977). O'Connor pasa por las distintas posiciones y concluye diciendo, sin tener en cuenta los matices teológicos precisos, que Pablo enseña que Cristo y la comunidad de los creyentes desempeñan la misma función (véase pp. 202-203).

su presencia física, la comunidad lo hace en y para su mundo... A fin de seguir ejerciendo su función salvífica, el Cristo Resucitado debe ser representado de manera efectiva dentro del contexto de la existencia real, por medio de una autenticidad modelada sobre la suya.[10]

La diferencia ente un cristiano y un teísta

¿Qué diferencia hay entre creer en Cristo y creer simplemente en Dios? ¿Qué le agrega Cristo a Dios? ¿Qué es lo que ser cristiano le agrega al teísmo?

La diferencia es enorme, no solamente en la teología sino, especialmente, en la espiritualidad, en la forma como se nos pide que vivamos nuestras vidas de fe. Un teísta cree en Dios. Un cristiano cree en Dios, pero en un Dios encarnado. ¿Cuál es la diferencia? En el lenguaje de la calle podría decirse: Un teísta cree en un Dios que está en el cielo, mientras que el cristiano cree en un Dios que está en el cielo pero que también está físicamente presente en la Tierra, en los seres humanos. El Dios teísta es trascendente y, si bien no del todo, está presente en la materia sólo como un vago y general fundamento del ser. El Dios cristiano también es trascendente, también es el fundamento del ser, pero tiene un cuerpo físico sobre la tierra. Al Dios cristiano se lo puede ver, oír, sentir con el tacto, gustar y oler a través de los sentidos. *El Dios cristiano tiene piel.*

El Dios cristiano es *in-carnus,* tiene una carne concreta en esta tierra. Esto nos puede parecer algo abstracto, pero sus implicaciones tiñen cada uno de los aspectos de cómo nos relacionamos con Dios y los unos con los otros: como oramos, cómo buscamos la sanación y la reconciliación, cómo buscamos consejos y cómo entendemos la comunidad, la experiencia religiosa y la misión. Todo esto, sin embargo, requiere una explicación. Pasemos, ahora, a ver qué significa creer en la Encarnación de manera concreta, en términos de espiritualidad.

---

[10] Ibíd. p. 203

5

CONSECUENCIAS DE LA ENCARNACIÓN PARA LA ESPIRITUALIDAD

Para comprender cómo debemos orar

Prediquen la palabra de Dios dondequiera vayan. Incluso usen palabras, si es necesario.

Francisco de Asís

En el Evangelio de Mateo, Jesús dice que una oración de petición dirigida a Dios es infalible. "Pedid y recibiréis, buscad y encontraréis, golpead y la puerta se os abrirá. Todo el que pide recibe, todo el que busca encuentra y a todo el que golpea a la puerta se le abrirá." ¿Se han preguntado por qué, en realidad, esto no funciona así muchas veces? Muchas veces pedimos y no recibimos, o golpeamos y encontramos la puerta firmemente atrancada contra nosotros. Sin embargo, Jesús nos prometió lo opuesto. ¿Por qué Dios no responde siempre a nuestras oraciones?

Hay muchas respuestas para esta pregunta. Quizá no hayamos pedido con suficiente fe. Quizá no pedimos lo que teníamos que pedir, o pedimos algo que nos haría mal. Quizá Dios nos lo daría si hubiéramos pedido de alguna otra manera. Dios es un Padre amante que sabe mejor que nosotros lo que es bueno para nosotros: ¿qué padre le daría a su hijo un cuchillo para que jugara? Algún día llegaremos a comprender mejor la sabiduría profunda de Dios al no dar respuesta a nuestra oración. C. S. Lewis sugirió una vez que pasaremos una gran parte de la eternidad agradeciéndole a Dios por las oraciones que nunca nos respondió. Y tiene razón. En todas estas respuestas hay sabiduría y verdad, pero ninguna de ellas es la verdadera razón, según el Evangelio de Mateo. Mateo, entre todos los evangelistas, es el que relaciona más las oraciones de petición con la acción concreta dentro de la comunidad cristiana. Mateo es un teólogo cristiano, no un simple teólogo teísta. Para él, por lo tanto, las oraciones de petición tienen poder en la medida que están relacionadas con acciones concretas dentro de la comunidad de fe y amor, y viceversa. Como cristianos, le pedimos a Dios "por Cristo" y, al tratar de responder a estas oraciones, Dios respeta la Encarnación, o sea que el poder de Dios depende ahora, de manera parcial, de la acción humana.[1] ¿Qué significa esto?

Como cristianos tenemos una fórmula para concluir nuestras oraciones: "Te lo pedimos por Cristo, nuestro Señor." Esta fórmula es más que una formalidad, una señal ritual para que Dios sepa que allí termina nuestra oración. Cuando rezamos "por Cristo, nuestro Señor", estamos rezando a través del cuerpo de Cristo, que incluye a Jesús, la Eucaristía y el cuerpo de los creyentes. Estamos pidiendo a través de todos ellos. No estamos peticionando y pidiéndole que actúe solamente a Dios en el cielo. También nos estamos pidiendo a nosotros mismos, como parte del cuerpo de Cristo, en cuanto nos cabe una cierta responsabilidad por dar respuesta a esa oración. Orar como cristianos involucra, por parte nuestra, un compromiso concreto por cumplir con lo que estamos pidiendo en la oración. Tomemos como ejemplo el siguiente caso:[2]

---

[1] Se encontrará un excelente análisis de todo esto en Jerome Murphy-O'Connor, "Prayer of Petition and Community" en *What is religious life? –Ask the Scriptures, Supplement to Doctrine and Life,* vol. 11, pp. 31-40 (Dublin, Dominican Publications).

[2] Ibíd. p. 36.

Una monja anciana vino a ver a un director espiritual. Compartió con él la historia de una monja joven que hacía poco había abandonado su comunidad. La monja anciana tenía un gran afecto hacia la monja joven. Apreciaba, sobre todo, la chispa y el vigor que había traído a la comunidad. Durante un año, sin embargo, había notado que la monja joven atravesaba por una situación difícil, agonizando en la pregunta de si debía abandonar la comunidad y si la comunidad realmente la quería. De modo que la monja anciana rezó por la monja joven, pidió que no se fuera, pidió que se diera cuenta de que se la quería y se la valoraba, pidió que Dios le diera la fortaleza para ver más allá de sus dudas. Pero nunca fue, en ningún momento, a hablar con la monja joven. Nunca le dijo cuánto apreciaba el don que la monja joven era para la comunidad. Ahora lamentaba que la monja joven se hubiera ido.

La idea es evidente. La monja anciana rezaba como teísta, no como cristiana. Nunca le puso piel a su oración. Nunca se involucró concretamente en intentar hacer algo con respecto a aquello por lo que le estaba pidiendo a Dios. Dejó todo en las manos de Dios. ¿Pero cómo iba Dios a hacer que la monja joven supiera que se la apreciaba en la comunidad si la comunidad misma nunca se lo había dicho? Cuando oramos "a través de Cristo" hay más en juego que simplemente pedirle a Dios en el Cielo que intervenga de alguna manera. También la comunidad y nosotros mismos debemos comprometernos en el intento de cumplir con aquello por lo que se está pidiendo.

Por lo tanto, si mi madre está enferma y yo oro pidiendo que mejore, pero no la llevo en un automóvil a ver al médico, he orado como un teísta y no como un cristiano. No he puesto carne y piel en mi oración. A Dios le resulta más difícil responder a tal oración. Si veo a una colega o una amiga que me parece deprimida y oro por ella, pero no hablo con ella, estoy orando como un teísta, no como cristiano. ¿Cómo se supone que Dios le acercará algún consuelo? ¿Le mandará un e-mail desde el cielo? Se requieren mi voz y mi compasión. Dado que yo soy parte del cuerpo de Cristo, estoy orando precisamente en nombre del cuerpo de Cristo y estoy ahí, disponible para hablar con ella. Si oro por un amigo pero no le mando una tarjeta postal para decirle que pienso en él, ¿cómo se supone que mi oración va a tocarlo? Si oro por la paz en el mundo pero en mi interior no perdono a los que me han ocasionado algún dolor, ¿cómo puede Dios traer la paz a este planeta? Nuestra oración necesita el respaldo de nuestra carne.

En el film de Ingmar Bergman *El huevo de la serpiente* hay una escena que ilustra esto de manera poderosa. Un sacerdote acaba de presidir la Eucaristía y está en la sacristía quitándose la ropa ceremonial cuando entra una mujer. De edad media, indigente, solitaria en su matrimonio y sufriendo terriblemente debido a sus escrúpulos religiosos, comienza a llorar y sostiene que es indigna de que alguien la quiera. "Estoy tan sola, padre, nadie me ama. Nadie me ama tal como soy. Todo es tan oscuro alrededor de mí." Al principio el sacerdote se siente más irritado que compasivo, pero de repente le dice a la mujer: "Arrodíllate y yo te bendeciré. Dios parece estar muy lejos. Él no puede tocarte en este momento. Yo lo sé, pero yo voy a poner mis manos sobre tu cabeza y te tocaré, para que sepas que no estás sola y no creas que nadie puede amarte, que estás en las tinieblas. Dios está aquí y Dios te ama. Cuando yo te toque, Dios te tocará."[3] Aquí hay alguien que está orando como cristiano, alguien que está poniendo la carne de la encarnación a su oración.

Para comprender cómo deberíamos buscar la reconciliación y la sanación

Cuando Jesús caminaba sobre la tierra la gente era sanada y reconciliada con Dios aunque sólo fuera tocándolo o

---

[3] No es una cita directa sino una paráfrasis.

siendo tocada por Él. El tema del contacto físico está presente en todo el ministerio de Jesús. La gente siempre está intentando tocarlo y Él sana a muchos tocándolos.

Es suficiente un ejemplo para ilustrar esto. En el Evangelio de Marcos (5, 25-34) encontramos la siguiente historia. Había una mujer que durante doce años había estado sufriendo un flujo de sangre. Había intentado todo tipo de tratamientos y visto todo tipo de médico. Pero nada la curaba. Finalmente se dijo "Si pudiera aunque más no sea tocar la túnica de Jesús, me salvaría." Y eso es lo que hizo. En medio de la multitud se acercó a Jesús desde atrás y tocó su túnica. Instantáneamente quedó sana. Jesús, sin embargo, sintiendo que había salido poder de Él, se dio vuelta y preguntó: "¿Quién me tocó?" Sus discípulos le respondieron: "La multitud te aprieta, hay muchos que te están tocando." Pero Jesús siguió mirando alrededor. Asustada, por fin la mujer, dándose cuenta que había sido sanada, se adelantó y, como dicen las Escrituras, "le dijo toda la verdad". Jesús entonces le dijo: "Tu fe te ha curado, ve en paz".

Nótese en esta historia que la mujer es curada simplemente por tocar a Jesús, antes de que Él le hable. Hay dos momentos en la curación: el toque inicial, mudo, y el diálogo explícito entre ella y Jesús, que tiene lugar después. ¿Por qué estos dos pasos? ¿Qué agrega el intercambio explícito al momento esencial del contacto físico? Arriesgando una interpretación por medio de otras categorías, uno podría decir que al tocar el ruedo de la túnica de Jesús la mujer quedó *esencialmente* curada, y que cuando habló con Jesús y le dijo toda la verdad, quedó curada *del todo*.

Este texto es paradigmático. Establece un esquema. En Él vemos, en términos de la Encarnación, cómo operan en nuestro mundo la sanación y la reconciliación. Explicado de manera sencilla, lo que nos dice es que, del mismo modo como la mujer, encontraremos la sanación y la plenitud tocando el cuerpo de Cristo y, como miembros del cuerpo de Cristo, somos llamados a dispensar la sanación y la plenitud divinas tocando a otros. Permítaseme ilustrar esto con una serie de ejemplos.

La reconciliación y el perdón de los pecados

¿Qué es el sacramento fundamental de la reconciliación? ¿Cómo se nos han de perdonar nuestros pecados?

Los católicos y los protestantes han discutido este tema durante mucho tiempo. Los católicos subrayan la necesidad de confesar nuestros pecados a un sacerdote, tanto en términos de su género como de su cantidad, y la mayoría de los protestantes sostienen que es suficiente un acto de contrición sincera frente a Dios. ¿Quién tiene razón? Esta discusión va más allá de los alcances de este libro, pero baste decir aquí que ambos subrayan algo que es muy importante y ambos, en un nivel más fundamental, insisten en una verdad relacionada con la encarnación, a saber que el principal sacramento del perdón es tocar el borde de la túnica de Jesús, el cuerpo de Cristo. Se nos perdonan nuestros pecados del mismo modo como la mujer del Evangelio de Marcos consiguió que su hemorragia cesara, haciendo contacto con el cuerpo de Cristo, es decir, por medio de la Eucaristía y la comunidad.

¿De qué manera puede ser curativo el acto de tocar la comunidad? Imaginemos el siguiente escenario. Usted está sentado una noche, con su familia. Usted se siente irritado, demasiado cansado, y siente que está recibiendo muy poco reconocimiento. Sucede algo que lo saca de su paciencia y repentinamente pierde los estribos. Les grita a todos, les dice que son egoístas y estúpidos, arroja su taza de café hacia la pared que tiene enfrente y sale golpeando violentamente la puerta. Entonces va a su pieza y se sienta, alienado. Muy pronto la cordura y el arrepentimiento superan a la compasión que experimenta hacia usted mismo, pero el orgullo herido y la crudeza de lo que acaba de suceder le impiden volver a la habitación donde está toda su familia y pedir disculpas. Después de un rato se queda dormido, dejando las cosas en ese estado de no reconciliación. A la mañana siguiente, sin duda contrito y un poco avergonzado pero todavía con el orgullo herido, baja a la mesa. Recoge su taza de café, que no se rompió y alguien se tomó el trabajo de recoger, lavar y colgarla de su gancho, se sirve café fresco y, sin decir una palabra, se sienta a la mesa. Cada uno de sus movimientos pone de manifiesto su contrición y su orgullo herido. Su familia no es estúpida y usted tampoco lo es. Todos saben qué significa todo esto. Sin palabras se está diciendo lo esencial. Usted está tocando el borde de la túnica, usted está dando los pasos necesarios para obtener la reconciliación, su cuerpo y sus acciones están diciendo algo más importante que cualquier palabra. "Quiero volver a ser parte de ustedes otra vez." En ese momento la hemorragia se detiene (aunque sea durante unos momentos). Si cayera muerto en ese momento, moriría reconciliado con su familia.

Pero esto es más que una analogía de cómo opera la reconciliación dentro de la Encarnación. Es la realidad. Lo que acaba de describirse es, en su forma más cruda y despojada, el sacramento de la reconciliación. Se nos perdonan nuestros pecados al entrar en comunidad los unos con los otros, sentándonos juntos a la mesa. Dicho de manera un tanto burda, no nos iremos al infierno en la medida en que estemos tocando la comunidad, tocándola de manera sincera y con un mínimo imprescindible de arrepentimiento. Para decirlo de una manera medio tosca pero bien clara, si un sábado por la noche cometo un pecado serio y, sea cual fuera mi estado físico, el domingo por la mañana entro en una iglesia con sinceridad y arrepentimiento de corazón, el pecado se me perdona. Estoy tocando el borde de la túnica de Jesús.

San Agustín, a quien pocos igualan en su profunda comprensión del cuerpo de Cristo, en algunas homilías para el Domingo de Pascua a los catecúmenos destaca que cuando los cristianos están de pie en torno al altar, como comunidad, y rezan el Padrenuestro, cualquier pecado que hayan cometido es perdonado.[4] Tiene razón. Tal es el poder de la encarnación. Tal

[4] San Agustín tiene esta idea varias veces en algunas de sus homilías sobre la Eucaristía, por ejemplo en *Sermo 272, In die Pentecostes Postremus (b) - Ad Infantes, de Sacramento*. Vol. 38. Aquí, al explicar paso a paso el orden de la

es el poder —y la responsabilidad— que Dios nos ha otorgado en Cristo. Podemos perdonarnos unos a otros nuestros pecados, no por nuestro poder sino por el de Cristo que obra a través de nosotros. Como el mismo Jesús nos ha dicho: "En verdad os digo, el que cree en mí realiza las obras que yo hago, y las hará aun mayores" (Juan 14, 12).

Atar y liberar

¿Qué podemos hacer cuando alguien a quien amamos deja de compartir nuestra fe, nuestros valores más profundos y nuestras moral?

Supongamos, para utilizar un ejemplo bastante habitual, que tu hijo se ha apartado de la práctica de la fe. Tu propio hijo ya no va a Misa, no reza, no cumple los mandamientos de la Iglesia (en especial los referidos al sexo y al matrimonio) y considera tu práctica de fe como ingenuidad o hipocresía. Tú has debatido con él, peleado con él y tratado, con todos los argumentos posibles, de convencerlo... pero no hay manera. Finalmente llegas a la penosa verdad: tú eres practicante, pero él no. Uno de los vínculos más profundos entre ustedes se ha roto. Además, te preocupa que tu hijo viva, según parece, apartado de Dios. ¿Qué puedes hacer?

Por cierto, puedes continuar rezando y viviendo tu propia vida de acuerdo con tus convicciones, en la esperanza de que tu testimonio de vida sea más eficaz que tus palabras. Pero

---

Eucaristía, dice a los recién bautizados: A continuación se dice el Padrenuestro, que ustedes ya han recibido y recitado. ¿Por qué se lo dice antes de recibir el cuerpo y la sangre de Cristo? Debido a nuestra fragilidad humana es posible que nuestras mentes hayan imaginado algo que no corresponde, o nuestros ojos hayan visto algo que no es decente, o nuestros oídos escuchado algo exageradamente que no agrada a Dios. Quizás esas cosas se hayan conservado debido a la tentación y la fragilidad de la vida humana, *y el Padrenuestro las lava en el momento cuando decimos "Perdónanos nuestras deudas" y de ese modo podemos acercarnos con seguridad al sacramento"* (la cursiva es mía).

puedes hacer más. Puedes continuar amándolo y perdonándolo, y mientras él recibe tu amor y tu perdón, está recibiendo el amor y el perdón de vienen de Dios. Tú eres parte del cuerpo de Cristo y él te está tocando. A través del admirable misterio de la Encarnación, estás realizando lo que Jesús nos pidió cuando dijo: "Lo que ates en la Tierra quedará atado en el Cielo, y lo que desates en la Tierra quedará desatado en el Cielo" y "a quien tú perdones, sus pecados le serán perdonados, y a quien se los retengas, le serán retenidos" (Mt 16, 19).[5]

Si eres miembro del Cuerpo de Cristo, cuando perdonas a alguien, él o ella es perdonado; si sostienes con amor a alguien, él o ella es sostenido en el Cuerpo de Cristo. El infierno sólo es posible cuando alguien se ha apartado totalmente del radio de amor y perdón, del amor y el perdón humanos, cuando alguien se ha vuelto a sí mismo incapaz de ser amado y perdonado por haber rechazado activamente no tanto una religión explícita y unas enseñanzas y prácticas morales, sino el sincero amor humano.

Para explicarlo concretamente: si un hijo, un hermano o una hermana de alguien a quien yo aprecio se aparta de la Iglesia en términos de práctica de la fe y la moral, en tanto tú continúes amando a esa persona y sosteniéndola en la unión y el perdón, él o ella estará tocando "el borde del manto", estará vinculado al Cuerpo de Cristo y perdonado por Dios, más allá de su relación oficial y externa con la Iglesia y la moral cristiana. Cuando tú lo tocas, Cristo lo está tocando. Cuando tú amas

---

[5] Aquí conviene una explicación: Es más fácil aceptar el hecho de que Dios puede ratificar nuestro perdón los unos a los otros, pero no es tan fácil aceptar que Dios ratificará nuestras protestas y nuestra falta de perdón. ¿Podemos mantener a alguien en su pecado del mismo modo como podemos perdonarlo? La respuesta, evidentemente, es negativa. La lógica de la gracia solamente funciona en una dirección. Puede ser exagerada en su generosidad, pero no puede ser rencorosa y arbitraria. Dios sólo ratifica lo que hacemos cuando actuamos como lo hizo Jesús. Pero éste es un tema muy complejo y contiene muchos campos minados. Podrá encontrarse un tratamiento más completo de la cuestión en "In exile", Ronald Rolheiser, *Our Power to Bind and Lose*, en *Western Catholic Reporter*, 13 de mayo, 1996 y *Catholic Herald*, 23 de abril, 1996.

a alguien, a menos que esa persona rechace activamente tu amor y tu perdón, él o ella son sostenidos en la salvación. Y esto es cierto aun más allá de la muerte. Si alguien cercano a ti muere en una situación que, al menos vista desde afuera, puede parecer que está apartada de la Iglesia visible y la moral cristiana, tu amor y perdón continuarán vinculando a esa persona con el Cuerpo de Cristo, y la continuarán perdonando, incluso después de muerta.

Un hombre totalmente indiferente a las cuestiones espirituales murió y fue al infierno. Sus amigos en la tierra se sintieron muy conmovidos por su pérdida. Su agente de negocios bajó hasta las puertas del infierno para ver si había alguna posibilidad de traerlo de vuelta. Pero aunque rogó que las puertas se le abrieran, las barras de hierro no cedieron. También fue su sacerdote, y argumentó: "En realidad no era un mal hombre, con un poco más de tiempo hubiera madurado. Por favor, déjenlo salir." Pero las puertas permanecieron cerradas, pese a todas sus palabras. Por último vino su madre. Ella no pidió que lo dejaran salir. De manera tranquila, y con un extraño tono de voz, le dijo a Satanás: "Déjame entrar." Inmediatamente las grandes puertas se abrieron, girando sobre sus bisagras. Porque el amor puede atravesar las puertas del infierno y, una vez adentro, redimir a los muertos.[6]

En la Encarnación, Dios toma sobre sí la carne humana, en Jesús, en la Eucaristía y en todos los que son sinceros en la fe. La increíble gracia, poder y misericordia que vinieron a nuestro mundo en Jesús todavía están ahí, potencialmente, en nuestro mundo, en nosotros, el cuerpo de Cristo. Nosotros podemos hacer lo que Jesús hizo; de hecho, eso es precisamente lo que se nos pide que hagamos.

---

[6] Levemente parafraseado a partir de un texto de G. K. Chesterton, *El hombre eterno.*

Ungiéndonos unos a otros para la muerte

En la película *Dead man walking (Mientras estés conmigo)* hay una escena especialmente fuerte. La Hermana Helen Prejean, la monja católica que está ayudando a prepararse para la muerte a un condenado a morir, mientras espera su ejecución, le dice que cuando lo aten a la silla y le inyecten una solución letal y le llegue el momento de morir, debería mirar su rostro: "De ese modo, la última cosa que verás en este mundo será la cara de alguien que te ama." Él lo hace y así muere en el amor y no en la amargura.

En los Evangelios hay un incidente en el cual una mujer que se llama María hace algo similar con Jesús. En Betania, pocos días antes de su muerte, unge sus pies con un perfume costoso y Jesús dice: "Me acaba de ungir para mi próxima muerte." Hay varios niveles de significado en estas palabras, pero, entre otras cosas, Jesús está diciendo: "En razón de esto me será más fácil no ceder ante la amargura, me será más fácil morir. Sabiendo que soy amado de esta manera me será más fácil dejar este mundo sin amargura en mi corazón." Esto es lo que significa recibir la unción.

En el catolicismo romano hay un sacramento que llamamos "la unción de los enfermos". Es una unción con aceite que cumple con lo que se reclama en las Escrituras cuando dice:

> *La oración de la fe salvará al enfermo, y el Señor hará que se levante, y si hubiera cometido pecados, le serán perdonados. Confesaos pues, mutuamente, vuestros pecados y orad los unos por los otros, para que seáis curados. La oración ferviente del justo tiene mucho poder" (St 5, 15-16).*

Un anciano de la iglesia es alguien con suficiente gracia y madurez como la Hermana Helen Prejean, y puede decirle a otra persona: "En tu amargura e ira, en tu enfermedad, mira mi rostro y verás la cara de alguien que te ama. Toma mi mano y resiste a la amargura. Perdona, abandónate y ten paz." Así, cualquiera de nosotros que visita a una persona enferma o moribunda, por más inadecuadas y tartamudas que sean nuestras palabras reales, unge a esa persona, tal como el sacerdote lo hace en el sacramento para los enfermos. Tocar la mano del enfermo o decirle palabras de afecto y consuelo a un moribundo, a su manera, es realizar lo mismo que hizo que aquella mujer de Betania por Jesús y lo que Helen Prejean hizo por Patrick Sonnier. Los unge para su inminente muerte. La Encarnación nos ha dado poderes increíbles.

Unas pocas palabras finales teniendo en cuenta algunas evidentes objeciones

1. Si esto es verdad, es demasiado bueno para creerlo

Hace algunos años escribí una serie de artículos sobre la Encarnación, donde sugería esencialmente lo que acabo de bosquejar aquí. Se produjo una avalancha de cartas y protestas. Muchos objetaban a partir de la siguiente tesis:

"¿Cómo puede usted decir que podemos perdonar los pecados y hacer todas estas cosas, cuando éstas son cosas que solamente Cristo puede hacer?" Esta objeción es correcta, salvo si tenemos en cuenta que la visión de la Encarnación que se propone aquí nunca dice que nosotros perdonamos los pecados, que nosotros atamos y desatamos, que nos curamos los unos a los otros, que nos ungimos entre nosotros. Es Cristo, obrando a través nuestro, quien hace todas estas cosas. El poder sigue siendo de Dios, no nuestro. Pero en la Encarnación Dios ha elegido, maravillosamente, dejar que su poder fluya a través de nosotros, que nuestra carne preste realidad a su poder.

Más extraña, sin embargo, fue una queja de un carácter totalmente distinto. Una buena cantidad de personas escribió a las distintas revistas que reprodujeron estos artículos expresando la siguiente objeción: "Esto no puede ser verdad, porque si lo fuera sería demasiado maravilloso para ser verdad." La respuesta sólo puede ser: ¡Qué descripción hermosa de la Encarnación! Es demasiado maravillosa para ser verdad. Es precisamente porque es increíble, porque es de una bondad inimaginable, que en nuestros villancicos cantamos: "¡Gozo al mundo! ¡Vino el Señor!" En el nacimiento de Jesús hay algo fundamental que cambió en el mundo. Dios nos ha dado, literalmente, el poder para mantenernos afuera del infierno.

2. ¿Dónde queda entonces el sacramento católico de la confesión?

Si nuestros pecados pueden ser perdonados simplemente tocando la comunidad y adelantándonos para la Eucaristía, ¿hay lugar, y queda necesidad o lugar, para una confesión explícita a un sacerdote, como se hace en el catolicismo? Esto concierne más a los católicos que a otros cristianos, pero es una pregunta importante. ¿Cuál es el lugar de una confesión explícita de nuestro pecado, de persona a persona?

Esta pregunta requeriría un tratamiento mucho más extenso del que podemos ofrecer aquí. Sin embargo, en este contexto por lo menos debiera decirse lo siguiente. Todo lo que hemos dicho anteriormente sobre el perdón de los pecados que se recibe al tocar el cuerpo de Cristo no denigra ni disminuye en absoluto la importancia de la confesión explícita. Si se lo entiende de manera correcta, hace todo lo contrario. Cuando uno se entiende a sí mismo como parte del cuerpo de Cristo y entiende que el contacto con la comunidad es tocar el cuerpo de Cristo, desaparece el individualismo racionalizante que precisamente nos tienta a no confesarnos nunca con otra persona, especialmente con un representante oficial de la Iglesia, y sentimos una necesidad urgente (que viene de más allá que cualquier ley eclesiástica) de confesar nuestros pecados. Pero lo que está en juego en la confesión explícita no es si Dios nos perdona o no.

En el más básico de los niveles no necesitamos la confesión explícita con un sacerdote para recibir el perdón de nuestros pecados. Ésta es una verdad inequívoca que las Escrituras enseñan, así como los Padres de la Iglesia y la teología cristiana de todo tipo, incluyendo la tradición dogmática (aun el Concilio de Trento y la teología y catecismo que surgieron de él), la tradición de la Iglesia y especialmente la práctica vivida de la fe.[7]

---

[7] Aquí se hace necesaria una explicación aclaratoria:

Muchos católicos objetarán, en este punto, a partir de la definición dogmática del Concilio de Trento, que no puede haber perdón de un pecado grave sin confesión privada a un sacerdote. Sin entrar en una discusión detallada, es necesario decir cuatro cosas:

I) Nadie puede enseñar con seriedad, en el nombre de Cristo, que Dios no perdona los pecados graves en este mundo a menos que la persona que los ha cometido los confiese a un ministro ordenado. En esta creencia hay elementos de legalismo, casualidad, suerte y una delimitación del poder y la misericordia de Dios que van directamente en contra de todo lo que Jesús sostuvo. También contradice todo lo que la tradición católica ha sostenido y por lo que ha vivido.

II) Trento no enseña dogmáticamente que no puede haber perdón de los pecados graves, excepto por medio de la confesión privada. Lo que sí define dogmáticamente, para los católicos, es la necesidad de la confesión privada. Esto no es lo mismo que decir que los pecados graves no pueden perdonarse excepto por medio de la confesión privada.

III) Además, Trento y la ulterior práctica católica afirmó que si uno comete un pecado grave está obligado a confesarse antes de poder recibir la santa comunión. Sin embargo, inmediatamente después pasa a calificar esta declaración definiendo que la obligación de confesarse antes de la comunión no es una obligación radical sino que tiene un carácter existencial. Así, por ejemplo, enseña que si alguien vive en un lugar donde el sacerdote pudiera reconocerlo y el hecho de escuchar de usted algo que, sea por la razón que fuera, sea un detrimento para él, puede esperar a confesarse con otro sacerdote... y en el ínterin puede participar en la comunión. En esencia, sin decir en absoluto que la confesión no es necesaria, se permite que transcurra un cierto tiempo entre el contacto esencial con Dios y el intercambio verbal explícito (tal como sucedió con la mujer que había tocado el ruedo de la túnica de Jesús y con los millones y millones de personas cuya madurez está desarrollándose y que necesitan tiempo para poder pedir disculpas de manera explícita).

IV) Por último, todo esto señala hacia una antigua pregunta: ¿Significa esto que uno puede ir a comulgar con un pecado mortal en el alma? Otra vez más, este tema requeriría un tratamiento extenso, pero, dentro de este contexto, se

El sacramento esencial de la reconciliación siempre ha sido la sinceridad y el arrepentimiento cuando uno se acerca a la Eucaristía. Pero eso no quiere decir que la confesión sea innecesaria o carezca de importancia.

En la historia de la mujer que toca el borde de la túnica de Jesús hay dos momentos en el proceso de la sanación: el toque y el diálogo explícito. La confesión a un sacerdote y el perdón que se recibe por simplemente tocar a la comunidad están relacionados con el perdón de la misma manera que el diálogo explícito de la mujer con Jesús y su acción de tocarle el borde de su túnica. El diálogo verbal completa algo muy importante y forma parte de nuestro movimiento orgánico hacia la reconciliación plena, la paz y la madurez. La confesión explícita es al sacramento de la reconciliación lo mismo que una apología explícita es a la sanación. Las acciones hablan con más fuerza que las palabras y la reconciliación esencial se realiza por medio de una acción. Pero en ciertos momentos las palabras se vuelven muy importantes. Las personas maduras piden disculpas de manera explícita y pedir disculpas nos hace madurar. Además, como cualquiera que haya sido ofendido puede decirlo, hay algo que no está completo hasta producirse una confesión explícita, un reconocimiento de haber obrado mal que no se racionaliza. Cualquiera que conozca de cerca la curación de las adicciones, que comprenda cómo funcionan los programas terapéuticos,

---

rá necesario establecer los siguientes puntos: Ir a la iglesia y pasar a recibir la comunión no son afirmaciones morales. Nunca se plantea la cuestión de ser o no ser dignos. Cristo vino para salvar a los pecadores. Cuando estamos en pecado, cualquier clase de pecado, es cuando más necesitamos tocar a Dios. Hay más que una insinuación de herejía (donatismo y jansenismo) en quien se preocupa demasiado de que alguien indigno reciba el Cuerpo de Cristo. Demasiado énfasis en la dignidad, además, crea una situación religiosa peligrosísima (tal como lo entendemos hoy), es decir, invariablemente cuando más necesitamos a Dios y a la Iglesia, cuando estamos perturbados y confundidos, nos mantenemos lejos, para poder primero, por nuestra exclusiva cuenta, ordenar nuestra vida y recién entonces volver a la iglesia y a la Eucaristía, completamente limpios. Es como hacer la limpieza y después proceder a llamar a los limpiadores. En el caso del escándalo, por supuesto, hay una dimensión adicional y el caso debe tratarse de manera diferente.

puede decirle que hasta que uno es capaz de enfrentar, con una honestidad total, las propias faltas, y es capaz de confesarlas, cara a cara, a otro ser humano, no hay salud ni paz. Si uno cree que puede quedar esencialmente reconciliado tocando la comunidad de la fe, esto no disminuye la necesidad de una confesión privada. Empieza un proceso que, cuando llega a su total madurez, le hará ver a uno, como lo vio la mujer que tocó el borde de la túnica de Jesús, que ahora es de importancia crítica que haya un encuentro personal profundo, cara a cara.

Para entender la guía

¿Cuál es la diferencia cuando buscamos ser guiados por Dios, entre un cristiano y simplemente un teísta? La conversión de san Pablo al cristianismo es muy reveladora a este respecto, como lo es con respecto a la Encarnación en general. En los Hechos de los Apóstoles la conversión de san Pablo se describe de la siguiente manera (9, 1-19):

Pablo (en ese entonces llamado Saulo) ya era un creyente sincero y piadoso, un teísta. Era tan ferviente en su fe, que se dedicaba a perseguir a los cristianos, creyendo que éstos se habían apartado del verdadero camino de la fe. Un día, sin embargo, está en el camino a Damasco para arrestar a algunos cristianos que había en esa ciudad, cuando una luz del cielo, como un rayo, lo tumba en el suelo. Entonces escucha una voz que le dice: "Saulo, Saulo, ¿por qué me persigues?" Es curioso. Saulo nunca ha visto a Jesús, pero sin embargo se lo acusa de perseguirlo. Pablo responde: "¿Quién eres?" Y escucha la respuesta: "Soy Jesús, a quien tú persigues." Nótese cómo la persona del Jesús histórico y el cuerpo de los creyentes se identifican como una sola y misma entidad.

Pablo se siente tocado en su corazón y allí, en ese mismo lugar, entrega su vida a Cristo. Pero inmediatamente recibe su primera lección en cuanto a las implicancias de su acto. En vez de recibir una directiva clara desde el Cielo sobre a dónde debe ir y qué debe hacer, se lo invita a dejarse guiar de la mano y ser llevado a Damasco, donde la comunidad cristiana le dirá lo que tiene que hacer. Como cristiano debe ser guiado no solamente por Dios en el cielo sino por la comunidad, aquí abajo.

Como cristianos buscamos que nos guíen "a través de Cristo". Sin embargo, al decir "Cristo" se hace referencia tanto al Jesús histórico, ahora exaltado en los Cielos, como al cuerpo de los creyentes, concreto, aquí en la Tierra. Cuando buscamos guía y orientación en término de discernimiento y decisiones, necesitamos no mirar solamente a Dios, en el Cielo, sino a también a lo que nos señala el cuerpo de Cristo en la Tierra, a saber nuestras familias, nuestros amigos, nuestras iglesias y comunidades.

Para dar solamente un ejemplo: Pasé varios años como director espiritual de seminaristas. Muy a menudo se me acercaba algún joven, que luchaba con su decisión de si debía recibir la ordenación o abandonar el seminario. Invariablemente, al intentar discernir esto, él quería apoyarse exclusivamente en alguna moción interior, venida como respuesta a su oración personal y su reflexión privada. Rara vez estaba dispuesto a escuchar la evaluación de la comunidad del seminario y de las personas a quienes, en varias situaciones, él había servido como seminarista. Dicho de manera algo burda, quería discernir, como en una tesis, "¿Qué quiere Dios en el Cielo que yo haga?", sin hacer lo que se le indicó a Pablo que hiciera: permitir ser llevado de la mano por otros seres humanos y permitir que ellos tuvieran lo suyo para decir en el asunto.

Juan de la Cruz en cierta oportunidad dijo que el lenguaje de Dios es la experiencia que Dios escribe en nuestras vidas.[8] Éste es un buen comentario sobre la encarnación. Dios no nos habla en sesiones espiritistas y las cosas más importantes que Dios quiere decirnos no se nos presentan en visiones místi-

---

[8] Juan de la Cruz, *Llama de amor viva*, comentario a la primera estrofa, número 7.

cas extraordinarias. El Dios de la Encarnación tiene una carne real en la tierra y nos habla en las cosas más concretas y cotidianas de nuestras vidas, cosas que tienen piel: nuestras circunstancias históricas, nuestras familias, nuestros vecinos, nuestras iglesias y el amigo psicótico al borde de la locura que dolorosamente nos recuerda que no somos Dios. Cuando buscamos la guía de Dios, estas voces terrenales deben complementar la voz que nos viene del Cielo.

Para comprender la comunidad

El hecho de que Dios tenga carne humana tiene algunas consecuencias bien concretas con respecto a la espiritualidad y la comunidad. La espiritualidad, por lo menos la espiritualidad cristiana, siempre es algo que no se puede hacer solo. La comunidad es una parte constitutiva de la verdadera esencia del cristianismo y por lo tanto de la espiritualidad. Dios nos llama a caminar en el apostolado no solos sino en un grupo. Una vez más, hay un texto de la Escritura que basta para enseñarnos esto.

En cada uno de los cuatro Evangelios hay un cierto esquema. La predicación de Jesús al principio enciende una gran popularidad. La gente viene en multitudes a escucharlo, lo idolatran, quieren hacerlo su rey. Pero luego algo pasa; se filtra una forma diferente de entender su mensaje y su popularidad degenera y se corta, hasta el punto que la gente quiere matarlo. Y finalmente lo hace. El Evangelio de Juan ofrece una razón muy reveladora para explicar porqué las masas se desilusionan con Jesús y llegan a odiarlo. ¿Cómo es que sucede esto, según Juan lo describe? (6, 41-71).

En el Evangelio de Juan Jesús alcanza la cumbre de su popularidad inmediatamente después de la multiplicación de los panes y los peces. En ese punto debe huir de las multitudes porque querían hacerlo su rey. Sin embargo, después de esto empieza a explicar con mayor claridad el significado de sus palabras, cuando habla por ejemplo del "pan de vida", y eso es lo que empieza a crearle problemas. Les dice a las multitudes: "Verdaderamente os digo, si no coméis la carne del hijo del hombre y bebéis su sangre, no tendréis vida en vosotros" (6, 53). La reacción es sorprendente. Después de esto prácticamente todos lo abandonan, diciendo: "Éste es un lenguaje intolerable. ¿Cómo puede alguien aceptarlo?" (6, 60).

¿Qué fue lo que Jesús dijo que fue tan duro y cortante que quienes habían querido hacerlo rey ahora querían matarlo? ¿Cómo se convierte uno de figura popular en persona no grata a partir de una homilía? La respuesta es: Enseñando, tal como lo hizo Jesús, que "a menos que comáis mi cuerpo y bebáis mi sangre, no tendréis vida en vosotros". ¿Qué quiere decir esto?

Han habido acalorados debates sobre esta línea. Algunos exégetas comentaron que los que escucharon a Jesús se sintieron espantados por la idea de canibalismo. Cualquiera rechazaría la sugerencia de que tendrá que comer, literalmente, carne humana. Otros han encontrado en este texto una referencia a la Eucaristía y sugieren que la gente experimentó rechazo por la idea de que Jesús está presente de manera física, en carne y sangre, en los elementos de la Eucaristía, y que recibirla es, de manera literal, comer su carne.

Ambas interpretaciones pierden de vista el significado de la enseñanza. Solamente son correctas cuando suponen que el tema, aquí, es el cuerpo físico de Cristo. Sin embargo, no se trata de canibalismo ni de la recepción de la hostia consagrada de la Eucaristía. Lo que divide el trigo de la paja no es la capacidad o la incapacidad para avanzar hacia el altar y recibir la santa comunión. El desafío de Jesús en este pasaje es de una exigencia infinitamente mayor. ¿Cuál es?

La clave para entender el pedido de Jesús está en las palabras que Él elige. Usa la palabra *sarx* para referirse a su cuerpo. Es una elección sorprendente de vocabulario. El Nuevo Testamento, en su original griego, usa dos palabras que significan "cuerpo", es decir, la totalidad de la persona humana. Estas dos palabras son *sarx* y *soma*. *Soma* hace referencia a la persona humana en la medida en que ésta es buena o neutral. Así, por ejemplo, si la canción tradicional escocesa ("Si alguien se encuentra con alguien al atravesar el río") tuviera que cantarse en griego, se diría "Si un *soma* se encuentra con un *soma*..." *Sarx*, por su parte, siempre se refiere al cuerpo humano de manera peyorativa, negativa. Se refiere a la persona humana en la medida en que hay algo desfavorable en ella. Así, por ejemplo, soy *sarx* en la medida que me enfermo, mi cuerpo produce olores desagradables, peco o muero. Pero soy *soma* cuando tengo salud, soy atractivo, hago cosas virtuosas o resucito.

Dado este trasfondo y el hecho de que el cuerpo de Cristo significa no solamente la persona del Jesús histórico y la presencia real de Dios en la Eucaristía, sino también el concreto e histórico cuerpo de los creyentes en la tierra, podemos ver con más claridad algo de lo que Jesús quiso decir con estas palabras y por qué éstas son tan fuertes y producen una división. Al usar *sarx* Jesús habla de su cuerpo precisamente en la medida que no es simplemente su cuerpo sin pecado, glorificado y en el cielo, ni simplemente una blanca hostia en la iglesia. Se nos pide que "comamos" esa otra parte de su cuerpo, la comunidad, el cuerpo de los creyentes aquí en la tierra, con todas sus fallas y limitaciones.

En esencia Jesús está diciendo: No puedes relacionarte con un Dios perfecto, puro amor, que lo perdona todo y lo comprende todo, en el Cielo, si no eres capaz de relacionarte con una comunidad menos que perfecta, menos que capaz de perdonarlo todo, menos que comprensiva, aquí en la tierra. No puedes pretender estar en relación con un Dios invisible si te niegas a relacionarte con una familia visible. La enseñanza de esta verdad puede arruinar muy rápidamente la popularidad de cualquiera. La gente encontrará que habla un "lenguaje intolerable". Hoy encontraría la misma resistencia que entonces.

Para concretar esto de alguna manera imaginemos un ejemplo: te unes a una nueva comunidad parroquial. Al principio, al conocer por primera vez a toda esa gente, encuentras que es una buena comunidad y que te gusta. Tan bien impresionado estás que te comprometes para trabajar en el consejo parroquial y en el coro. Con el tiempo, sin embargo, cuando empiezas a conocer a algunos de manera más profunda, se instala en ti una cierta desilusión. Descubres que tu párroco es culpable de algunas faltas serias, que el consejo parroquial puede tener una mentalidad cerrada y estrecha y que la comunidad puede absorberse demasiado en sí misma y llegar a ser incapaz de responder a las necesidades de los que no pertenecen a su grupo. Una noche, en una reunión del consejo parroquial, todo esto hace crisis cuando alguien te acusa de ser arrogante y de querer escalar posiciones. Cuando la reunión termina, mientras vuelves a tu casa, te dices: "Esto es intolerable. No tengo por qué soportar esto. Voy a salirme de aquí."

Te has apartado de la *sarx,* porque así es como siempre será el cuerpo concreto de Cristo en la Tierra. Al decir: "¡No tengo por qué soportar esto!" estás actuando contra la enseñanza de Cristo, porque a eso, precisamente, hacía referencia: "A menos que comáis mi carne no tendréis vida en vosotros." Jesús, por lo menos en el Evangelio de Juan, lo dice de manera bien clara. No podemos saltar por encima de una familia en la Tierra, con todos sus defectos, para intentar relacionarnos con un Dios perfecto en el Cielo. La comunidad concreta es un elemento no negociable en la búsqueda espiritual precisamente porque somos cristianos y no simplemente teístas. Dios no está solamente en el Cielo, Dios también está en la Tierra.

Esto tiene muchas consecuencias de largo alcance. Entre otras cosas, pone al descubierto una concepción popular equivocada (una herejía viral) que influye de manera muy negativa en el pensamiento popular en nuestros días. Es un malentendido que tiene diferentes expresiones, pero puede resumirse en una frase muy sencilla: "Yo soy un buen cristiano, un siervo de Dios sincero, pero no necesito a la Iglesia. Puedo orar perfectamente bien en mi casa." Puede ser que esto sea cierto si eres, precisamente, un teísta. Pero nunca será cierto para un cristiano (ni para alguien que esté dentro del judaísmo). Una parte importante de la esencia misma del cristianismo es estar integrado en una comunidad concreta, con todas las faltas humanas reales que tenga y con todas las tensiones que eso pueda provocar en nosotros. Para un cristiano la espiritualidad nunca puede ser una búsqueda individualista, la búsqueda de Dios aparte de una comunidad, una familia, una iglesia. El Dios de la Encarnación nos dice que cualquiera que dice amar a un Dios invisible en el Cielo pero no está dispuesto a tratar con una comunidad visible en la Tierra es un mentiroso, porque nadie puede amar a un Dios al que no puede ver si no es capaz de amar a un prójimo al que sí puede ver (1 Juan 4, 20). Por lo tanto, la espiritualidad cristiana siempre tiene que ver tanto con el trato entre nosotros como con el trato con Dios.

Para comprender la experiencia religiosa

También hay una diferencia fundamental entre un teísta y un cristiano en la manera como cada uno busca activamente a Dios y entiende la experiencia religiosa. Permítaseme ilustrar este punto con un ejemplo.

Hace algunos años asistía a un seminario sobre la oración. La mujer que conducía el seminario, una experta en métodos orientales de oración, explicaba distintas formas de meditación y, en un momento, compartió con nosotros una experiencia de su propia vida de oración. Describió cómo ella, usando un método particular que consiste en sentarse en silencio durante dos horas diarias, tuvo algunas experiencias de Dios muy conmovedoras. Durante el período de preguntas yo le pregunté cómo podían compararse esas experiencias que había tenido con su experiencia ordinaria de todos los días, su participación en conversaciones, tareas y comidas con su familia. "No hay comparación", respondió. "Estar con mi familia y comer con ellos es, en la mayoría de los casos, una buena experiencia humana. Pero no es religiosa. Es simplemente humana. En la meditación he tenido verdaderas experiencias *religiosas.*"

Un cristiano debe ser al mismo tiempo tan pagano y encarnado como para discutir esta respuesta. Sin relegar la importancia de la oración y la meditación personal (de las cuales la mayoría de nosotros necesita una práctica más intensa), lo que debe desafiarse aquí, si uno es cristiano, es la perspectiva teísta, antes que la encarnada. El Dios que se ha encarnado en la carne humana se encuentra, en primer lugar y sobre todo, no en la meditación y en los monasterios, aunque allí se encuentre a Dios, sin duda, sino en nuestros hogares. Como lo dice Niko Kazantzakis: "Dondequiera que usted se encuentre con un esposo y una esposa, allí es donde se encuentra a Dios, dondequiera haya niños y pequeñas obligaciones, la tarea de cocinar, las discusiones y la reconciliación, allí es donde también está Dios."[9] *El Dios de la Encarnación es más doméstico que monástico.*

"Dios es amor y el que mora en el amor mora en Dios" (1 Juan 4, 7-16). Cuando las Escrituras afirman esto, el amor del que hablan no es tanto el amor romántico sino el decurso de la vida en una familia. Dios no es "enamorarse", sino la familia, la existencia compartida. El Dios de la Encarnación vive en una familia, una trinidad, una comunidad de existencia compartida. Por ello, decir que Dios es amor equivale a decir que Dios es comunidad, familia, existencia compartida, y cualquiera que comparta su existencia dentro de una familia o una comunidad experimenta a Dios y posee la mismísima vida divina que fluye en Él.

Si esto es verdad —y lo es—, hay mucho que debería cambiar en la forma como buscamos experimentar a Dios. Si Dios está encarnado en la vida cotidiana, entonces deberíamos buscar a Dios, antes que nada, dentro de la vida cotidiana. De-

---

9 Niko Kazantzakis, *La última tentación de Cristo,* Buenos Aires, Lohlé-Lumen.

masiado a menudo, aunque sepamos todo esto, seguimos buscando a Dios en lo extraordinario.

Para dar algunos ejemplos: ¿por qué vamos de peregrinación a lugares santos en vez de sentarnos, descalzos, y sentir la santidad de la tierra sobre la que caminamos? ¿Por qué vamos a lugares como Lourdes y Fátima, para ver el lugar donde la Bendita Virgen puede haber llorado, y no vemos las lágrimas en los ojos de la persona que tenemos enfrente, sentada a la mesa familiar donde comemos todos los días? ¿Por qué una persona como el Padre Pío, que llevó las heridas de Jesús en sus manos y pies, nos hace estremecer, pero somos incapaces de ver las heridas de Cristo en el rostro de las personas emocionalmente necesitadas, a quienes tanto tratamos de evitar? No hay nada malo en los peregrinajes, en los santuarios marianos y en el Padre Pío, pero no es a través de éstos como Dios nos dice las cosas más importantes. Un amigo mío me contó que solía jugar golf con un cristiano evangélico muy sincero y entusiasta, que siempre estaba pidiéndole a Dios que le diera una visión. Un día mi amigo le dijo: "¿Quieres ver una visión? Levántate mañana muy temprano y mira cómo sale el sol. Ésa es una de las mejores cosas que Dios hace."

Ésta es una perspectiva cristiana sobre la experiencia religiosa. El Dios que es amor y familia, que nació en un pesebre, es un Dios a quien se lo encuentra ante todo en nuestros hogares, en nuestras familias, sentado a nuestras mesas, en las salidas de sol, en nuestras alegrías y en nuestras discusiones. Formar parte del flujo normal de la vida, dando y recibiendo, por más imperfecto y doloroso que pueda ser a veces en cualquier relación, es tener la vida de Dios que fluye a través de nosotros. La espiritualidad cristiana no tiene tanto que ver con admirar a Dios, ni siquiera con tratar de imitarlo, sino que tiene que ver con soportar a Dios y participar, tomando nuestro lugar en el tomar y dar cotidiano de la vida de relaciones, en el flujo de la vida de Dios. El Dios que se hizo carne para que los sentidos pudieran experimentarlo todavía tiene carne y se lo experimenta primordialmente, a través de los sentidos ordinarios.

Para entender la misión

Hace algunos años un periódico cristiano publicó el lamento de una mujer que, con algo de amargura, explicaba por qué no creía en Dios. En su explicación no menciona nunca el dogma, la moral o la autoridad eclesiástica.

Para ella la credibilidad de Dios y de Cristo dependía de otra cosa: los rostros de los cristianos. Su queja decía más o menos o siguiente:

No me vengan a hablar de Dios, ni vengan a mi puerta con panfletos religiosos, ni me pregunten si me deseo salvar. El infierno no es una amenaza tan dura como la realidad brutal de mi propia vida. Y no me hablen de la Iglesia. ¿Qué sabe el cristiano de mi desesperación, defendido detrás de sus ventanas con vitrales, de la gente como yo? Una vez busqué el arrepentimiento y la comunidad dentro de las paredes de la Iglesia, pero vi a vuestro Dios reflejado en vuestras caras cuando volvíais vuestros rostros a la gente como yo. Nunca se me perdonó. El amor sanador que yo buscaba estaba guardado en un lugar muy seguro, reservado para los que eran de su propia clase. Apártense de mí, entonces, y no me hablen más de Dios. He visto a vuestro Dios tal como se manifiesta en vosotros y es un Dios sin compasión. Mientras vuestro Dios reserve el calor del toque humano lejos de mí, seguiré siendo incrédula.[10]

La última cosa que Jesús nos pidió antes de ascender al Cielo fue que fuéramos a todos los pueblos y a todas las naciones y predicáramos su presencia (Mt 28, 20-30). Sin embargo, esto debe entenderse de una manera encarnada, no teísta. El desafío no es, como lo dice con toda claridad la mujer que hemos

---

[10] El texto es una versión del escrito de Marie Livingston Roy, en *Alive Now*, 1975, p. 44.

citado, entregar nuestra folletería religiosa, establecer redes de televisión religiosa para dar a conocer a Jesús, o ni siquiera de intentar a bautizar en la fe cristiana a todos los hombres. El desafío es irradiar la compasión y el amor de Dios, tal como se manifiestan en Jesús, en nuestros rostros y en nuestras oraciones.

Cuando Dios llamó a los grandes profetas de Israel, solía iniciarlos por medio de un ritual muy interesante. Se les pedía que literalmente comieran el rollo de la Ley, que comieran sus Escrituras (Ez 3, 1-3). ¡Qué simbolismo poderoso! La idea era que digirieran la palabra y la convirtieran en su propia carne, para que la gente pudiera ver la ley de Dios en un cuerpo vivo antes que en un pergamino muerto. La tarea de llevar a Dios a otros no consiste en regalar una Biblia o un libro religioso, sino en transubstanciar a Dios, del mismo modo como hacemos con los alimentos que comemos. Tenemos que digerir algo y convertirlo, físicamente, en carne de nuestros cuerpos, para que esta carne de nuestros cuerpos sea parte de lo que otros ven de nosotros. Si hiciéramos esto con la Palabra de Dios, los otros no tendrían que leer la Biblia para ver cómo es Dios, solamente necesitarían mirar nuestros rostros y nuestras vidas para ver a Dios.

Jean Paul Sartre, aunque provenía de una perspectiva atea, aporta aquí una visión valiosa. En cierta oportunidad sugirió que los seres humanos creamos nuestras propias caras. Para Sartre nacemos sin una cara, por lo menos sin una cara que diga gran cosa de nosotros. Cuando nace un bebe hay tres cosas que caracterizan su rostro: Primero, su cara manifiesta muy poca individualidad. Pese a lo que las madres puedan decir, todos los bebés se parecen mucho entre sí. En segundo lugar, el rostro de un niño dice muy poco sobre su personalidad. Al mirar el rostro de un niño uno recibe muy pocos indicios del tipo de carácter que tiene y desarrollará en su vida. Por último, en el rostro de un bebe la belleza es una característica casi totalmente genética. Un bebé es lindo o no dependiendo casi totalmente de su dotación genética.

Todo esto vale para el bebe cuando es recién nacido. Pero con cada hora, día y año de su vida, va cambiando y, según Sartre, a los cuarenta años la persona ha desarrollado las líneas esenciales de su rostro. A los cuarenta años tenemos una cara. A esa edad somos diferentes de cualquier otra persona en el mundo (aunque tengamos un mellizo idéntico a nosotros) y nuestro rostro tiene mucho para decir sobre nosotros. Nuestra belleza física ha empezado a mezclarse con nuestra belleza como personas de manera que ya no se nos juzga como bellos o desagradables tanto por nuestro aspecto físico como por nuestras características personales. Después de los cuarenta años nuestros rostros manifiestan una individualidad, un carácter y una belleza más allá de los genes.

Lo que es importante sobre todo esto es cuáles son las cosas que hacen la forma de nuestros rostros. Hasta los cuarenta años la dotación genética es dominante y es por eso que, hasta esa edad, podemos ser egoístas y sin embargo tener un aspecto atractivo. Después de esa edad empezamos a parecernos a aquellas cosas en las que creemos. Si soy una persona ansiosa, egoísta, amargada, estrecha o si estoy centrado en mí mismo, mi rostro empieza a mostrarlo. De manera opuesta, si soy cálido, lleno de gracia, humilde y centrado en los demás mi rostro también lo pondrá de manifiesto. Es como para temerlo: después de los cuarenta ya no se puede poner "cara de póker".

Nuestra misión, como personas de fe, es precisamente conformar nuestros rostros de la manera correcta. La Palabra ha empezado a hacerse carne y necesita seguir haciéndose carne, porque Dios debe ahora transubstanciarse, no solamente en el pan de la Eucaristía sino, y esto es aún más importante, en rostros humanos. Jesús enseñó que el Reino de Dios obra como la levadura. Se nos pide que permitamos que las cosas que Él enseñó nos transformen, desde adentro, como la levadura transforma la masa y como el verano transforma un árbol. Nuestra digestión de la Palabra de Dios debe conferirnos un aspecto físicamente diferente (Mc 13, 28). Nuestra primera tarea al anunciar el Evangelio es silenciosa. Debemos transubstanciar a Dios para darle un rostro humano a la compasión y el perdón divinos. Muy pocas veces necesitaremos predicar usando palabras.

Para comprender cómo seguimos en contacto con nuestros seres amados después de sus muertes

Por último, hay una enorme diferencia entre la forma como alguien que es solamente teísta y alguien que también es cristiano entiende el contacto y la intimidad con nuestros seres queridos después de su muerte. Tanto los teístas como los cristianos creemos en la vida después de la muerte y ambos, también, creemos que puede haber un rico contacto e intimidad entre nosotros, en la tierra, y nuestros seres queridos fallecidos. Sin embargo, si uno acepta la Encarnación, hay una espiritualidad diferente con respecto a la forma como se efectúa este contacto.

Para un teísta, en la mejor de sus posibilidades, se sobrentiende que este contacto se establece de manera mística, de alma a alma, por medio de una cierta presencia imaginativa (aunque real) del ser amado en nuestro interior. El cristiano no objeta esto, pero puede ir más allá. ¿Cómo establece el cristiano este contacto, este amor, esta comunicación, en una verdadera comunidad de vida con su o sus seres amados después que éstos han muerto? ¿Cómo encontramos a nuestros seres amados después que la muerte nos ha separado de ellos? A través de su palabra hecha carne. Dando una expresión concreta en nuestras vidas a aquellas virtudes y cualidades que ellos encarnaron mejor. ¿Cómo funciona esto?

Todo esto nos lo explicó Jesús en su resurrección. El domingo de Pascua por la mañana María Magdalena fue a la tumba de Jesús esperando poder ungir su cuerpo con especies. Se enfrentó, sin embargo, con una tumba vacía y con un ángel que le dijo: "¿Por qué buscan entre los muertos al que está vivo?" (Lc 24, 5). ¿Palabras curiosas? En realidad no. En efecto, el ángel le dijo que los cementerios no son el lugar donde uno normalmente encuentra a la gente que ha salido de este mundo pero están vivos de un modo nuevo. A los que han muerto no los encontramos en sus tumbas, por más valioso que sea visitar las tumbas de las personas que amamos. Hay ángeles invisibles que están sentados ahí, en las tumbas de nuestros seres queridos, y nos devuelven a la vida para buscarlos en otros lugares. Del mismo modo como María Magdalena no encontró a Jesús en su tumba, nosotros tampoco encontraremos allí a nuestros seres queridos. ¿Dónde los encontraremos? Encontraremos a aquellos que ya no podemos tocar cuando nos ponemos en situaciones donde sus almas alguna vez florecieron. Nuestros seres amados viven donde siempre vivieron y es allí donde los encontraremos. ¿Qué significa esto? Dicho de manera sencilla, encontraremos a nuestros muertos amados entrando en la vida, en términos de amor y fe, de la manera que para ellos era más característica. Establecemos contacto con ellos y nos relacionamos con ellos cuando, en nuestras propias vidas, conformamos las riquezas infinitas de la vida y la compasión de Dios del mismo modo como ellos lo hicieron, cuando entramos a la vida tal como ellos lo hicieron.

Permítaseme intentar ilustrar esto con un ejemplo. Mis padres murieron hace más de veinte años. A veces visito sus tumbas. Es una buena experiencia. Al hacerlo encuentro un fundamento firme, unas raíces profundas que me ayudan a encontrar mi propio centro. Pero éste no es mi contacto real con ellos. No. Los encuentro entre los vivos. Los encuentro cuando, en mi propia vida, experimento aquellas cosas que eran más característicamente distintivas de ellos en términos de su amor, su fe y su virtud. Así, por ejemplo, mi madre era una persona nada egoísta, generosa hasta el exceso, que daba todo lo que tenía a otros. Cuando soy generoso y me entrego como ella lo hizo, encuentro a mi madre. Se vuelve presente, está muy viva. En esos momentos no siento que está muerta. Y lo mismo sucede con mi padre. Su gran cualidad era su integridad moral, un cierto empecinamiento en la fe que era único, y una insistencia sin compromisos en que uno no debería ceder ni en el más pequeño de los cuestionamientos morales. Cuando puedo ser hijo suyo en estas cosas, cuando puedo enfrentar las pequeñas y las grandes tentaciones de mi vida, mi padre está presente, vivo, conectado conmigo, en una comunidad vital de experiencia.

De manera mucho menos feliz, aunque del mismo modo verdadero, lo contrario también sucede: en aquellos momentos cuando soy egoísta, cuando no puedo entregarme en sacrificio, mi madre está más ausente, más muerta para mí. Y lo mismo sucede con mi padre. Cuando acepto algo moralmente dudoso, por más pequeño que sea, mi padre no está tan vivo para mí. Se retira, como la marea. Entonces no me ayuda el visitar sus tumbas, porque en esos momentos yo mismo estoy viviendo entre los muertos. Si los llamo en mi oración, la única respuesta que recibo proviene del ángel de la resurrección que me dice, de manera suave, lo que le dijo a María Magdalena: "¿Por qué buscas entre los muertos a quienes están vivos?"

Cada persona buena da forma a la vida infinita y a la compasión de Dios de una manera única. Cuando la persona muere, debemos buscarla entre los vivos. De este modo, si queremos recuperar la presencia de un ser amado, debemos buscarla en aquello que era más característicamente suyo en términos de amor, fe y virtud. Si tu madre tenía el don de la hospitalidad, la encontrarás siendo hospitalario, si un amigo tenía una pasión por la justicia, lo encontrarás cuando te entregas a la búsqueda de la justicia; si una tía tenía un gran amor por la vida, le gustaba reunirse con la familia, comer con ella y reír en su casa, la encontrarás cuando tengas su mismo amor por la vida, comas con tu familia y en tu casa se escuchen risas.

De ese modo, el cristiano busca a sus seres amados que han muerto. Los teístas visitan las tumbas (y los cristianos también lo hacen, porque también somos teístas) pero, dada la realidad de la Encarnación, dado que somos parte de la verdad que se hace carne, como cristianos buscamos a nuestros muertos fuera de los cementerios, entre los vivos: en la mesa, en los bares, en nuestros lugares de trabajo y en todas las decisiones, grandes y pequeñas, que debemos tomar todos los días.

El corazón de la espiritualidad para un cristiano

En el prefacio de su libro sobre Jesús, John Shea hace el siguiente comentario:

> *Cuando se ha dicho la última sílaba de la última palabra sobre Jesús, un hombre pequeño, bajito, con poco cabello en la cabeza, dirá: "Un momento. Yo...". Después de dos mil años la gente todavía viaja para encontrarse con Jesús. Traen un ego muy inflado y la cicatriz del año pasado, una esperanza con exiguos fundamentos, varios temores que los debilitan, un gozo injustificado y un corazón vacilante. Le preguntan a Jesús qué deben hacer con todas estas cosas. Nos hemos dado cuenta, aunque de manera gradual, del gancho que hay en la promesa de Jesús: "Estaré con vosotros todos los días, hasta el fin del mundo." Esto no sólo significa que no se irá sino que no podremos librarnos de Él. Sigue haciendo rodar la piedra a la entrada de las cuevas donde lo sepultamos.[11]*

Mientras luchamos para canalizar nuestro eros, para encontrar las disciplinas espirituales que pueden traernos vida,

---

[11] John Shea, *The Challenge of Jesus*, Chicago, Thomas More, 1976, p. 11.   *141*

página

necesitamos llevar a Jesús nuestros egos y nuestras cicatrices, nuestras esperanzas y nuestros temores, nuestros gozos y nuestras vacilaciones, para ver qué hace Él con ellos. Pero la espiritualidad cristiana es aún más que esto. La energía intensa de Dios que nos quema adentro llegará a su madurez, a la creatividad y a la calma cuando demos a nuestras vidas y nuestros cuerpos la forma que Jesús dio a su vida. De ese modo lo ayudamos a llevar adelante la Encarnación. La espiritualidad, como ya lo hemos dicho, no es una ley que debe obedecerse sino una presencia que debemos captar, soportar y a la que debemos hacer carne.

142

Ronald Rolheiser

Parte 4.

Algunas espiritualidades clave dentro de la Espiritualidad

Aquello por lo que elegimos luchar ¡es tan pequeño!
Aquello que pelea con nosotros ¡es tan grande!
Si sólo pudiéramos dejarnos dominar
como ocurre con las cosas en una tormenta inmensa,
también nos volveríamos fuertes y no necesitaríamos nombres.

Cuando ganamos es con cosas pequeñas
y el triunfo mismo nos hace pequeños.
Aquello que es extraordinario y eterno
no quiere que nosotros lo doblemos...

Es así como uno crece; siendo derrotado, decisivamente
por seres constantemente mayores.

Rainer María Rilke[1]

La más íntima de todas las conversaciones es la conversación sobre Dios.

Etty Hillesum[2]

---

[1] "El que mira."

[2] *Interrupted Life. The Diaries of Etty Hillesum*, Nueva York, 1941, 1943, p. 218.

Cristo es un ser extraordinario con labios de trueno
y acciones de una decisión tajante, que derriba mesas,
arroja demonios y pasa con el salvaje secreto del viento
desde el aislamiento de la montaña a una temible demagogia.

G. K. Chesterton[3]

No es la felicidad lo que nos hace sentir agradecidos. Es la gratitud lo que
nos alegra.

David Steindl-Rast[4]

Dios es evidente por sí mismo, pero para nosotros no es evidente qué significa ser Dios.

Tomás de Aquino[5]

Estar perdidos también es un lugar.

Christina Crawford[6]

---

[3] G. K. Chesterton, *Ortodoxia,* Buenos Aires, Espasa Calpe, 1946.

[4] David Stiendl-Rast, *A Listening Heart,* Nueva York, Crossroads, 1983, p. 12.

[5] Tomás de Aquino, *Summa Theologiae*, 1, 2, 1.

[6] Christina Crawford, *Survivor,* Nueva York, D. I. Fine, 1988, p. 15.

6

UNA ESPIRITUALIDAD DE LA ECLESIOLOGÍA

*En las aguas del bautismo se nos recuerda que no nace-
mos en un vacío, ni viajamos totalmente solos (aunque la soledad sea a menudo una parte de la carga). Volver a nacer, ser hecho vivo, involucra nacer en una comunidad. De manera que esta aventura tiene condicionantes. Lejos de ser el viaje espiritual
del individuo solitario en busca de Dios, arrastra consigo a un
pueblo, a una iglesia, a una nación, a la raza humana.*[1]

———◆◆◆———

Quiero el reino pero no la Iglesia

Hace ya un siglo se libró un debate en la teología cristiana con respecto a la necesidad o la no necesidad de la Iglesia
institucional. Cierta cantidad de teólogos se planteaban una
pregunta dura: "Jesús predicó el reino. ¿Por qué, entonces, tenemos la Iglesia?" Sea cual fuera su destino histórico, estos teólogos tienen muchos simpatizantes en nuestros días. Ciertamente en el mundo occidental una cantidad cada vez mayor de
personas están cuestionando la validez de la Iglesia y están buscando encontrar a Dios, orientación moral y formas de expresarse de manera religiosa fuera de las paredes de las iglesias cristianas. Su crítica de la Iglesia tiene tanto un aspecto teórico como un aspecto práctico.

---

[1] Alan Jones, *Journey Into Christ*, Nueva York, Seabury Press.

Teóricamente cada vez son más las personas que divorcian su búsqueda del compromiso con una comunidad eclesial. No todos lo hacen por la misma razón. Para algunos, como Sam Keen,[2] cuyas críticas ya vimos anteriormente, el compromiso con una iglesia pone fin de manera prematura a nuestra búsqueda espiritual y esto perjudica la espiritualidad. Opina también que las iglesias exigen una obediencia que reduce a sus miembros a la condición de adolescentes. Hay muchos que están de acuerdo con él. Para otros, sus prevenciones provienen de la historia de la Iglesia. La ven como una institución comprometida, con demasiada sangre en sus manos, con grasa espiritual en su cuerpo y demasiados esqueletos guardados en su ropero. Ya no creen que sea una institución que media la gracia de Dios. Junto con esta crítica de las faltas de la Iglesia va la creencia simplista de que la Iglesia cristiana ha hecho todo lo que ha podido durante dos mil años y nunca consiguió cambiar nada, como un equipo de fútbol que viene jugando partidos desde hace dos mil años pero nunca ganó un campeonato. ¡Es hora de que cambiemos! No corresponde aquí decidir si estas críticas son verdaderas y poseen sustancia o si se trata de racionalizaciones y peligrosas simplificaciones excesivas. Lo que sí nos interesa es la difusión de este punto de vista, el hecho de que haya millones de personas en nuestros días que están peleadas teóricamente con sus iglesias y con la idea misma de la eclesiología.

Mucho más seria, sin embargo, que esta crítica teórica de la eclesiología es la crítica práctica, dentro de la cultura occidental. Las personas están votando con su alejamiento. Simplemente cada vez van menos a la iglesia. La asistencia a la iglesia y el compromiso con ella están declinando de manera drástica. Las estadísticas varían de país en país, pero todos los países, en el mundo occidental, están experimentando una caída significativa de la participación del pueblo en la vida de la iglesia.

[2] *Hymns to an Unknown God*, Nueva York, Bantam Books, 1994.

Los investigadores que estudian este fenómeno, sin embargo, señalan algunas cosas sorprendentes.[3] Primero, mientras la asistencia a la iglesia declina de manera alarmante, las iglesias mismas siguen poseyendo un gran poder de permanencia. De este modo, aunque no quieran asistir a los servicios de la iglesia ni deseen comprometerse con ella, las personas quieren seguir identificándose religiosamente con una cierta etiqueta ("Soy bautista, católico, anglicano, presbiteriano, miembro de la Iglesia Unida, y así sucesivamente) y desean seguir recibiendo de sus iglesias y en ellas ciertos ritos de transición (como el bautismo, el matrimonio, el entierro), aun cuando no asistan a ellas. Quieren que la iglesia siga estando allí para cuando la necesiten, aunque no la necesiten demasiado a menudo. Como lo dice el canadiense sociólogo de la religión, Reginald Bibby: "La gente no está saliendo de la iglesia, simplemente ya no va más a ella."[4]

Además, la investigación sobre la declinación de la asistencia a la iglesia muestra que la mayoría de las personas que no son practicantes regulares no se plantean las preguntas de Sam Keens, ni la ira de los críticos más duros de la Iglesia. La ira y las preguntas duras con respecto a la Iglesia no son los mayores problemas: sí lo son la indiferencia y una cultura individualista. La mayoría de la gente que no está en la iglesia el domingo no se queda en su casa masticando las faltas de la Iglesia o leyendo los libros de Sam Keen. Están durmiendo, haciendo compras, esquiando, corriendo en un parque, mirando partidos de baseball o fútbol, trabajando en sus jardines y visitando a sus parientes o amigos. No se plantean las grandes preguntas eclesiológicas. Con respecto a la iglesia, están como de vacaciones. Quieren el reino, pero no la Iglesia.

Todo esto señala muchas cosas: las faltas de la Iglesia, la historia oscura de la Iglesia, un cierto cansancio dentro del cristianismo occidental, un problema de percepción con respec-

---

[3] Véase, por ejemplo, la investigación sobre este tema hecha en Canadá por Reginald Bibby, *Fragmented Gods* (Toronto, Irwin Publishing, 1987).

[4] Ibíd.

to a las iglesias cristianas. Ciertamente estos factores señalan a la necesidad de una mayor comprensión de la Iglesia. Las iglesias pueden tener el agua de la vida, pero cada vez son menos las personas que quieren verla cerca del fuego. ¿Qué ha de hacerse con respecto a esto? Nuestras bibliotecas teológicas están llenas de excelentes libros de eclesiología, pero la asistencia a la iglesia sigue declinando. La buena teología es importante, pero también se necesita otra cosa: una buena espiritualidad de la eclesiología, mejores razones prácticas, personales, que nos expliquen cómo para tener un reino queremos y necesitamos una Iglesia. ¿Cómo podría entenderse la Iglesia, entonces?

Hacia una espiritualidad de la eclesiología. Imágenes espirituales de la Iglesia

La Iglesia es el pueblo: la comunidad apostólica

Antes de toda otra cosa, *la Iglesia es el pueblo*. Mucho antes que pudiera hablarse de edificios, ministros, sacerdotes, obispos, papas, organizaciones, instituciones o códigos morales, debiera mencionarse que una comunidad de corazones y almas, antes separada por muchas cosas, ahora se une. Jesús formó una comunidad, la animó, y después le dejó su Palabra, su Espíritu y la Eucaristía. Esa comunidad es la Iglesia y es un tipo particular de comunidad, una comunidad apostólica.

¿Qué es una comunidad apostólica? ¿Qué constituye una iglesia? Hay tantos malentendidos con respecto a esto que, a efectos de una mayor claridad, lo mejor es enfocar el asunto por la vía negativa, a saber, empezar especificando qué cosa *no* es una comunidad apostólica. La comunidad de la iglesia, si bien puede contener algunos de estos aspectos, *no es*, en esencia, ninguna de las siguientes cosas:

1. Individuos con opiniones similares, reunidos sobre la base de su compatibilidad mutua

Éste es un malentendido muy común. Congregarse como iglesia tiene muy poco o nada que ver con el agrado que uno experimente con respecto a los demás o con encontrar que los otros y nosotros somos mutuamente compatibles. El grupo de discípulos que primero se reunió alrededor de Jesús no era de individuos mutuamente compatibles. Provenían de trasfondos muy diferentes y poseían temperamentos distintos, tenían visiones diferentes con respecto al significado de la obra de Jesús y su persona, experimentaban celos entre sí y, de manera ocasional, se sentían furiosos los unos hacia los otros. Se *amaban* en el sentido bíblico de esta palabra, pero no necesariamente *gustaban* los unos de los otros. Eran como una mujer miembro de la parroquia que le dice a otra señora de la iglesia que es una permanente fuente de irritación para ella: "Janice, mi amor hacia ti es completamente *sobrenatural*, te lo puedo asegurar."

Eso es lo que significa ser iglesia. Muchas veces nos sentimos desilusionados de la Iglesia porque en ella encontramos una mezcla tan diversa e incomprensible de gente, entre quienes hay muchos a quienes no agradamos y que nunca elegiríamos como amigos. Vamos a la iglesia buscando amistad o personas que ideológicamente coincidan con nosotros y muy a menudo no los encontramos. Esto no significa necesariamente que haya algo malo con la Iglesia sino que nuestras expectativas son falsas. Formar parte de la comunidad apostólica no significa necesariamente estar con otros con quienes somos compatibles desde un punto de vista emocional, ideológico o de cualquier otro tipo. Significa estar, hombro con hombro y mano a mano precisamente con personas que son muy diferentes de nosotros y con ellos oír una Palabra común a todos, decir un mismo credo, compartir un mismo pan, ofrecernos mutuamente el perdón para, de ese modo, salvar nuestras diferencias y convertirnos a un mismo corazón. La Iglesia no tiene que ver con un grupo de personas que piensan lo mismo y se juntan para apoyarse mutuamente. Somos millones y millones de personas diferentes y de distintas clases que trascendemos nuestras diferencias para llegar a ser una comunidad más allá de los temperamentos, la raza, la ideología, el género, el idioma y el trasfondo.

2. Amontonarse en el miedo y la soledad

Del mismo modo, la comunidad apostólica no es un grupo de personas que se amontonan porque tienen miedo y se sienten solas: "tú y yo, juntos contra el mundo"... tal como se ve a veces cuando dos personas asustadas se unen o cuando se forman pequeños grupos sectarios sobre la base de un temor compartido. Tanto en el Evangelio de Juan como en los Hechos de los Apóstoles vemos esta clase de comunidad falsa entre los primeros discípulos, antes de que recibieran el Espíritu (Juan 20, 19, Hechos 2, 1). Se los describe como "reunidos en una habitación con las puertas cerradas y con llave, debido al miedo". En ese estado están físicamente reunidos bajo el mismo techo, en la misma casa, pero no son una comunidad real. Resulta irónico que cuando el Espíritu desciende sobre ellos en Pentecostés, salen de la habitación donde se habían encerrado, van a diferentes partes del mundo y algunos nunca vuelven a verse, pero todos forman parte de una comunidad genuina.

No se tiene una comunidad apostólica juntándose con otros que comparten nuestros mismos temores y levantando con ellos barricadas contra lo que nos amenaza, pero sí cuando salimos de la habitación cerrada, sobre la base de algo más poderoso que nuestros temores y empezamos a derrumbar paredes. Tal como lo describe de manera tan exacta Henri Nouwen:

Cuando el Espíritu descendió sobre los discípulos que estaban amontonados por el miedo, se sintieron libres para salir al mundo desde la habitación donde se protegían. Mientras estaban reunidos por el miedo no eran todavía una comunidad. Pero cuando recibieron el Espíritu, se convirtieron en un cuerpo de personas que podían mantenerse en comunión con los demás aun cuando estaban tan lejos como Roma está de Jerusalén. Es de ese modo como, cuando lo que nos une en una comunidad es el Espíritu de Dios y no el temor, no hay distancia en el tiempo o el espacio que pueda separarnos.[5]

La comunidad apostólica nunca se da cuando un grupo pequeño de solitarios o de personas asustadas forman una banda contra el mundo.

3. *"Familia" en el sentido psicológico*

Hace algunos años un joven se unió a los oblatos, la comunidad religiosa de la que soy miembro. Era una persona muy idealista pero, desde el punto de vista emocional, con grandes carencias. Una y otra vez, en las reuniones de nuestra comunidad, se quejaba de la falta de comunidad, con una especie de estribillo que decía, aproximadamente: "Me uní a esta orden buscando comunidad, pero todos están demasiado ocupados para poder dedicarse a mí. No compartimos nuestras cosas los unos con los otros con la suficiente profundidad. No hay intimidad entre nosotros. Somos demasiado fríos, demasiado masculinos. Yo estoy todo el tiempo solo y a nadie le interesa." Tenía razón con respecto a la comunidad. Ninguna comunidad religiosa es perfecta y la nuestra estaba lejos de serlo, pero ése no era su principal problema, su problema eran las falsas expectativas. Luego hicimos que fuera a algunas sesiones de asesoramiento. El consejero, un sacerdote psicólogo que entiende la dinámica de una comunidad religiosa, ayudó a aquel joven a acla-

---

[5] Henri Nouwen, *Cambiar desde el corazón*, PPC.

rar sus ideas. En un momento le dijo: "Lo que usted realmente está buscando no se encuentra en una orden religiosa. Usted está buscando un amante, no una comunidad religiosa."

Muy a menudo confundimos la comunidad eclesial con la familia en un sentido psicosexual. Esto nos ha llevado muchas veces al desencanto. Hablamos de la Iglesia como una familia, pero no es una familia como la que conforman un hombre, una mujer y sus hijos. Una familia en el sentido psicosexual normal está hecha por dos personas que se unen en amor, mantienen una relación sexual y posiblemente tienen hijos. Dentro de este marco, que incluye la relación sexual, pueden satisfacerse muchas necesidades de intimidad que otras formas de comunidad no pueden satisfacer. Quizá algunos pocos místicos, como Teresa de Ávila que a veces entraba en un éxtasis emocional y físico después de recibir la comunión, encuentren satisfacción de sus necesidades de intimidad emocional y física dentro de una iglesia. Pero son las excepciones. El resto de nosotros necesitamos ir a la iglesia en búsqueda de otra cosa. La comunidad eclesial nunca puede ser un substituto funcional de la intimidad emocional y sexual. Ése no es su propósito. No se debe ir a la iglesia a buscar un amante.

Quizá nos convenga recordar esto en esos momentos cuando nos quejamos de que nuestras iglesias son demasiado grandes, demasiado impersonales, y de que no siempre encontramos en ellas el calor y el soporte emocional que legítimamente queremos y necesitamos. "¿Cómo puedo experimentar calor e intimidad en la iglesia —es la pregunta que escuchamos frecuentemente—, cuando estoy rezando en una iglesia enorme, con otras seiscientas personas?" Si nuestros credos son correctos, y yo creo que lo son, estamos destinados a pasar la eternidad con billones y billones de otras personas. Rezar con un grupo grande de gente es una buena manera de adquirir alguna experiencia en este asunto.

4. Un techo, una etnia, una denominación, un libro de reglas, un libro de oración en común

La comunidad apostólica tampoco es una cuestión de simplemente vivir juntos en una casa, estar unidos por una misma sangre, ser parte de una misma denominación religiosa, poseer las mismas reglas o estar unidos en el uso de un mismo libro de oración. Puedo vivir bajo el mismo techo con alguien, ser su hermano o hermana de sangre, vivir con alguien, sometidos ambos a una misma regla, y ser parte de una misma denominación religiosa y no estar en comunión con esa persona. También vale lo inverso. Puedo estar separado de alguien por continentes, ser de distintas razas y tener una fe diferente, y sin embargo estar en comunión con esa persona. Compartir un techo, una cama, una mesa, una historia familiar y una denominación religiosa no hace, por sí mismo, una comunidad. Del mismo modo como la distancia física, vivir solos, dormir solos, tener diferentes colores de piel y una fe diferente no nos separan necesariamente. La comunidad apostólica, como lo veremos, depende de otra cosa.

5. Una tarea compartida, una misión en común

Una de las cosas con las que muy a menudo se confunde la comunidad apostólica, aunque no lo es, es la proximidad que resulta de tener una misión en común. Recuerdo, como ejemplo, una charla que escuché una vez en labios del director de una escuela católica, pronunciada frente al personal de la escuela el primer día del año escolar:

Como personal de esta escuela formamos una comunidad y necesitamos que nuestra unión sea efectiva. No tienen porqué gustarnos los otros, no necesitamos ser emocionalmente una familia efectiva, y no tenemos la obliga-

*ción de fingir que no hay diferencias importantes y algunas
tensiones entre nosotros. Lo que es importante es que tenemos una tarea que hacer en común, una misión compartida.
Juntos debemos brindar a estos jóvenes la mejor educación
posible. Para hacerlo debemos ser un equipo real, y no simplemente una coalición de individuos que cada uno trabaja
por su cuenta.*

Tenía razón en una cosa, una misión común exige un
esfuerzo de equipo. Pero la misión común, precisamente, crea
un equipo: para ganar el campeonato de fútbol, para fabricar un
producto, para mantener el orden policial en una ciudad, para
manejar una organización o aun para catequizar a nuestros niños. Pero esto no es, por sí mismo, una comunidad apostólica.
La comunidad eclesial debe fundarse en otra cosa.

¿Cuál? Si la comunidad eclesial no se funda en una similitud de opiniones, un temor compartido, la necesidad de una
cierta intimidad en nuestras vidas, un techo común, una misma
etnia, una misma denominación o una misión compartida, ¿cuál
es la base sobre la que se funda? *En estar reunidos en torno a la
persona de Cristo y compartir su Espíritu.* En la superficie esto
puede sonarnos como un lugar común gastado muy piadoso o
un aparato demasiado elaborado. Pero es la única base de una
comunidad eclesial real. Ésta es una afirmación muy dura y en
absoluto piadosa. ¿Qué significa estar reunidos en torno a la
persona de Cristo y compartir su Espíritu?

Aquí puede ayudarnos una analogía: Imagínense a una
mujer, que llamaremos Betzy, que tiene un corazón del tamaño
del Gran Cañón del Colorado. Es amable, amante, libre de todo prejuicio y con una capacidad de comprensión y simpatía capaz de abarcar a todos y a todo. Porque ama tanto, tiene una
gran variedad de amigos y una noche decide celebrar una fiesta
e invitarlos a todos. Alquila un salón para que entren todos. Y
sus invitados empiezan a llegar. Hombres, mujeres y niños de
todo tipo y clase, de toda ideología, trasfondo, temperamento,

gusto, grupo social y grupo religioso. El salón se llena con una mezcla extraña de gente. Liberales y conservadores, fundamentalistas y feministas, tradicionalistas y adeptos de la *new age*, sacerdotes y anticlericales, presidentes de sindicatos y banqueros, ecologistas y personas que se dedican a la caza de focas, personas que comen carne sin prejuicios y vegetarianos. Todos mezclados. Están presentes los defensores de causas opuestas y posiciones políticas e ideológicas completamente dispares.

Dada la mezcla, se genera bastante tensión entre los invitados. Pero dado que Betzy está allí, en el centro de la sala, y porque todos respetan lo que ella es y representa, todos, por lo menos por esa noche, se compartan de manera muy correcta y se sienten sumergidos en un cierto espíritu de tolerancia, respeto, decencia y caridad, más allá de los que serían sus sentimientos normales hacia los otros y de las formas como pensarían y actuarían. Como ustedes pueden imaginarse, esta reunión solamente es posible porque Betzy está presente. Si tuviera que excusarse y se fuera o si las personas empezaran a preocuparse y olvidaran la razón de su presencia, muy pronto explotarían los fuegos artificiales y el salón se vaciaría. Esta combinación peculiar de personas solamente puede producirse y mantenerse gracias a una persona, Betzy. Todo depende de su presencia y de que todos los que han venido experimenten sentimientos positivos cuando están en su presencia, es decir, al compartir su espíritu.

Ésta es una imagen de la Iglesia cristiana, congregada alrededor de Jesucristo, que nos atrae de manera espontánea. Fuera del centro de interés que su persona significa, tendríamos todos los fuegos artificiales de la ira y la previsible disipación, tal como lo testimonian el estado de nuestras familias, comunidades y naciones. No hay otra cosa que nos una. La base de la comunidad eclesial cristiana, la Iglesia, es estar reunidos alrededor de la persona de Jesucristo y vivir en su Espíritu. Y este Espíritu no es un *rara avis* o una tonalidad abstracta. Las Escrituras definen al espíritu de Jesús, el Espíritu Santo, como caridad, gozo, paz, paciencia, bondad, fidelidad, suavidad y castidad.[6] Vivir estas virtudes es lo que nos une como comunidad, de tal manera que somos inmunes a la separación por la distancia, el temperamento, la raza, el color, el género, la ideología, el nivel social, la historia, el credo o la misma muerte. Todos los que viven en estas virtudes son entre sí un cuerpo y constituyen la Iglesia.

Dado este criterio para la comunidad apostólica, vemos que la Iglesia es al mismo tiempo algo abstracto y no histórico y sin embargo, al mismo tiempo, algo muy concreto e histórico.[7] En un nivel, incluye a todas las personas, sin tener en cuenta su posición en la comprensión explícita de la religión, que viven en caridad, gozo, paz, paciencia, bondad, dulzura y castidad. En otro nivel, comprende a las iglesias cristianas históricas, aquellas que son convocadas visiblemente a la comunidad por la Palabra de Cristo y la Eucaristía que Él nos dejó. Ser Iglesia, por lo tanto, es celebrar la palabra de Cristo y la Eucaristía.[8] Pero, si lo entendemos de la manera correcta, esto involucra más que ir a la iglesia los domingos. Las Escrituras cristianas hablan de comunidad eclesial como algo que significa una vida en común, "tener todo en común".[9]

---

[6] Véase la definición de san Pablo sobre el Espíritu Santo en Ga 5, 22-25.

[7] El catolicismo solía hacer una distinción muy simple que servía de ayuda en este punto. Se hablaba del Cuerpo de Cristo como poseyendo un aspecto *visible* (las iglesias históricas) y un aspecto *invisible* (todas las personas de buena voluntad, sin tener en cuenta su religión explícita).

[8] Los católicos y los protestantes concuerdan aquí en el punto central: somos iglesia al ser llamados para reunirnos por la palabra de Cristo y la Eucaristía, pero no están de acuerdo cuando se trata de establecer cuál de estas dos cosas, la Palabra o la Eucaristía, tiene la prioridad. Para los católicos (incluyendo los anglicanos, los episcopales y algunos protestantes "altos") la Eucaristía es la principal razón para reunirse y la Palabra alimenta a la Eucaristía. En la teología protestante clásica es primero y sobre todo la Palabra que nos convoca a reunirnos, aunque también está presente, en cierto modo, la Eucaristía.

[9] Se encontrará un ejemplo muy fuerte en los primeros capítulos de los Hechos de los Apóstoles, especialmente el capítulo 2 donde (quizás idílicamente) Lucas describe cómo, en la iglesia primitiva, todas las cosas se poseían en común.

¿Qué se quiere decir con esto? ¿Cuáles son las partes constitutivas de la comunidad eclesial concreta? Más allá del nivel del alma, donde podemos tener un corazón único que vive los mismos frutos del Espíritu ¿qué se pide de nosotros, en concreto, para tener una vida común, más que asistir a la iglesia de manera regular? Algunos grupos cristianos han interpretado esto de manera literal y enseñan que una vida en común involucra precisamente, de manera física, vivir juntos y compartir en común el dinero y las propiedades. Es de este modo como siempre ha habido comunidades religiosas dentro del cristianismo, tanto de clérigos como de laicos, que han tratado vivir de esta manera haciendo ciertos votos religiosos y promesas que crean una casa común, alimentos compartidos y una bolsa comunitaria. Esto, sin embargo, siempre se ha visto como un llamado especial para algunos y nunca se ha propuesto como un ideal para todos.

En cambio, las iglesias, en sus mejores eclesiologías, han definido la vida en común ("fraternidad", la llaman algunos) como algo que es real pero no exige literalmente un mismo techo y una bolsa común. ¿Qué exige, entonces? Exige que haya alguna forma de compartir la vida, a saber, rezar juntos, compartir juntos nuestros ritos de transición, celebrar juntos algunos de nuestros gozos cotidianos, o compartir nuestros temores y nuestras fiestas. Y también ser responsables los unos por los otros y permanecer abiertos los unos hacia los otros con respecto a las correcciones mutuas y los desafíos, y compartir la responsabilidad del ministerio de la Iglesia y la responsabilidad por las finanzas (aun si esto sólo significa que todos contribuyen al sostén de la iglesia local y sus proyectos).

Todas estas cosas juntas, en esencia, significan que, en una u otra forma, somos mutuamente responsables, los unos de los otros, por nuestras vidas. Tenemos que responder y ya no podemos considerar nuestras vidas como una propiedad privada exclusivamente nuestra. Como lo expresó una mujer una vez en un grupo de oración: "Supe que teníamos la realidad de la Iglesia cuando, después de algunos años de rezar juntos nos dimos mutuamente permiso para meternos en la vida de los otros. Quiero decir, si alguien empezaba a hacer cosas que contrariaban el significado de nuestra oración y nuestras vidas, el grupo se enfrentaba con él y lo desafiaba a enderezar su camino... y él o ella no podía protestar y decirnos: Ésta es mi vida, déjenme tranquilo, nada de esto les interesa a ustedes. Esto, en esencia, es la comunión de la Iglesia. La Iglesia es la gente.

La Iglesia es la soga: bautismo y conscripción

La Iglesia es la gente, pero también es la soga que nos consagra y nos lleva a donde no quisiéramos ir por nuestra cuenta. Ser bautizado en una iglesia cristiana es ser una persona consagrada, desplazada. ¿Qué involucra esto?

En el epílogo del Evangelio de Juan se registra un diálogo muy revelador entre Jesús y Pedro. Por tres veces Jesús le pregunta a Pedro: "¿Me amas?" Y tres veces Pedro responde que sí, que lo ama. Sobre la base de esta confesión de amor, Jesús le dice: "De verdad te digo, cuando eras joven tú mismo te ajustabas el cinturón e ibas donde querías; pero cuando fuiste mayor, abres tus brazos y algún otro te ata con una soga y te llevará a dónde quizá no quieras ir" (Juan 21, 18).

Lo que se describe es, en esencia, el bautismo de Pedro... y la dinámica de cualquier bautismo real en la Iglesia. El bautismo es una consagración y la consagración es una soga que nos ata y nos lleva a donde quizá no queremos ir, a saber, a ese sufrimiento que produce la madurez. Esto, sin embargo, requiere una gran explicación. La palabra "consagración", para la mayoría de nosotros, pertenece al lenguaje de la sacristía. Cuando pensamos de algo como "consagrado" pensamos en un edificio eclesiástico, en un altar, en un cáliz sagrado, o en una Biblia bendecida. Cuando pensamos en una persona consagrada tenemos en mente a alguien que ha hecho votos religiosos especiales y viste un hábito especial, como los monjes, las monjas, la Madre

Teresa. En sí esta concepción no es incorrecta. Consagrar algo es desplazarlo de su uso normal: una copa común, por ejemplo, se separa para que sirva de cáliz. Una mesa común se separa para que sirva de altar, un edificio común se separa para que sea una iglesia, una persona común se aparta para que sea monje. Pensar en la consagración de este modo, si bien no está mal, da a la palabra una connotación de piedad y de una separación religiosa extraordinaria que le quita prácticamente toda su fuerza. ¿Qué significa consagrar algo o alguien?

Consagrar significa separar, desplazar de un uso común, sacarlo de la normalidad. Mucho antes que esta palabra empezara a referirse a edificios sagrados, altares, cálices y religiosos que hacen votos, describe algo dentro de la vida común. Veamos los siguientes ejemplos:

A principios de la década de los años 1960, en la ciudad de Nueva York se produjo un crimen infame. Una mujer fue acuchillada y asesinada en el Parque Central mientras más de treinta personas miraban lo que sucedía desde las ventanas de sus departamentos. Ninguna de estas personas llamó a la policía. No querían comprometerse. Más tarde, cuando este detalle tomó estado público, se produjo un debate sobre hasta qué punto estos espectadores inocentes eran culpables. ¿No eran de algún modo culpables porque habiendo visto que se cometía un crimen no hicieron nada al respecto? Para un cristiano la respuesta es bien clara. Haber visto a la mujer que estaba siendo acuchillada los había consagrado, los había separado de los demás, los había desplazado, los había sacado de la normalidad. En ese momento perdieron su libertad y tenían la obligación de actuar. Si usted está mirando por la ventana de su departamento y ve afuera a una persona que está siendo acuchillada en el parque de enfrente, en ese instante ha sido bautizado y consagrado en el verdadero sentido de estas palabras. Hasta ese momento podía ajustarse el cinturón e ir a donde quisiera, pero ahora, al ver lo que sucede, alguien lo ha atado con una soga y lo lleva a donde usted no quería ir. Resultó trágico, pero esa noche, en Nueva York, treinta personas resistieron su bautismo. Como resultado murió una mujer.

Para ofrecer un ejemplo menos dramático pero no menos claro, imagínese que una noche está saliendo para visitar a unos amigos y disfrutar juntos de un asado en una noche cálida de verano. Ésta es una ocupación absolutamente legítima y Dios, sin duda, espera que usted pase un buen rato. Sin embargo, justo cuando usted sale de su calle para ingresar en una avenida, es la primera persona que presencia un accidente de tránsito grave. Hay personas heridas, quizá alguno haya muerto. En ese momento usted pierde su libertad. Usted ha sido bautizado, consagrado, separado, suspendido, no porque haya hecho nada malo sino porque algo de un orden superior ha, literalmente, usurpado su libertad. Hasta que usted llegó a presenciar el accidente, como Pedro antes de su confesión, usted podía ajustarse el cinturón e ir a donde quisiera. Ahora el accidente lo ha atado y lo lleva donde usted probablemente no tenga ningún deseo de ir. El accidente lo ha convertido en una persona consagrada: lo ha bautizado para hacerlo parte de la Iglesia.

El significado implícito ya forma parte de la misma palabra "iglesia". Usamos el término "eclesiología" para referirnos a la teología de la iglesia. La etimología de esta palabra es muy reveladora. "Eclesiología" viene de la palabra griega que quiere decir iglesia, *ekklesia*, que a su vez proviene de dos palabras griegas: *ek kaleo* (*ek* quiere decir "fuera de" y *kaleo*, que es el verbo "llamar"). De manera que *ekklesia*, iglesia, significa literalmente, "ser llamado hacia afuera". ¿Pero fuera de qué somos llamados? Somos llamados, sacados de lo que sería nuestra agenda normal si no hubiéramos presenciado el accidente de tráfico, si no hubiéramos visto a la mujer que era acuchillada por la ventana de nuestro departamento o, en nuestro caso, si no hubiéramos encontrado la persona y el evangelio de Cristo y la comunidad de la fe en la tierra. La Iglesia nos ata con una soga, nos quita nuestra libertad y nos lleva a donde preferiríamos no ir pero debemos hacerlo.

El mejor ejemplo de lo que verdaderamente significan la Iglesia, el bautismo y la consagración es el de tener hijos y criarlos. Un hogar es una iglesia y, en cierto sentido, puede decirse que la mayoría de los padres son bautizados por sus hijos y que ellos los crían. Imagínense el escenario típico. Una mujer y un hombre, ambos jóvenes se encuentran, se enamoran y se casan. En esta etapa de su vida todavía son bastante inmaduros. Su agenda es su propia felicidad y pese a ser de buen corazón y sinceros, todavía son egoístas, con la forma de vivir de los jóvenes, para quienes todo gira en torno a sí mismos. Entonces, sin que se den cuenta de las implicaciones que esto va a tener en sus vidas, empiezan a tener hijos. A partir del momento cuando nace el primer hijo, a menos que sean seres humanos muy duros, empezarán, probablemente sin quererlo, a madurar. Lo que sucede es que a partir de ahora, y durante los próximos veinticinco o cincuenta años, cada vez que se den vuelta, habrá manos pequeñas y no tanto que se estirarán hacia ellos, pidiéndoles algo: su tiempo, su energía, su dinero, las llaves de su auto, su simpatía, su comprensión, sus corazones. Quiéranlo o no, madurarán. Una clara "conscripción" los obligará a pensar en otros fuera de sí mismos. Todos esos años de práctica luego pagarán dividendos. Para el tiempo cuando sus hijos hayan crecido, serán maduros.

Y durante todos esos años, mientras deban criar a sus hijos, estarán, en el sentido profundo de estos términos, consagrados, desplazados y bautizados. Serán la escena de un accidente que habrá usurpado su libertad y suspendido su perfectamente legítima agenda. En vez de su agenda normal, se les exigirán muchos sacrificios en términos de estilo de vida, carrera, hobbies, salidas para comer afuera, vacaciones, viajes y así sucesivamente. Sus hijos estarán delante de ellos, todos los días, como Jesús delante de Pedro, preguntándoles: "¿Me aman?" Y si los padres responden que sí, hablando según la historia bíblica, los hijos les responderán "Hasta ahora ustedes podían ajustarse sus cinturones y salir a donde quisieran, pero ahora nosotros los tenemos atados con una soga y los llevamos a dónde quizá no quieran ir, a saber, fuera de su egoísmo natural y a una madurez sacrificial".

Eso es el bautismo. Ésa es la Iglesia. Cuando san Pablo se convirtió al cristianismo recibió muy pronto una lección de eclesiología básica, no muy diferente de la que Jesús dio a Pedro. Se le dijo a Pablo cuánto debería "sufrir por el nombre" debido al compromiso que acababa de asumir (Hechos 9, 16). Las Escrituras entonces cuentan que Pablo se levantó del suelo y caminó hacia su futuro eclesial "con los ojos bien abiertos, pero sin ver nada" (Hechos 9, 8), situación que nos describe de manera maravillosa en el día cuando asumimos nuestros compromisos matrimoniales, como padres de nuestros hijos, o como sacerdotes, en la vida religiosa o en cualquier otra vocación profunda. Avanzamos hacia el futuro con nuestros ojos bien abiertos, sin ver nada, y caminamos probablemente con algún entusiasmo, hacia ese futuro. ¡Qué ciegos éramos... y sin embargo, al mismo tiempo, qué suerte teníamos! Las exigencias de este bautismo son las que, si las recibimos, nos dan la madurez y la gracia.

Tengo un amigo, un laico, que trabaja a tiempo completo en el ministerio de la Iglesia. Su tarea es muy exigente, y como muchas veces ése es el único momento en que la gente de las parroquias puede encontrarse, le toca trabajar prácticamente todas las noches. A veces me dice, una noche cualquiera, mientras maneja su auto para ir a una parroquia para otra reunión más, que le parece que el auto, por cuenta propia, quiere detenerse frente a un cine o un estadio deportivo, y él envidia a la gente que se reúne para asistir a esos entretenimientos o que están en su casa mirando televisión y le dice a Dios: "Si hay reencarnación y me queda otra vida, la próxima vez no quiero nada que tenga que ver con la familia, la iglesia, el vecindario, la comunidad. Quiero volver a la tierra como un joven rebelde, un yuppie, y tener entradas para ir a ver de todo... y no voy a trabajar ninguna de las noches de toda mi vida." Este es un pensamiento sano, está sintiendo lo que significa ser Iglesia, estar atado por la cintura con la soga que nos obliga a avanzar en una dirección determinada hacia la que quizá no queremos ir.

Una última cosa sobre la soga que nos ata. No podemos eludir sus tironeos después que la hemos aceptado. No tenemos guardada en el bolsillo una visa de salida. Consciente o inconscientemente, extorsionamos a la familia a la que pertenecemos, con una actitud de "Voy a estar con ustedes mientras valga la pena o hasta que ustedes me defrauden." La Iglesia siempre ha enseñado —y de manera correcta— que el bautismo es irrevocable, que deja una marca indeleble en el alma. Cualquiera que haya tenido alguna vez un hijo sabe exactamente qué significa esto, porque tener a un niño propio apretado en los brazos por primera vez deja una cicatriz indeleble en el alma.

Esto también vale para ser un niño en la Iglesia. En las Escrituras se nos dice que cuando Noé por fin consigue tener a todos los animales y a su familia dentro del arca (un símbolo de la Iglesia), Dios "asegura la puerta" (Gn 7, 16). Todo compromiso pactado, si es auténtico, hace precisamente esto. Nos encierra con llave, como la madre que ha dado a luz un niño o la pareja que se ha prometido mutuamente fidelidad por el resto de la vida. Del mismo modo no podemos elegir salir de la iglesia según nuestros estados de ánimo o las fases de nuestro crecimiento. En la medida en que no entendemos esto, todavía somos, en términos eclesiológicos, niños o adolescentes que necesitan que se los lleve de un lado a otro. El adulto, en cambio, asume la responsabilidad de llevar con él a su familia.

La Iglesia es la *sarx:* el cuerpo herido de Cristo

"A menos que coman mi carne, no podrán tener vida dentro de ustedes." Cuando Jesús dice esto, como ya lo hemos visto, se está refiriendo a su *sarx,* su cuerpo herido, tal como se lo encuentra en la comunidad de los creyentes y nos está diciendo que nosotros también debemos aprender a manejarnos con esto si queremos mantener una relación con Dios.

En esencia, esto significa dos cosas: primero, que la comunidad es un elemento constitutivo en la búsqueda cristiana. Mi tarea no es avanzar hacia Dios como individuo sino pertenecer a una comunidad que adora a Dios. En segundo lugar, lo que se enseña aquí es que, en esta vida, cuando encuentre la presencia de Dios en la comunidad no lo encontraré en su forma pura. Todas las comunidades de fe median la gracia de Dios de una manera muy mezclada. El pecado, la mentalidad mezquina y la traición siempre se encuentran junto con la gracia, la santidad y la fidelidad. La escena de la crucifixión es una buena imagen de la Iglesia. Jesús muere entre dos criminales. Cualquiera, en aquella época, mirando esa escena, no hubiera hecho una distinción entre quiénes eran culpables y quién inocente. Era simplemente una única escena: Dios, sobre una cruz, entre dos ladrones. Ésa es la imagen eclesial perenne. Gracia y pecado, santidad y estrechez mental, fidelidad y traición, y todos estos parte de un mismo horizonte.

No hay comunidades o familias, eclesiales o de otro tipo, donde esto no suceda. Hoy tenemos una extensa y rica bibliografía que analiza las familias disfuncionales y muy a menudo mencionan la Iglesia como análogo primordial de este tipo de familia. Este análisis es, en su mayor parte, bastante exacto. Su defecto no es lo que dice sino lo que sutilmente sugiere, a saber, que habría familias y organizaciones que sí son funcionales, que reparten gracia sin mezcla de pecado alguno. Tales familias no existen. Todas las familias y organizaciones humanas son disfuncionales, es una cuestión solamente de grado. Un viejo axioma protestante es: "No se trata de si usted es pecador o no sino solamente de cuál es su pecado." Lo mismo vale con respecto a las familias, las organizaciones, las iglesias. Todas ellas. Nunca es una cuestión de si su familia es o no disfuncional, sino de cuál es su disfunción especial y hasta qué punto ésta es dañina. Éste es un horizonte muy importante contra el cual entender los aspectos negativos de la Iglesia. Hoy hay muchas personas que no pueden entender cómo, dados ciertos aspectos de la historia de la Iglesia y algunas de sus infidelidades actuales, se la puede ver como un instrumento privilegiado de la gracia. ¿Puede verdaderamente encontrarse a Dios en una organización que mató tanta gente inocente en las Cruzadas, que usó la Inquisición como una herramienta divina, que permitió el racismo y el sexismo durante siglos y que tiene en su historia tanto que ver con las guerras religiosas, los silencios culpables y el imperialismo ciego? ¿Puede encontrarse a Dios en una institución que cuenta con pederastas entre sus ministros? ¿Cuántos millones de personas han sido heridos por la Iglesia? ¿Cómo pueden perdonársele a la Iglesia algunos episodios de su historia y partes de sus prácticas actuales?

Éstas no son preguntas irreverentes; ni siquiera, en último análisis, iconoclastas. La Iglesia siempre es Dios colgado de una cruz entre dos ladrones. Nadie debería escandalizarse por la forma como la Iglesia ha traicionado el Evangelio y cuánto sigue haciéndolo hasta nuestros días. Nunca ha sido perfecta. Por otro lado, nadie puede negar el bien que la Iglesia ha hecho. Ha transmitido la gracia, ha producido santos, ha cuestionado moralmente al mundo y ha hecho, aunque de manera imperfecta, que hubiera una casa de Dios en la Tierra. Estar conectado con la Iglesia significa estar asociado con, belicistas, engañadores, pedófilos, asesinos, adúlteros e hipócritas de todo tipo. Pero también, al mismo tiempo, lo identifica a uno con santos y con las mejores personas con almas heroicas de todos los tiempos, países, razas y géneros. Ser miembros de la Iglesia es llevar el material del peor pecado y del más fino heroísmo del alma... porque la Iglesia siempre será aquello que se vio en la crucifixión original, Dios colgado entre dos ladrones...

Carlo Carretto, el gran escritor espiritual italiano, escribió un pequeño tributo a la Iglesia que captura tanto su escándalo como su gracia. En la conclusión de la que probablemente es su obra más madura, *He buscado y he encontrado,* Carretto se dirige a la Iglesia con las siguientes palabras:

Cuánto debo criticarte, Iglesia mía, y sin embargo, ¡cuánto te amo!

En busca de espiritualidad

165

Me has hecho sufrir más que nadie y sin embargo te debo más que a nadie.

Quisiera verte destruida y sin embargo necesito tu presencia.

Me has escandalizado mucho y sin embargo solamente tú me has hecho entender la santidad.

Nunca en este mundo he visto algo tan comprometido, más falso y sin embargo nunca he tocado algo tan puro, tan generoso y tan hermoso.

Incontables veces me he sentido inclinado a cerrarte en la cara las puertas de mi alma, y sin embargo, todas las noches, he rezado para morir en tus brazos seguros.

No. No puedo liberarme de ti, soy uno contigo, aunque no de manera completa.

Si tú no estuvieras, ¿a dónde iría?

¿Construiría otra iglesia?

Pero no podría construir una sin los mismos defectos, porque son mis defectos.

Y, además, si construyera otra iglesia, sería mi iglesia, no la iglesia de Cristo.

No. Ya he vivido mucho. Ya sé cómo son las cosas.[10]

Cualquiera que busque a Dios y persevere en esa búsqueda, en algún punto verá el papel que juegan las comunidades humanas en esta búsqueda y se hará eco de lo que ha escrito Carretto.

---

[10] Carlo Carretto, *He buscado y he encontrado.*

La Iglesia es una casa con muchas habitaciones. Catolicidad

Una de las características de la Iglesia es la catolicidad. Todos los cristianos lo enseñan y no solamente los católicos. ¿Qué significa ser católico?

Ser católico no es lo opuesto a ser protestante. Los protestantes también reclaman para sí el término "católico" y la "protesta" de los reformadores protestantes originales no era en realidad tanto una protesta contra el Papa y el catolicismo, sino una protesta a favor de Dios y su santidad, en contra de cualquier cosa que limite la catolicidad del corazón divino. ¿Qué significa ser católico? Jesús dio la mejor definición de este término cuando dijo: "En la casa de mi Padre hay muchas habitaciones" (Juan 14, 2). Ésta no es una descripción de la geografía del cielo sino una revelación de la amplitud del corazón divino. El seno de Dios no es un *ghetto*. Dios tiene un corazón *católico* ("católico" significa universal, amplio, que todo lo abarca). Lo opuesto a un católico es un fundamentalista, una persona que tiene un corazón con una sola habitación. Por eso cualquier espiritualidad de la Iglesia necesita subrayar la amplitud de sus lealtades y la inclusividad. Pertenecer a una Iglesia es ser leal a muchas cosas, no solamente a una. Un miembro sano de una comunidad eclesial no elige, según si quiere o no quiere, entre tener límites o acentuar la libertad, entre creer en doctrinas definidas o subrayar la consciencia individual, entre el don de la autoridad institucionalizada legítima o la importancia del carisma individual, entre el papel de los ministros ordenados y el sacerdocio de todo el pueblo, entre las necesidades de la comunidad local y las necesidades de la Iglesia más grande, universal, entre lo que el artista bien dotado aporta a la comunidad y lo que trae el más pobre de los pobres, entre el liberal y el conservador, entre lo viejo y lo nuevo, ni siquiera entre lo que tienen para decir los miembros de la Iglesia que todavía están vivos y los otros, los que ya han muerto pero con quienes seguimos manteniendo una comunión vital. Ser miembros de una Iglesia no es elegir entre esto. Es elegirlo todo. Tal como nuestro Dios en el Cielo, nosotros también necesitamos un corazón con muchas habitaciones. La verdadera marca de la Iglesia es la amplitud de sus lealtades.

Lo mismo vale con respecto a la inclusividad. Cuando las Escrituras nos dicen que en Cristo no debiera haber varón ni mujer, esclavo ni persona libre, judío ni gentil, también nos está diciendo que no debería haber liberales ni conservadores, blancos o gente de color, renovadores o tradicionalistas, feministas o antifeministas, personas a favor de la vida o a favor de la libre elección, demócratas o republicanos, conservadores o laboristas, ni cualquier otra clasificación de este tipo, sea étnica o ideológica, que importe más en términos de la Iglesia. John Shea sugirió en una oportunidad que la mesa del banquete celestial permanece abierta a todos los que estén dispuestos a sentarse junto a todos los demás.[11] Ésta es la inclusividad que se requiere de cualquier verdadero miembro de la Iglesia. La tarea de la Iglesia es formarse codo a codo y corazón con corazón junto a personas completamente diferentes a nosotros pero que, con nosotros, comparten una misma fe, un Señor, un bautismo y un Dios que es el Padre y Madre de todos. Vivir y adorar más allá de las diferencias es lo que significa tener un pecho que no es un *ghetto*.

La Iglesia es la mesa del banquete. La unción

La Iglesia también es el lugar a donde vamos para ungirnos los unos a los otros para nuestras muertes inminentes. ¿Qué significa esto? La esencia de lo que es la Iglesia puede entenderse destacando un incidente que sucedió durante la vida de Jesús, en las semanas previas a su muerte. Aunque este evento

---

[11] John Shea, "The Indiscriminate Host", en *Stories of Faith*, Chicago, Thomas More Press, 1980.

aparece en los cuatro Evangelios, señal segura de que es importante, muy pocas veces reflexionamos o hablamos en público sobre él o somos demasiado tímidos para aceptar la cruda verdad de lo que nos revela. El incidente al que nos referimos es el ungimiento de los pies de Jesús en Betania por una mujer llamada María (Juan 12, 1-8 y textos paralelos). Para entender cuál es la revelación en este incidente puede ayudarnos destacar la suntuosidad de las imágenes que se usan para describirlo. Si usáramos los detalles que aparecen en los cuatro Evangelios y los mezcláramos, lo que nos quedaría es lo siguiente:

Una noche Jesús está cenando. Esta comida es, aparentemente, muy suntuosa. En un momento entra una mujer que tiene mala reputación en la ciudad, trayendo un frasco de alabastro que contiene un ungüento perfumado. Tanto el envase como el perfume son muy caros. Tanto el cristal de la botella como el ungüento perfumado cuestan mucho dinero. La mujer rompe el frasco (decididamente un despilfarro, pero que habla de la profundidad de su amor hacia Jesús y de cuánto quiere ofrecerle un don único). Entonces derrama todo el contenido de la botella sobre Jesús y el aroma se expande por toda la habitación. Por último empieza a llorar y sus lágrimas lavan los pies de Jesús y ella le seca los pies con su cabello.

Es muy difícil pintar una escena que habla de manera tan cruda de un afecto así de profundo. Las personas que presenciaron la escena sin duda percibieron la crudeza de los afectos demostrados. Los evangelistas dicen que los que estaban en la habitación empezaron a sentirse incómodos, y podemos entenderlo, nosotros también nos sentiríamos incómodos al presenciar una manifestación tan cruda de afecto. Algunos levantan objeciones por lo que está sucediendo. Algunos objetan que Jesús, que se supone es una persona santa, permita que lo toque una mujer de mala reputación. Ésta, sin embargo, no es la principal objeción. La razón de la intensidad de la inquietud es algo que a nosotros también nos resulta escandaloso: el don crudo, suntuoso, el afecto gratuito. Los que están presentes expresan su incomodidad señalando el desperdicio y el exceso. "¡Qué despilfarro! Ese frasco y el ungüento podrían haberse vendido y el dinero se hubiera podido dar a los pobres." Jesús, sin embargo, responde a esta objeción aprobando sin vacilaciones la acción de la mujer y diciendo a las personas que se sentían incómodas: "Déjenla que haga. Ha hecho algo bueno. A los pobres siempre los tendrán con ustedes, pero no me tendrán a mí. *Ella acaba de ungirme para mi muerte inminente.*" Ésta es la clave de todo el pasaje. Jesús dice que la mujer lo ha ayudado a estar listo para su muerte. ¿Qué quiere decir esto?

Aquí hay varios niveles de significado. Uno de ellos, sin embargo, se destaca de manera brillante en un libro breve que John Powell escribió hace algunos años. Este libro se titula *Amor incondicional*,[12] y contiene la historia de un hombre joven, Tommy, uno de los alumnos de Powell, que tiene veinticuatro años y está muriendo de cáncer. En un momento, poco antes de su muerte, Tommy viene a ver a Powell y le dice que para él hay tragedias mayores en la vida que la muerte de un joven. Cito una parte de su conversación.

— "¿Como es eso de tener veinticuatro años y estar muriéndose?"

— "Bueno, podría ser peor."

— "¿En qué sentido?"

— "Bueno, como tener cincuenta años y carecer de valores o ideales, como tener cincuenta años y creer que la bebida, la seducción de mujeres y hacer mucho dinero son las cosas más importantes de la vida. Lo más triste es vivir la vida sin amar a nadie. Pero sería del mismo modo muy triste vivir la vida y dejar este mundo sin haber compartido tu amor con aquellos que amas."[13]

---

[12] John Powell, *Amor incondicional,* México, Diana.

[13] Ibíd.

De la boca de un hombre joven moribundo podemos escuchar grandes verdades: hay solamente dos tragedias potenciales en la vida y morir joven no es una de ellas. Es trágico atravesar la vida sin amar, y no expresar nuestro amor y afecto hacia los que amamos. Con esa verdad en la mano volvamos al comentario de Jesús de que alguien lo había ungido para su muerte inminente. Lo que Jesús está diciendo, en efecto, puede parafrasearse de la siguiente manera: "Cuando me llegue el momento de morir voy a estar más listo para hacerlo porque esta noche, entre todas las noches de mi vida, estoy experimentando la razón por la que se hizo este universo, el dar y recibir amor y afecto, el don puro. Éste es un momento por el que vale la pena morir".

Aquí hay una gran ironía. Si esta mujer hubiera ido a la tumba de Jesús con sus manifestaciones de amor y su perfume, se la hubiera aceptado, incluso se la habría admirado. Estaba permitido ungir el cuerpo de un muerto, pero no era legítimo expresar un amor y afecto similar hacia un vivo. Nada ha cambiado en dos mil años. Todavía reservamos nuestras palabras más honrosas y nuestras flores para el funeral. Jesús nos desafía, aquí, a ungirnos mutuamente mientras todavía estamos vivos. *Derrama tu afecto sobre aquellos que amas y entrégales tus flores mientras están todavía vivos, no en los funerales.*

En esto hay muchas lecciones pero, en un cierto nivel, también hay una lección sobre la Iglesia. ¿Qué es una iglesia? La iglesia, en definitiva —más allá de lo que hagamos en un edificio eclesial o en la mesa de la cocina de nuestra casa—, tiene que ver con gente que se junta por la sola razón de llevar su ungüento, es decir, ofrecerse amor y afecto los unos a los otros, para perfumar el aire y su cabello con el aroma. Esta razón basta para justificar la eclesiología.

Vamos a la Iglesia para no estar solos: solos con nuestros gozos, solos en nuestros sufrimientos, solos en nuestras vidas cotidianas, solos en los momentos culminantes importantes, solos en nuestros cumpleaños, solos el domingo a la mañana, solos en Navidad, en Pascua, en el Día de Año Nuevo y en el

Día de la Madre. Vamos a la iglesia por el ungimiento. Éste no es un concepto abstracto. Conozco a gente a quienes les gusta ir a la iglesia por razones que, en lo superficial, parecen inmaduras y poco espirituales. Les gusta ir a la iglesia por la vida social, para ver gente, para conversar con otros y para disfrutar un café o un licuado con rosquillas después de la celebración religiosa. No está mal. Junto con adorar a Dios, éstas son algunas de las razones más importantes para estar allí. Vamos a la iglesia para decirle a la gente que los amamos, y esperamos para escucharlos decir lo mismo con respecto a nosotros. En último término, vamos a la iglesia para ayudarnos mutuamente a estar preparados para la muerte.

Entonces, ¿por qué ir a la iglesia?

Ninguna espiritualidad de la Iglesia hoy está completa sin una sección que intenta responder, en el actual clima antieclesial, a la pregunta de: "¿Por qué ir a la iglesia?" En realidad, ¿por qué ir? ¿Cuál es su *apologia pro vita sua* para ir? ¿Qué dice usted a sus amigos o quizá a sus propios hijos que ya no van a la iglesia y se preguntan por qué usted lo sigue haciendo? ¿Por qué consideraría la posibilidad de ir si en este momento no lo está haciendo?

Las razones que damos aquí son confesionales y personales tanto como teológicas y objetivas. Además son más racionales que emocionales, esperando provocar respeto intelectual antes que simpatía emocional. Lo que se propone no son una serie de razones por las que usted pudiera llegar a querer ir a la iglesia, sino razones por las que debería ir a la iglesia. Pero esto no es necesariamente malo. Un viejo dicho filosófico sugiere que el amor viene después del conocimiento, que el corazón necesita una visión, que no podemos inducir una manera nueva de sentir por medio de nuestros razonamientos. Las Escrituras dicen lo mismo cuando afirman que sin una visión las personas pueden llegar a perecer.

De manera que ¿cuál puede ser la visión, una razón para ir a la iglesia y comprometernos en un pacto irrevocable con un grupo de hombres y mujeres con muchos defectos y estar de acuerdo en viajar con ellos el resto de nuestras vidas? ¿Cuáles son las razones por las que uno puede querer ir a la iglesia? La mayoría ya las hemos visto, de una manera u otra, en las páginas precedentes. De manera que aquí el esfuerzo será solamente nombrarlas, no explicarlas. Por lo tanto, pese al actual clima antieclesial, yo debería ir a la iglesia por una o más de las siguientes razones:

1. Porque no es bueno estar solo

Somos, por naturaleza, esencialmente sociales. Ser humano es estar con otros. Despertamos a la conciencia no como un ego aislado, sino entre muchos otros. Cuando las Escrituras dicen "No es bueno que el hombre esté solo" lo dicen con respecto a todo hombre, mujer o niño, para siempre. El infierno no son los otros, como lo sugirió en cierta oportunidad Sartre, sino todo lo contrario. Nuestra búsqueda de Dios debe ser coherente con nuestra naturaleza. Por lo tanto debe tener, como parte no negociable, una dimensión comunitaria. La eclesiología, la Iglesia, por definición, es precisamente eso, caminar con Dios como parte de una comunidad. Intentar hacer de la espiritualidad una práctica privada es rechazar una parte de nuestra misma naturaleza y caminar en una soledad que el mismo Dios ha rechazado.

2. Asumir el lugar que me corresponde dentro de la familia de la humanidad

En la vida hay tres grandes etapas. Las diferentes épocas han tenido diferentes maneras de enseñar esto. La psicología moderna habla del proceso de la individuación y lo que hay antes y más allá de éste. La antigua saga bíblica, Job, habla de dos maneras de estar desnudo ("Desnudo salí del seno de mi madre y desnudo volveré" Job 1, 21) y también de lo que hay entre esos extremos. Esencialmente lo que todos enseñan, nuevos o antiguos, es lo siguiente:

La primera etapa de la vida es el nacimiento. Salimos de nuestras madres, de la naturaleza, desnudos e indefensos, más como una semilla que como un árbol, no demasiado actualizados en términos de lo que somos y no demasiado diferenciados en comparación con los otros. En esta etapa, con olor a tierra y a seno materno, estamos todavía conectados primordialmente con la familia de la humanidad. Somos humildes.

Pero, casi inmediatamente, empezamos la segunda etapa, lavándonos el olor a tierra de nuestro cuerpo, vistiéndonos, acumulando cosas, distinguiéndonos, separándonos, actualizándonos. Empleamos nuestros primeros años —y si no logramos verdaderamente crecer, el resto de nuestras vidas— intentando diferenciarnos, separarnos de los otros, acumulando cosas que nos pertenezcan, teniendo éxitos, creando para nosotros un ámbito privado. Esta etapa se caracteriza por el impulso a separarnos y vestirnos (en los términos que utiliza Job). En la primera etapa de nuestras vidas esto es sano.

Pero cuando llegamos a la edad adulta hay otra cosa que se nos demanda. No solamente nos lo pide Dios sino la misma naturaleza. Nuestra tarea, ahora, ya no es intentar emerger, sino todo lo contrario, juntarnos a otros. Volver a la comunidad, perder nuestro aislamiento, no diferenciarnos, volver a estar desnudos. Éste es el verdadero significado de la humildad y describe perfectamente el gran imperativo que nos invita a ocupar nuestro lugar en la familia de la humanidad. Ser humanos significa, en último análisis, formar parte del grupo, desnudos y sin diferencias. ¿Pero cómo se consigue esto? ¿Cuál comunidad concreta puede ofrecernos el grupo en el cual nos confundiremos con los demás? Nuestra familia consanguínea puede ayudar, pero es demasiado estrecha y excluyente para poder identificarnos con la humanidad como un todo. La humanidad, como familia, es lo suficientemente inclusiva, más que la familia de nuestros consanguíneos, pero es también demasiado abstracta. La Iglesia, infinitamente más incluyente que la familia consanguínea y menos abstracta que la humanidad, nos ofrece ese lugar. La Iglesia nos da el lugar donde podremos morir al elitismo. Sumarse a la Iglesia es abandonar el elitismo. Éste es, probablemente, el mayor obstáculo y el mayor beneficio de formar parte de la Iglesia.

3. Porque Dios me llama a estar allí

El Espíritu Santo no es un objeto de propiedad privada, ni lo es el llamado de Dios. El Dios judeocristiano es suficientemente claro. La espiritualidad no es una búsqueda privada de lo más alto en nosotros mismos, sino una búsqueda comunitaria del rostro de Dios. El llamado de Dios es doble: adora a la divinidad y relaciónate con la humanidad. Hay dos grandes mandamientos de idéntico valor: Ama a Dios y ama a tu prójimo. No puede haber una espiritualidad cristiana real divorciada de la eclesiología. Tratar con Cristo es tratar con la Iglesia.

4. Disipar mis fantasías con respecto a mí mismo

Separados de la comunidad eclesiástica actual e histórica, sean cuales fueran sus faltas, tenemos el campo abierto para vivir una vida sin enfrentamientos, para hacer de la religión una fantasía privada que quizá podamos compartir de manera selectiva con unos pocos individuos de una mentalidad similar a la nuestra que nunca nos confrontarán en aquellas cosas donde más necesario nos es el desafío. Las iglesias están comprometidas y son sucias y pecadoras, igual que nuestras familias consanguíneas, pero también son reales. En la presencia de la gente que comparte la vida con nosotros de manera regular no podemos mentir, especialmente no podemos mentirnos y engañarnos haciéndonos creer que somos generosos y nobles. En la comunidad la verdad aparece y se disipan las fantasías. No participar de la Iglesia por sus faltas es una gran racionalización. Lo doloroso de enfrentar no es tanto la imperfección de la Iglesia sino mis propias fantasías que, en el contacto con una comunidad real, se volverán dolorosamente evidentes. Nadie nos desilusiona más que nuestra propia familia. Lo mismo sucede con la Iglesia. Y esto no es del todo malo.

5. Porque hay diez mil santos que me lo han dicho

Voy a la iglesia porque la mayoría de las personas buenas y fieles que yo conozco van a la iglesia. Más aun: ellos no solamente van a la iglesia sino que me dicen que la bondad y la fe que los caracteriza es, de manera esencial, propiciada allí. Los santos de antaño y los santos actuales son unánimes con respecto a la importancia de la iglesia. Es difícil imaginarse a la Madre Teresa o a Francisco de Asís desconectados de la eclesiología.

Por supuesto, también conozco algunas personas buenas y fieles que no van a la iglesia. Sin embargo, aun en ellos, veo en sus vidas, en sus compromisos con sus familias y comunidades, la dinámica funcional de la iglesia. En todos los casos están comprometidos de una manera real una comunidad que los hace ser humildes, disipa sus fantasías, y les hace saber, sea cual fuera la forma que esto asuma en sus mentes, que Dios quiere que recorran su camino espiritual no solos sino con otros.

6. Para ayudar a otros a llevar sus patologías y que ellos me ayuden a llevar las mías

Los antropólogos nos dicen que una de las funciones primarias de cualquier familia es cargar con las patologías de sus miembros. En el pasado, cuando las familias eran más fuertes, había mucha menos necesidad de terapias privadas. La terapia de la vida pública proveía aquello que hoy los individuos deben buscar en otro lado. Ir a la iglesia es buscar la terapia de una vida pública y formar parte de esa terapia para otros. Dicho de manera sencilla, voy a la iglesia para que otra gente me ayude a llevar lo que hay de enfermo en mí y para ayudar a los otros a llevar aquello que pueda haber de enfermo en ellos. Si esto es verdad, y lo es, no debería extrañarnos encontrar toda clase de enfermedades dentro de la iglesia. Pero la presencia de esas patologías no debiera impedirnos ir a la iglesia, sino, todo lo contrario, debería atraernos a ella.

7. Para soñar con otros

Edward Schillebeeckx dijo en cierta oportunidad: lo que soñamos solos no son más que sueños, pero lo que soñamos con otros puede convertirse en realidad. Voy a la iglesia porque me doy cuenta de la impotencia de mi individualidad, de los límites de mi yo privado. Solo, separado de la comunidad, no soy más poderoso que mi propia personalidad y mis carismas que, en un mundo con seis billones de personas, no son gran cosa si se trata de marcar una diferencia.

Cuando veo las noticias a la noche y veo todas las cosas que todavía se necesitan en nuestro mundo, voy a acostarme algo deprimido, dolorosamente consciente de mi propia impotencia para cambiar nada. Esta depresión tiene un buen fundamento. Solo soy impotente, quizá pueda hacer un poco de ruido, pero no puedo marcar una diferencia. Una buena cantidad de gente que vea las noticias junta, podría cambiar el mundo. La Iglesia es ese grupo de personas. Como organización mundial, con un corazón inclinado a favor de la justicia, la paz y los pobres, dista mucho de ser perfecta. Pero es lo mejor entre muchas cosas malas y ofrece una esperanza positiva. Lo primero que debería hacer, si mi esperanza es traer un poco de justicia y paz a este planeta, es empezar a soñar junto con otros, dentro de un cuerpo mundial de personas comprometidas con el mismo sueño. Si espero hacer esto, debo ir a la iglesia.

8. Como práctica para el Cielo

El Cielo, nos aseguran las Escrituras, se gozará en el abrazo comunitario de billones de personas de todos los temperamentos, razas, trasfondos e ideologías imaginables. Para vivir allí se necesitará tener un corazón universal. Por lo tanto conviene que, en esta vida, nos mantengamos constantemente en una situación que nos abra, dolorosamente, el corazón. Hay pocas cosas —y en esto estaremos de acuerdo todos— que abran tan dolorosamente el corazón como la comunidad de la iglesia. Cuando evitamos el dolor y las complicaciones del encuentro eclesial para transitar por un sendero menos doloroso y más privado, o nos reunimos solamente con personas de nuestra misma clase, el corazón no necesita ensancharse y por lo general no lo hace. Ir a la iglesia es uno de los mejores ejercicios cardiovasculares disponibles.

9. ¡Por puro gozo... porque es el Cielo!

Carol Shields concluye su reciente novela *Larry's Party*, con una escena en la que describe una cena. Larry, el héroe de la novela, ha invitado a un grupo muy heterogéneo para cenar juntos el sábado por la noche. Los huéspedes incluyen a sus dos ex mujeres, su actual novia, y un montón de gente muy diferente, cada uno de ellos perfectamente equipado para ejemplificar todas las virtudes y los pecados del mundo. La fiesta se desarrolla como todas las fiestas donde se cena junto con otros.

Hay de todo, conflictos, celos y discusiones sobre política, religión y la vida en general. Viejas heridas levantan sus espantosas cabezas y se crean heridas nuevas, antes que la reunión haya llegado a su fin. De maneras sutiles, a la gente se le recuerdan sus estupideces e infidelidades del pasado, aun mientras la celebración en curso hace todo lo posible por lavarlas. La comida y la bebida pasan de mano en mano y por debajo de todo, pese a todo lo que ha habido de malo y sigue siendo malo, se hace presente un gozo muy profundo. Se está celebrando un pequeño anticipo del banquete mesiánico. La redención está sucediendo.

La mayoría de nuestras reuniones familiares o eclesiales copian esta escena. La familia se reúne en su casa para celebrar juntos la Navidad, pero su esposa está con cara larga, usted mismo lucha contra el cansancio y la ira, su hijo de diecisiete años está patológicamente intranquilo y no quiere estar en la fiesta, su madre anciana no se siente bien y usted está preocupado por su salud, y su tío Charlie, tan loco como siempre (usted teme que en realidad sea un pervertido), su hijo de treinta años desempleado pasa la mayor parte de la reunión en el baño y todos están demasiado cansados o son demasiado haraganes como para ayudarlo a preparar la comida para todos. Usted está listo para celebrar, pero las cosas distan mucho de ser idílicas. Su familia no es la santa familia, ni siquiera es una tarjeta de Navidad bien intencionada. Sus heridas, patologías y talones de Aquiles están todos allí, abiertos, no muy por debajo de la superficie... pero están celebrando la Navidad y en el fondo hay gozo. Es una versión humana del banquete mesiánico y hay una familia humana reunida en torno al nacimiento de Cristo...

Es así como se ve, perennemente, la Iglesia. La mayor parte de las veces es tan frustrante que no puede verse el gozo que sin embargo, muy por debajo, está allí. En último análisis todos vamos a la iglesia por la misma razón que nos hace seguir reuniéndonos para Navidad como familia: por el puro gozo que significa hacerlo.

7

UNA ESPIRITUALIDAD DEL
MISTERIO PASCUAL

Recuerda que en el invierno,
debajo de la nieve amarga,
está la semilla que, amada por el sol,
en primavera se convertirá en una rosa.[1]

———◆◆◆———

Los temas atemporales del sufrimiento, la muerte y la transformación

Algunos de los críticos más ácidos del cristianismo han sugerido que lo peor es que se ha propuesto la tarea absurda de enseñar a ser infeliz a gente muy feliz, para poder administrar su infelicidad.[2] El cristianismo, dicen, se concentra demasiado en el sufrimiento, la muerte y la vida venidera, destruyendo de manera bastante efectiva nuestra capacidad de gozar de esta vida. Freud, según parece, tenía esta opinión. Culpaba al cristianismo de una cierta ansiedad neurótica en el alma occidental que, en-

---

[1] Canción popular, *The Rose,* y tema de una película con el mismo título.

[2] Véase, por ejemplo, el comentario de Philip Rieff en *The Triumph of the Therapeutic,* Nueva York, Harper Torchbooks, 1996, un análisis excelente de este tema.

tre otras cosas, nos impide responder de manera adecuada a la felicidad real que hay en nuestras vidas.[3]

No todo esto es un error y es cierto que mucha ansiedad se ha enseñado en nombre de la espiritualidad cristiana, pero los críticos del cristianismo son ingenuos si suponen que los seres humanos viven felices de manera natural y que todo lo que tiene que ver con el sufrimiento, la muerte y la vida venidera no nos causa —sin que el cristianismo necesite ocuparse de ello— una ansiedad patológica. Ninguna filosofía de la vida, ninguna antropología, ninguna psicología y, por fuerza mayor, ninguna espiritualidad puede pretender ser madura sin enfrentar las preguntas atemporales y reiteradas acerca del sufrimiento y la muerte. Hay realidades que carcomen el corazón. Ninguna negación, de concentración disciplinada en el momento presente, ningún esfuerzo por exorcizar los que para algunos son los fantasmas neuróticos del cristianismo, nos inmuniza contra las realidades del sufrimiento, la muerte y la necesidad de la transformación que éstos nos reclaman. Por lo tanto, la espiritualidad cristiana no pide disculpas por el hecho de que, dentro de nosotros, el más central de todos los misterios es el misterio pascual, el misterio del sufrimiento, la muerte y la transformación. En la espiritualidad cristiana Cristo es central y, así como Cristo es central, en su centro está su muerte y resurrección a una vida nueva, para que pueda enviarnos su Espíritu.

Éste es el misterio central en el cristianismo. Por desgracia, también es uno de los misterios peor comprendidos y más ignorados dentro de la teología y la espiritualidad cristianas. La clave de lo que Jesús hizo por nosotros está en su sufrimiento y su muerte, pero pocas veces intentamos comprender qué significa esto y cómo podemos actualizarlo en nuestras vidas. Solamente lo repetimos de la boca para afuera. ¿Cuál es el misterio pascual de Cristo? ¿Cómo entramos en ese misterio y lo vivimos en nuestras vidas?

---

[3] Véase Sigmund Freud, *El malestar de la cultura.*

Un paradigma teológico del misterio pascual

Una clave hermenéutica: algunas historias pascuales

Antes de examinar explícitamente la teología subyacente en el misterio pascual, puede ayudarnos el repasar algunas historias, que vienen de lugares muy diferentes, donde podemos verlo encarnado. Cada una de ellas nos comunica un elemento clave para comprender mejor la transformación pascual.

La primera historia nos la aporta el novelista Brian Moore. Uno de sus primeros libros, *The Lonely Passion of Judith Hearne*,[4] es verdaderamente una historia pascual. Puede resumirse, en grandes rasgos, de la siguiente manera:

Hace mucho tiempo, en Dublín, vivía una mujer que se llamaba Judith Hearne. Judith es una mujer muy bien dotada, en más de una manera. Sana, brillante, atractiva, una maestra respetada en su profesión, financieramente cómoda, conectada de manera sólida con algunos familiares y una cierta cantidad de amigos en los que confía. Se la ama y respeta. Sin embargo, en su vida hay un problema. Se está acercando a la menopausia, es soltera y no ha tenido hijos. Tanto su biología como su mente le están recordando, de manera consciente e inconsciente, ese axioma antropológico fundamental: "No es bueno estar sola", especialmente cuando a tu reloj biológico se le está acabando la cuerda.

Por lo tanto, sin darse cuenta en realidad, Judith se desespera. Todo en su vida —su salud, su empleo, su familia y sus amigos— empiezan a no contar para nada frente al hecho de

---

4 Brian Moore, *The Lonely Passion of Judith Hearne* (Toronto, Little, Brown & Co., 1964). También hay una película importante que tiene como protagonista a Maggie Smith representando el papel de Judith Hearne, bastante fiel a la historia que se relata en el libro, del mismo título.

que aquello que ella en realidad quiere, un esposo e hijos, se le niega. La asedia una gran inquietud y, en ese estado de desesperación inconsciente, conoce a un hombre, un estadounidense, de quien se enamora. El hombre, sin embargo, no está interesado en ella desde un punto de vista romántico y busca relacionarse con ella porque piensa que ella tiene dinero y que juntos podrían abrir un restaurante.

Una noche, habiendo salido con él, Judith toma la iniciativa. Le propone matrimonio. Pero él la rechaza, y le dice cuál es su verdadera intención. Este rechazo es la gota final que derrama la copa de Judith. Se emborracha, sufre una crisis nerviosa y termina en una iglesia, maldiciendo a Dios e intentando sacar el Santísimo Sacramento del tabernáculo, sobre el altar. La llevan a un hospital, donde recibe una atención satisfactoria y con el tiempo se recupera.

La historia tiene un final redentor. Poco antes de ser dada de alta del hospital, recibe la visita de su amigo estadounidense, el hombre que la había rechazado. Llega a su habitación contrito, con una docena de rosas en la mano, le dice que se ha equivocado y le propone casarse con ella. La respuesta de Judith, de manera más adecuada que la mayoría de los libros de teología, plantea la dinámica del Pentecostés. Ella le devuelve las rosas, diciéndole:

Gracias, pero no, gracias. No me interesa casarme contigo y para decírtelo de la mejor manera, necesito contarte una historia. Cuando eres una niña pequeña sueñas con la vida perfecta que vas a tener. Crecerás hasta tener un cuerpo hermoso, conocerás un hombre perfecto, te casarás con él, tendrás unos hijos maravillosos, vivirás en una casa maravillosa y tendrás amigos maravillosos. Pero, a medida que vas haciéndote vieja y ese sueño no se realiza, empiezas a revisarlo. Achicas tus expectativas y empiezas a buscar alguien con quien puedas casarte que no sea tan perfecto... hasta que llegas a lo que yo llegué a ser, donde inconscien-

temente estás tan desesperada que te casarías con cualquiera, aun si es tan vulgar y silvestre como la tierra que pisas. Bueno, yo aprendí algo al perderme y después volverme a encontrar; aprendí que si recibo el espíritu para lo que yo soy, no importa si casada o no, de ambas maneras puedo ser feliz. Mi felicidad no depende de algo afuera de mí sino de estar en paz con lo que tengo adentro.[5]

La historia termina cuando ella sale del hospital, fuerte y feliz de nuevo; hace una avión de papel con la tarjeta de visita del estadounidense y la arroja al aire por la ventanilla del taxi que la lleva a su casa.

Pentecostés ha tenido lugar porque, según nos dicen las Escrituras, el Espíritu Santo no es un espíritu genérico, sino un Espíritu que se nos da a cada uno de una manera muy particular, para las circunstancias particulares en las que cada uno se encuentra.[6] Pentecostés no es solamente un acontecimiento social, también es personal y para Judith Hearne significó recibir el espíritu de una mujer cerca de la menopausia, sin esposo y sin hijos.

La segunda historia es una que John Shea comparte con nosotros al principio de su libro *Stories of Faith.*[7] Un joven está cuidando a su padre, que se encuentra al borde de la muerte. El padre, que todavía es un hombre relativamente joven, está muriendo de cáncer y su muerte es muy dura. La enfermedad es terminal, ha consumido su cuerpo y ahora, aunque hace tiempo que hubiera tenido que morir, está en un hospital, afe-

---

[5] Pedimos disculpas a Brian More por lo que aquí es una paráfrasis y no una cita directa de su texto. Se trata de resumir, en pocas palabras, la esencia del conflicto.

[6] Véase 1 Corintios 12, especialmente el versículo 7, que trata de (como lo traduce la Biblia de Jerusalén) "la manifestación del Espíritu para provecho común." Sin embargo, la totalidad del capítulo 12 se ocupa de este tema, tal como ocurre con la totalidad de la teología general del Espíritu Santo en el Nuevo Testamento.

[7] John Shea, *Stories of Faith,* Chicago, Thomas More Press, 1980.

rrado todavía a la vida. Su cuerpo está lleno de tubos y, pese a los mejores esfuerzos de la morfina, sufre todo el tiempo. Todas las noches, después de su trabajo, viene su hijo, se sienta junto a su cama, sostiene la mano de su padre y mira impotente mientras su padre sufre. Esto sucede una cierta cantidad de días. Por fin, una noche, sentado en el mismo lugar de siempre, el hijo le dice al padre: "¡Papá, entrégate! Confía en Dios, muere. Cualquier cosa es mejor que esto." En pocos minutos, el padre se tranquiliza y muere. El hijo se da cuenta de que sus palabras han expresado una verdad muy importante. Una verdad sobre entregarse y confiar en Dios. Para aquel hombre, ayudado a morir por su hijo que lo amaba, ha tenido lugar su Viernes Santo. Como Jesús, fue finalmente capaz de devolver su espíritu a su Padre.

La última historia es de las Escrituras hebreas y cuenta cómo murió el hijo ilegítimo del Rey David (2 Sm 12, 1-2). Un día el hijo de David se enferma gravemente y David, por su parte, hace lo que se esperaba de un padre en aquellos tiempos. Se vistió con arpilleras, se sentó en medio de cenizas y oró y ayunó, pidiéndole a Dios que no se llevara a su hijo. Sin embargo, el hijo murió. Cuando se lo comunicaron, inmediatamente David se levantó, se quitó las arpilleras, se bañó para lavarse las cenizas, fue al templo, oró, volvió a su casa, comió una buena comida y después se fue a dormir, acostándose con su mujer: esa noche concibió a Salomón. Esta conducta sorprendió a algunos de sus amigos, que la encontraron extraña. Le preguntaron a David, entonces, si no había hecho las cosas al revés. "Cuando tu hijo estaba vivo, oraste y ayunaste; y ahora que está muerto comes y bebes..." Pero David, respondiéndoles, les explica algo con respecto al misterio pascual. "Cuando el niño todavía estaba vivo, oré y ayuné, esperando que Dios le permitiera vivir. Ahora que está muerto no hay nada que yo pueda hacer para volver a traerlo. Pero yo sigo vivo y debo seguir viviendo, frente a todo esto, y debo seguir creando nueva vida." Para el Rey David había sucedido una cierta resurrección. Su hijo está muerto, pero él sigue con vida, no del mismo modo como estaba vivo antes de que su hijo muriera, sino con una vida nueva en la que, con fe, él empieza a entrar con el resto de sus fuerzas.

> *El misterio pascual es el misterio de cómo nosotros, después de haber atravesado por alguna especie de muerte, recibimos una vida nueva y un espíritu nuevo.*

Jesús, tanto en sus enseñanzas como en su vida, nos ha mostrado un paradigma claro de cómo es que esto debiera suceder. Nos dedicaremos, ahora, a examinar este paradigma.

Un paradigma del misterio pascual

"A menos que el grano de trigo caiga al suelo y muera, seguirá siendo solamente un grano; pero si muere arroja una rica cosecha" (Juan 12, 24). Estas palabras de Jesús, en lo esencial, definen el misterio pascual, a saber que, para alcanzar una vida y un espíritu más plenos, debemos ser capaces de entregar nuestra actual vida y el espíritu que ahora tenemos. Sin embargo, para entender esto y para ver cómo Jesús lo enseñó y lo ejemplificó en su propia vida, será necesario hacer algunas distinciones preliminares. Debemos distinguir entre dos clases de muerte, dos clases de vida y entre la vida y el espíritu.

Primero, entre dos clases de muerte. *Hay una muerte terminal y hay una muerte pascual.* La muerte terminal pone fin a la vida y termina con toda posibilidad. La muerte pascual, como la muerte terminal, es real. Sin embargo, la muerte pascual es tal que, poniendo fin a una clase de vida, abre a las personas que pasan por ella a una forma de vida más profunda y más rica. La imagen del grano de trigo que cae al suelo y muere para producir nueva vida es una imagen de la muerte pascual.

También hay dos clases de vida. *Hay una vida resucitada y una vida resurrecta.* La vida resucitada es cuando uno es restaurado a su misma vida y estado de salud anteriores. Esto puede sucederle a alguien que ha estado muerto desde el punto de vista clínico y ha sido devuelto a la vida. La vida resurrecta no es esto. No es la restauración de la vida que uno tenía antes sino la recepción de una vida completamente nueva. Vemos esta diferencia en las Escrituras comparando la resurrección de Jesús y la así llamada resurrección (en realidad es una "resucitación") de Lázaro. Lázaro recibió de vuelta su vida de antes, una vida de cual tenía que volver a morir. Jesús no recibió su anterior vida de vuelta. Recibió una vida nueva, una vida más rica, de la cual no tendría que volver a morir. El misterio pascual es sobre la muerte pascual y la vida resurrecta.

Por último, también debemos distinguir entre la *vida* y el *espíritu.* No son la misma cosa y muy a menudo los recibimos en diferentes momentos. Por ejemplo, después de la resurrección de Jesús, los discípulos reciben la nueva vida en Cristo; pero recién después de un tiempo, en Pentecostés, reciben el Espíritu para la nueva vida que ya están viviendo. Como veremos en los ejemplos que se darán más adelante en este capítulo, en nuestras propias vidas sucede algo parecido. Vivimos tanto por medio de la vida como por el Espíritu, y la paz de nuestra alma depende de una síntesis feliz entre los dos. El misterio pascual, como lo veremos en breve, es un proceso de transformación dentro del cual se nos dan tanto una vida nueva como un espíritu nuevo. Empieza con el sufrimiento y la muerte, pasa a la recepción de una nueva vida, emplea algún tiempo en hacer duelo por la vida anterior y en adaptarse a la vida nueva. Por último, y recién cuando la vida vieja ha quedado totalmente atrás, recibimos un Espíritu nuevo, para la vida nueva que ya estamos viviendo. Todo esto lo vemos, ante todo, en el gran misterio del pasaje de Jesús de la muerte a la vida.

Desde un punto de vista teológico, mirando las enseñanzas de Jesús y especialmente su muerte y resurrección y lo que sigue después de éstas, podemos ver que hay cinco momentos claramente distinguidos dentro del ciclo pascual: el Viernes Santo, el Domingo de Pascua, los cuarenta días que llevan a las Ascensión, la Ascensión y Pentecostés. Todos éstos son parte de un único proceso, orgánico, y cada uno debe entenderse, para que tenga sentido, en función de los demás. Solamente de este modo el misterio pascual tiene sentido. Cada momento es una parte del proceso de transformación, de morir y dejar atrás, y de recibir una vida nueva y un espíritu nuevo.

En pocas palabras el ciclo pascual puede describirse de la siguiente manera:

1) Viernes Santo: "la pérdida de la vida: una muerte real".

2) Domingo de Pascua: "la recepción de una vida nueva".

3) Los cuarenta días: "un período para reajustarse a lo nuevo y hacer duelo por lo viejo".

4) Ascensión: "dejar que lo viejo quede atrás y recibir su bendición: negativa a aferrarse a lo viejo".

5) Pentecostés: "la recepción del Espíritu nuevo para la vida nueva que uno ya está viviendo".

Dicho de manera más sencilla y como un desafío pascual para cada uno de nosotros, podría formulárselo de otra manera diciendo:

1) "Ponle un nombre a tus muertes."

2) "Reclama tus nacimientos."

3) "Llora por lo que has perdido y ajústate a una realidad nueva."

4) "No te aferres a lo viejo, déjalo ascender y dale tu bendición."

5) "Acepta el espíritu de la vida que estás, de hecho, viviendo."

Este ciclo no es algo que debamos vivir una sola vez, en el momento de nuestra muerte, cuando perdemos nuestra vida terrenal tal como la conocemos. Es algo que debemos atravesar todos los días, en cada uno de los aspectos de nuestra vida. Cristo habló de muchas muertes, muertes cotidianas, de muchas resurrecciones y de varios pentecostés. *El misterio pascual es el secreto de la vida. Nuestra felicidad depende de vivirlo de una manera adecuada.*

Todo esto, en este momento, quizá resulte un poco abstracto. ¿Qué significa, de manera concreta? ¿Cómo hemos de vivir, en nuestras vidas cotidianas, el misterio pascual? A continuación siguen algunos ejemplos, tomados de la vida cotidiana, que procuran ejemplificar cómo nuestra felicidad, paz y madurez dependen de una apropiación correcta de este misterio en nuestras vidas. A menos que muramos en la infancia, en nuestras vidas sufriremos muchas muertes y en cada una de éstas debemos recibir una vida nueva y un espíritu nuevo. Debemos atravesar diariamente el misterio pascual. Examinemos algunas de estas muertes.

Vivir las varias muertes dentro de nuestras vidas

La muerte de nuestra juventud

Imagínate el siguiente escenario. Una mañana te levantas, miras tu calendario y te das cuenta de una inquietante realidad: hoy es tu cumpleaños número setenta. ¡Tienes setenta años de edad! Con setenta años, en términos de esta vida, ya no puedes considerarte joven. Todos los cosméticos, cirugía plástica, ejercicios para controlar la cintura, y toda la actitud positiva del mundo no pueden cambiar ese hecho. Tu juventud ha muerto. ¡Pero no estás muerto! Te miras en el espejo y lo que ves es una persona muy vibrante, pese a las limitaciones físicas de la edad. De hecho, ahora te sientes más rico, más lleno de una vida profunda, que cuando tenías veinte años, o cuarenta, o sesenta. Pero estás vivo como una persona de setenta años, no como una de veinte.

Desde un punto de vista pascual, en términos de juventud, ésta es tu condición: El Viernes Santo ya ha tenido lugar, ya has recibido la vida de una persona de setenta años de edad, una vida nueva, diferente y más rica que la vida que vivías cuando tenías veinte años. Y ahora, frente a ti, tienes una elección. Puedes elegir no lamentarte por el hecho irreversible de tu edad y dejar que tu juventud, ya perdida, quede atrás. Como María Magdalena, la mañana de Pascua, se aferraba al Jesús que había conocido, intentando agarrarse como a una juventud ya perdida. Si lo haces, bloquearás el ascenso y te convertirás en una persona de setenta años, infeliz, temerosa y frustrada. Porque como Judith Hearne antes de su crisis, estarás intentando vivir tu vida con el espíritu de otra persona. En el mejor de los casos, es una empresa esquizofrénica. Pentecostés no puede sucederte; cada día tendrás más miedo de hacerte viejo y serás más infeliz por no poder evitarlo. Si, en cambio, dejas que tu juventud ascienda, serás capaz de decir: "¡Fue bueno tener veinte años, y tener treinta, y cuarenta, y cincuenta, y sesenta... pero es mucho mejor tener setenta!" Entonces sucederá Pentecostés y tú recibirás el espíritu para vivir la vida que ya estás viviendo: la vida de una persona de setenta años, un espíritu diferente al de una persona que tiene veinte años.

Algunas de las persona más felices del mundo tienen setenta años de edad y también algunas de las personas más infelices. La diferencia entre unos y otros no es quién haya conseguido mantenerse más delgado o con un aspecto más juvenil. La diferencia está en Pentecostés. La persona que a los setenta años es feliz es un hombre o una mujer que ha recibido el espíritu para su edad, ese Espíritu que las Escrituras dicen que cada uno de nosotros recibimos de una manera bien particular y para cada circunstancia particular de la vida.

Es interesante en este contexto recordar que los egipcios solían momificar a sus muertos empapando sus cuerpos en sustancias conservadoras para que, de alguna manera, se mantuvieran intactos para siempre. Como imagen, ésta es la antítesis del misterio pascual. La idea cristiana es dejar que lo que ha muerto se vaya, dejar que la naturaleza siga su curso, confiar que el Dios que en un momento nos dio la vida volverá a dárnosla, ahora de una manera más profunda. Si tengo setenta años de edad y estoy intentando, por medio de toda técnica conocida y sustancias cosméticas, preservar mi juventud, es como si, a mi manera, estuviera tratando de momificar mi cuerpo. El misterio pascual debería liberarnos de esta clase de infelicidad.

La muerte de nuestra plenitud

Otra muerte que cada uno de nosotros, a su propia manera, debe estar dispuesto a sufrir, es la muerte de la plenitud, la muerte que resulta cuando una parte de nosotros se quiebra y muere. Aquí también necesitamos la transformación pascual, de manera tal que podamos recibir el espíritu de alguien que ya no goza de su plenitud. Permítanme compartir con ustedes una historia que ilustra esta circunstancia de la vida.

Hace algunos años, en una de mis clases de teología, había entre mis alumnos una mujer que, debido a muchas razones, no era una persona feliz. Según las apariencias exteriores, sin embargo, no le faltaban razones para gozar de la felicidad. Tenía cuarenta y nueve años, era sana, atractiva, muy inteligente, se dedicaba a las artes plásticas y su obra había sido publicada. Tenía dos hijos adolescentes perfectamente sanos. Pero estaba muy lejos de ser feliz. Encerraba, en su interior, una ira cancerosa que estaba consumiendo su vida amenazaba con ahogar toda potencial felicidad en su vida. Su presencia en la clase nos perturbaba a todos y teníamos que cuidarnos mucho de su sensibilidad para no despertar su enojo. En esta etapa de su vida había abroquelado su ira alrededor de una agenda feminista.

En un momento, después de que esta clase hubiera terminado, vino a verme y compartió conmigo su historia. Y había que reconocer que era una historia trágica. Su padre había sido alcohólico y una noche, cuando tenía nueve años de edad, la había violado. Nuestra conversación tuvo lugar cuarenta años después, pero ésta es la manera como ella describía lo que le había sucedido y cómo se sentía ahora, después de todo ese tiempo.

Algo, dentro de mí, murió en ese momento. Han pasado cuarenta años y sin embargo todavía me siento conmovida. Toda mi vida terminó en ese momento. Recuerdo una vez, cuando leía una novela de Joyce Carol Oates, donde ella dice: "y el espíritu salió del hombre". Eso es lo que me sucedió a mí. El espíritu me abandonó cuanto tenía nueve años. Desde entonces nada me ha entusiasmado en la vida.

Hubo algunos momentos en los que pude enterrarlo, dejarlo atrás, hacer como si nada hubiera sucedido, seguir con mi vida, actuar de manera normal, como todos los demás. Sí, hice como si no me hubiera sucedido nada. Me enamoré (en un cierto sentido), me casé, tuve dos hijos... durante un tiempo hasta yo misma pensé que aquello había quedado atrás. Hasta fui capaz de perdonar a mi padre (en un cierto sentido). Recuerdo cuando fui a su funeral y lo vi en el ataúd. Su rostro parecía estar en paz, más en paz que en cualquier otro momento que yo recordara de su vida. La tensión y la ira que siempre había experimentado parecían haberse ido junto con su vida. Parecía lleno de paz. Lo besé. Me obligué a hacerlo. Hice mi paz con él. Estaba muerto y yo quería dejar que se fuera, y que mi rencor se fuera con él. Pero el rencor no había muerto, no se fue. A medida que fui haciéndome mayor cada vez fue peor. Terminé experimentando cada vez más ira.

Todo empezó con mi lectura de libros feministas. Pero yo sé que el feminismo no fue la razón. Mi ira hubie-

ra salido a la superficie, de una u otra manera. Leí libros feministas y eso me ayudó a entrar en contacto con mi herida. Entendí muchas cosas y me enojé aún más todavía. Si solamente, solamente... Si mi padre no hubiera estado tan enfermo, si la sociedad hubiera sido más justa, si las mujeres tuvieran igualdad, si los hombres no fueran tan machistas y cabezaduras. Si solamente... Bueno, me enojaba cada vez más y más. Me enfrié adentro, como un iceberg. Para mi familia llegó a hacerse muy difícil: mi esposo y mis hijos, y después la gente alrededor de nosotros, la parroquia, mis amigos, todos.

Empecé a pelearme con todos... y tenía razón. No es justo. Es una vergüenza que vidas, especialmente vidas de mujeres, puedan arruinarse de esa manera, para siempre. No es justo tener que vivir en un mundo que es tan injusto. Me gustaría que quienes detentan el poder, esos hombres, desde el Papa para abajo, tuvieran que sufrir la muerte que yo sufrí. Me dicen que soy una feminista iracunda. Sí. Estoy enojada. Ese enojo amenaza con arruinar mi matrimonio, con arruinar mi relación con la Iglesia, una Iglesia que en algún momento amé, y con arruinar mi felicidad. Pero hubo algo que me arruinó mucho antes que todo esto. Querría que alguien pudiera entenderlo.

Tengo razón, pero estoy tan llena de cáncer en mi interior que querría gritar, simplemente gritarle al mundo lo injusto que es todo esto. Pero sé que nadie me escucharía. No quiero morir enojada. No quiero esta muerte horrible que no es culpa mía.

Revisemos esta historia en términos del misterio pascual. Esta mujer tiene razón. En el momento del abuso del que fue hecha víctima, su plenitud como persona murió. Y murió de manera irrevocable. Ninguna terapia, actitud positiva o fuerza de voluntad puede hacer que desaparezca el problema, tal como tampoco podría hacer que desaparezca lo que sucedió el primer

Viernes Santo. Como a Jesús, se la había crucificado. Pero no estaba muerta. Es una mujer llena de vida, en realidad excepcional. Hay muchas cosas que podría disfrutar: su salud física, talento artístico, brillo intelectual, belleza, un esposo que la ama y respeta, hijos y, por debajo de su enojo, un espíritu lleno de gracia y honesto. Pero vive con la vida de alguien que ha sido sometida a un violento abuso, no con la vida de alguien que no ha debido soportar esto.

Su tarea es arreglárselas para ascender. Debe hacer duelo por lo que ha muerto en ella y después, cuando llegue el momento adecuado, dejar que lo muerto ascienda. Algunas de las personas más felices del mundo han sufrido abusos y también algunas de las personas más infelices. La diferencia no radica tanto en las dimensiones del trauma original o en la calidad de la terapia ulterior, sino en el ascenso y el Pentecostés. Eso es, en realidad, lo que luego sucedió con aquella mujer cuya historia les he contado. Se produjeron el ascenso y el Pentecostés. Y esto sucedió gracias al estímulo de otra mujer que también había sido víctima de un abuso sexual. Aquella mujer, llegado el momento, pudo entregarse a la terapia que la llevó al Pentecostés.

La terapia del duelo la ayudó a rebajar la fuerza del impacto sobre su mente, sesiones de masajes disminuyeron el impacto de la conmoción que había sufrido su cuerpo y una buena orientación pascual alivió el golpe que había sufrido su alma. En una etapa de la terapia —en una sesión que incluyó profesionales de la salud: un médico, un psiquiatra, una enfermera, un sacerdote— alguien le dijo: "Jesús le dio a sus discípulos cuarenta días para hacer duelo y acomodarse a la nueva realidad. A ti te ha dado cuarenta años. Ya es hora de que lo dejes morir. Déjalo ir. Confía en Dios, déjalo que muera." Como el hombre que ayudó a morir a su padre, ella también fue capaz, llegado el momento, de aceptar la muerte de aquella parte suya. Hoy es una mujer feliz, ha avanzado en su carrera artística, está satisfecha con su familia y utiliza todo su tiempo libre para trabajar con otros que han sido víctimas de abusos sexuales. Camina contenta sobre la tierra, pero con el espíritu de alguien que en un momento de su vida fue violado. Ha sido capaz de unir la vida y el espíritu.

Hace algunos años, en un encuentro de dirección espiritual, una mujer compartió conmigo la siguiente confidencia:

> *Mi esposo y yo nunca entendimos plenamente el significado de la Ascensión y el Pentecostés hasta que tuve que sufrir una mastectomía doble. Al principio experimenté mucha ira. Mucho dolor por lo que habíamos perdido. Tuvimos que abandonar la plenitud de algo que habíamos tenido. Ahora nuestra relación ha vuelto a ser grandiosa... en todo aspecto... pero mi esposo tuvo que aprender a verme de otra manera. Yo tuve que aprender a verme de otra manera. Ahora sí sabemos lo que significa dejar que un cuerpo suba al cielo para poder recibir un espíritu nuevo.*

La muerte de nuestros sueños

Una de las muertes a las que Jesús hizo referencia es la muerte de nuestros sueños, no los sueños que soñamos mientras estamos dormidos, sino los sueños de ser especiales, de la plenitud que nos espera y que cultivamos en nuestros corazones. Una vez más, permítanme contarles la historia de una persona que ejemplifica esta situación.

Hace algunos años, en un retiro que yo estaba dirigiendo, se presentó un hombre de unos cuarenta y cinco años, tenía unos diez kilos de más (principalmente alrededor de la cintura) y venía de un pueblo chico del norte de Canadá. En esencia lo que me dijo fue lo siguiente:

> *Padre, vine a este retiro porque necesito algo nuevo en mi vida. Estoy harto de mí mismo. Ése es el proble-*

ma. *Tengo cuarenta y cinco años y ya es hora que me meta dentro de mi piel y deje de vivir un maldito sueño.*

Mi sueño empezó cuando era chico y me iba haciendo grande en una granja del norte de Alberta. Recuerdo cuando escuchaba los relatos de los partidos de hockey y el anunciante decía: "Tira y hace un tanto." Y yo soñaba que era yo. En mi soñar despierto iba a ser una estrella famosa del hockey. Y casi sucedió. Era muy buen jugador y durante tres años llegué a ser parte de un equipo de primera juvenil. Jugábamos el mejor hockey fuera de la Liga Nacional. Yo llegué a ser una figura importante, tanto como para que algunos equipos profesionales se interesaran en mí. De modo que cuando tenía diecinueve años traté de jugar hockey profesional. La parte triste era que yo no era lo suficientemente grande, ni lo suficientemente bueno. Cuando llegué a los veinte años mi sueño se había pinchado. Me dijeron que nunca iba a llegar. Pero yo era joven y en mi pueblo había sido una gran estrella. De modo que volví a la casa de mis padres y, por falta de otra cosa para hacer, empecé a trabajar en la tienda local de la cadena Safeway.

Han pasado veinticinco años desde entonces y sigo trabajando en la misma tienda. En el camino me casé (digamos que hice un buen matrimonio) y tuve cuatro hijos. Todos son sanos y decentes. Pero ésa es la parte triste. Debería estar contento. Tengo una buena mujer, buenos hijos, ya he terminado de pagar la casa donde vivimos, mi trabajo es aburrido pero seguro, estoy sano. Es probable que haya mucha gente en el mundo que querría cambiar su vida por la mía. La mejor forma de describir lo que me pasa es diciendo que durante los últimos veinticinco años no he estado adentro de mi piel. He estado demasiado inquieto, he seguido viviendo aquel sueño de mi infancia, siempre pienso "¿Y si hubiera triunfado en la Liga Nacional de Hockey?"

¿Y si no hubiera dejado de ir a la escuela cuando todavía era chico? ¿Y si no me hubiera casado tan joven? ¿Y si no estuviera enterrado aquí, en este pueblo perdido y

olvidado de Dios en el medio de nada? Toda mi vida he ali-
mentado sueños de llegar algún día a ser algo grande... una
gran estrella, en una gran ciudad, con un gran sueldo. Mi
nombre en luces de neón. Míreme, Padre. Soy un pobre tipo... un sueldo insignificante, un pueblo pequeño, todo pequeño, ¡excepto la medida de mi cintura!

Lo que me pasa puede entenderse viendo una sola
cosa: me he dedicado a coleccionar autógrafos. Mire: autógrafos de grandes atletas, de cantantes de folklore. Cuando
uno se pone a pensarlo, es patético. Yo, con mis cuarenta y
cinco años, el momento más feliz de mi año es cuando puedo mostrar a mis compañeros de trabajo los autógrafos que
he conseguido en un partido de hockey...

El año pasado, en la iglesia, me di cuenta de algo.
No sé qué domingo era, pero estaba escuchando las lecturas
con un poco más de atención porque la que leía era mi hija.
Cuando mi hija terminó, un sacerdote empezó a leer cómo
el cuerpo de Jesús subió al Cielo. Entonces se me cruzó un
pensamiento: Eso es lo que tiene que pasar con mi sueño.
Tengo que dejar que suba al cielo, como subió el cuerpo de
Jesús. Fue un bonito sueño. Pero ya se terminó. Tengo que
dejar de soñarlo para no estar todo el tiempo tan inquieto y
para entrar en mi piel. Tengo todas las razones para estar
contento pero no lo estoy. Debe haber gente como yo, con
cuarenta y cinco años y unos diez kilos de más, que viven
en pueblos pequeños y trabajan en la cadena de tiendas Safeway, pero están contentos. ¡Yo quiero ser uno de ellos! Es
una vergüenza para mi mujer y para mis hijos, que son verdaderamente buenos y en última instancia son lo único que
importa, que no haya estado con ellos como debiera ser.
Tengo que ser lo que soy y vivir mi propia vida en vez de
intentar vivir la vida de otro o esforzarme por convertir en
realidad un sueño que ya terminó hace mucho tiempo.

Este hombre está listo para la ascensión. Ya ha tenido
sus "cuarenta días", veinticinco años de duelo y ajuste. Ahora

está listo para dejar que lo viejo ascienda, de tal manera que pueda recibir el espíritu de alguien que tiene cuarenta y cinco años de edad, un poco de sobrepeso y que vive y trabaja en un pueblo pequeño en el norte de Canadá. Algunas de las personas más felices del mundo podrían incluirse en esta descripción, así como algunas de las personas más inquietas del mundo. La felicidad o la inquietud no se determinan a partir de quiénes son exitosos o quiénes terminan viviendo en pueblos pequeños. Dependen de la ascensión y el Pentecostés, según éstos hayan o no tenido lugar. La historia de este hombre, de una u otra manera, la hemos vivido todos nosotros. Como Judith Hearne, todos cultivamos el sueño de una vida perfecta que nos lleva a una consumación perfecta. Más adelante, todos necesitaremos hacer duelo por ese sueño para recibir el espíritu de alguien que vive solo y no ha alcanzado la plenitud de la consumación. La Biblia nos ofrece una historia poderosa y arquetípica que procura enseñárnos exactamente esto. Es una historia que al mismo tiempo nos golpea y nos fascina por su lisa y llana terrenalidad (Jueces 11, 29-40).

Un cierto rey, Jefté, está en guerra y las cosas no le van muy bien, ni a él ni a su ejército. Desesperado, ora a Dios prometiéndole que si se le da la victoria, cuando regrese a su casa ofrecerá en sacrificio la primera persona que salga a su encuentro. Su oración es escuchada y tiene una gran victoria. Cuando regresa a su casa se horroriza porque la primera persona que sale a su encuentro es su única hija, en la plenitud de su juventud, a quien ama encarecidamente. Le cuenta a su hija la promesa que ha hecho y le propone romperla y no ofrecerla en sacrificio. Ella, sin embargo, insiste en que debe cumplir su promesa, pero con una condición: necesita que antes del sacrificio su padre le permita pasar un tiempo en el desierto, para llorar por su vida, por morir siendo aún virgen, incompleta, irrealizada como mujer. Le pide a su padre que le conceda dos meses y durante ese tiempo va al desierto con sus compañeras y hace duelo por su vida incompleta. Después regresa y se ofrece ella misma en sacrificio.

Más allá del desafortunado carácter patriarcal de esta historia, es una parábola que, a su propio modo, cuenta algo profundo sobre el misterio pascual, a saber que necesitamos hacer los cuarenta días correspondientes de duelo por todo lo que hay de incompleto y no consumado en nuestras vidas. Según lo dijo en una oportunidad Karl Rahner, en el tormento de la insuficiencia de todo lo que podemos alcanzar, empezamos a darnos cuenta de que, en esta vida, todas las sinfonías son inconclusas. Y tiene razón. Al final todos morimos vírgenes, como la hija de Jefté: nuestras vidas incompletas, nuestros sueños en su gran mayoría frustrados, en la espera, todavía, de la intimidad, de algo que nunca hemos tenido, dejamos inconclusa nuestra sinfonía y lloramos inconscientemente nuestra virginidad. Esto vale tanto para las personas casadas como para los célibes. En definitiva, todos dormimos solos.

Ésta es una buena razón para el duelo. Sea cual fuera la forma que éste asuma, todos necesitamos, en un cierto punto, retirarnos al desierto y llorar allí nuestra virginidad. Cuando no lo hacemos (y por no haberlo hecho) vivimos enojados, somos exigentes, amargos, desilusionados y demasiado inclinados a echarle la culpa de nuestras frustraciones a los demás. Cuando no hacemos el necesario duelo por nuestras vidas incompletas nos invade una inquietud acuciante, un centro de amargura en nuestros corazones que nos priva de toda la alegría de vivir. Al no hacer duelo por nuestra virginidad exigimos que algo o alguien —un cónyuge, un compañero, una familia ideal, nuestros hijos, algún logro, una meta vocacional, un trabajo— nos quite toda nuestra soledad. Ésta, por supuesto, es una falsa expectativa que invariablemente nos lleva a la amargura y la desilusión. *En esta vida no hay sinfonías completas.* Estamos hechos para el infinito, somos abismos sin fondo. Debido a esto estaremos, de este lado de la eternidad, siempre solos, inquietos, incompletos, todavía vírgenes, viviendo en el tormento de la insuficiencia de todo lo que podemos lograr.

El sueño de la consumación perfecta, como el de llegar a ser una superestrella, deberá, en un cierto punto, lamentarse y dejar que ascienda. De otro modo, tal como sucedió con el hombre de la historia que acabamos de relatar, nuestros sueños diurnos nos privarán, permanentemente, de las felicidades simples de la vida.

La muerte de nuestras lunas de miel

Imagínese este suceso muy común: un hombre y una mujer se conocen y se enamoran. Se casan y su luna de miel es de un romanticismo que podríamos esperar encontrar en Romeo y Julieta. Se sienten una pareja en un millón y la pasión que experimentan el uno hacia el otro es tan avasalladora como para relativizar cualquier otra cosa que cualquiera de los dos haya sentido antes. Ahora, quince años después de aquella luna de miel, son cada uno de los dos quince años mayor y quince kilos más pesados y con quince años de vida compartida en el medio. Se miran, una mañana, por encima del la mesa del desayuno. Ahora saben, y lo han venido sintiendo durante un tiempo, que su luna de miel ya terminó. Aquellos sentimientos apasionados que los avasallaron han muerto. Se ha establecido, entre ellos, una especie de relación doméstica. ¿Dónde están, en su relación, en términos del ciclo pascual?

El período de la luna de miel de su relación murió, pero su relación, su matrimonio, dista mucho de haber muerto. En realidad están más unidos que nunca, con mayor fuerza y mayor profundidad de la que tenían durante la luna de miel. Pero viven la vida de una pareja que ha estado casada durante quince años, no quince días, o quince minutos. Ésta es, entonces, la decisión que los enfrenta, por más inconsciente que sea. Pueden aferrarse a lo que tuvieron en algún momento del pasado, a aquella pasión especial, y crucificar lo que tienen en el presente en nombre de aquel ideal romántico. Cualquiera de los dos puede acusar al otro de haber dejado que la pasión muriera ("¡Ya no me regalas flores!") y cualquiera de los dos puede sentirse ten-

Ronald Rolheiser

tado a buscar una pasión romántica nueva en otra relación. O pueden hacer duelo por su luna de miel y recibir el espíritu para una pareja que ha estado casada durante quince años (distinto del espíritu que anima a la pareja que ha estado casada por quince minutos). Si lo hacen, su matrimonio será infinitamente más profundo de lo que fue entonces, durante la pasión de la luna de miel. Una pareja que ha compartido la vida durante quince años (salvo que exista alguna patología importante, disfunción o infidelidad en la relación) posee un lazo de unión mucho más profundo y creador de vida del que tiene una pareja en su luna de miel.

Algunas de las parejas más felices del mundo han estado casadas durante quince años, así como algunas de las más infelices. Sin embargo, y esto es lo que importa, la felicidad o la infelicidad en una relación no dependen de la cantidad de años que la relación ha durado, sino de haber vivido el misterio pascual, es decir, de constatar las muertes de la relación a medida que éstas suceden y de recibir la nueva relación que se les va dando, haciendo el correspondiente duelo sobre lo que murió, dejándolo que se vaya, y recibiendo el espíritu para la relación que están viviendo en la realidad. La pareja que ha vivido durante quince años debe recibir el espíritu de los que han vivido juntos durante quince años... y no intentar vivir con el espíritu de los que han estado casados durante quince minutos.

Esto no vale solamente para la luna de miel de nuestras relaciones románticas, sino que es verdadero e importante entender de ese modo todas nuestras otras relaciones: con amigos, vecinos, vocaciones e, inclusive, con nuestros trabajos. Todas las lunas de miel mueren. Para mantener algo en la vida debemos todo el tiempo reconocer que ese primer fervor, esa electricidad especial por la que moriríamos, nunca dura, y que debemos estar abiertos para recibir un espíritu nuevo dentro de la relación. El lado negativo es que todas las lunas de miel mueren, pero el lado positivo es que Dios nos está dando siempre algo más rico aún, un espíritu más pleno y una vida más profunda.

La muerte de una cierta idea de Dios y de la Iglesia

Todo esto vale, también, para nuestra concepción de Dios y de la Iglesia. Aquí también necesitamos abandonar lo que tenemos para recibir lo nuevo que Dios nos da. Permítanme usar un ejemplo personal:

Desde muy joven crecí en la Iglesia católica tal como existía antes de los cambios que introdujo el Concilio Vaticano II en 1960. Pasé mi infancia en una comunidad de inmigrantes en la cual la iglesia era el centro de la vida. Todos iban a la iglesia y los ritmos de la vida de la iglesia lo dictaban todo. La misa se celebraba en latín y prácticamente todos los católicos se identificaban con ciertas prácticas piadosas y ascéticas (que iban desde no comer carne los viernes o no bailar durante la cuaresma hasta rezar el rosario). En la escuela, junto con todos los otros niños católicos en América del Norte, se nos hacía aprender de memoria un mismo catecismo y, de costa a costa, competíamos y nos entreteníamos, como prueba de nuestra virtud, recitando aquellas preguntas y respuestas que todos conocían. Las parroquias, los conventos y los seminarios estaban llenos de vida y, en términos generales, la Iglesia gozaba de un considerable respeto dentro de la cultura más amplia. Para los católicos, en el mundo occidental, aquella fue una época de oro. Había un sentimiento generalizado entre los católicos al que quizá nunca volvamos a aproximarnos y dentro del catolicismo había una cierta confianza que bordeaba peligrosamente la intolerancia. Sea cuales fueran las disfunciones, que las había, la Iglesia católica, durante mi juventud, era una expresión encarnada poderosa del cuerpo de Cristo. Para mí fue el vehículo que me hizo recibir la fe cristiana.

Pero ahora, cuarenta años después, el Dios y la Iglesia de mi juventud han sido, como el cuerpo original de Jesús, crucificados. Por el tiempo, las circunstancias, la cultura e incontables otras fuerzas. La Iglesia en la que crecí, aquella expresión particular de la eclesiología, ha muerto. Como han muerto tantas otras cosas en las décadas de los años 50, 60, 70 y 80. Pero la Iglesia no murió. Sigue estando muy viva, plena de vida en más de un sentido. Sin embargo, está viva con la vida de hoy, la que estamos viviendo en el principio de un nuevo siglo y no con la vida de 1950. Entonces, junto con todos los otros católicos de mi generación, tengo por delante una elección.

Puedo intentar aferrarme a la Iglesia de mi juventud. Esta adhesión puede asumir diferentes formas. Si soy de inclinación conservadora y lamento que la Iglesia de mi juventud haya cambiado, puedo intentar restaurar esa Iglesia ("denme la buena religión de antes"), desafiando los cambios que introdujo el Concilio Vaticano II y que se han producido de hecho. Esto me obligará a vivir en una nostalgia malsana, anhelando todo el tiempo aquellos días cuando nada había cambiado. Si por temperamento soy liberal y me resulta satisfactorio que la vieja eclesiología haya muerto puedo aferrarme a la vieja Iglesia todavía y no recibir el espíritu de la Iglesia actual, aunque mi odio hacia mi pasado me hará lamentar todo el tiempo lo malas que eran las cosas, cuánto era el cambio que se necesitaba y qué estrechos de mente y atrasados son mis hermanos y hermanas conservadores. En ambos casos sigo siendo María Magdalena que trata de aferrarse al antiguo cuerpo aun cuando frente a los ojos tiene una realidad nueva. No es un accidente que, en el catolicismo, entre aquellos que tienen más de cuarenta años de edad, tanto los conservadores como los liberales estén obsesionados con la iglesia previa al Concilio Vaticano II, pues ha habido un fracaso, por ambas partes, al no haber hecho el correspondiente duelo por la Iglesia vieja y dejarla ascender al Cielo.

Por otro lado, puedo aceptar el misterio pascual tal como se aplica al Dios y la Iglesia de mi juventud. Puedo mirar a la Iglesia que me dio la fe, reconocer que (como mi propia juventud) ha muerto, lamentarme por su desaparición, aceptar que me bendiga, dejarla ir, y recibir entonces el espíritu de la Iglesia en la que vivo hoy. En términos bíblicos, lo que todos los católicos de mi generación, tanto liberales como conservadores, necesitan es ir al monte de la ascensión y dejar que la Iglesia de nuestra juventud nos bendiga y dejarla ascender, con toda reverencia, para que podamos recibir el espíritu nuevo de la vida eclesial que de hecho ya estamos viviendo. Por desgracia, demasiado a menudo los católicos de mi generación están obstaculizando la ascensión y, de este modo, también están impidiendo la irrupción del Pentecostés. No es sorprendente que tengamos dificultades para transmitir nuestra fe a los hijos. Se nos ha dado una vida nueva pero todavía no hemos recibido el espíritu de esa vida nueva.

El ejemplo que damos aquí proviene del catolicismo, pero la dinámica que se describe es universal. Todos debemos dejar que el Dios de nuestra juventud ascienda para reconocer al Dios que camina con nosotros por la vida hoy. Vemos un ejemplo impactante de esto en el Evangelio de Lucas, en el famoso incidente de cuando Jesús camina con sus discípulos hacia Emaús.[8] Lo más curioso de este incidente es que los discípulos, amigos de Jesús, no lo reconocen, aunque ha estado ausente y muerto solamente durante un día y medio. ¿Por qué no pueden reconocerlo? Porque están demasiado concentrados en su realidad anterior. Están hasta tal punto concentrados en la imagen de lo que Jesús era antes, en su forma de entenderlo entonces y en la manera como se les hacía presente, que ahora no pueden abrirse para verlo tal como es mientras camina con ellos.

Resulta triste que esto sea tan verdadero con respecto a nosotros, en términos de la forma como entendemos a Dios y a la Iglesia. Por estar aferrados a lo que anterior, no podemos reconocer la presencia de Dios en una realidad nueva. El rabino Abraham Heschel, un gran escritor espiritual judío, comparte con nosotros una historia que es un buen ejemplo de todo esto. Un día vino a verlo un estudiante joven, quejándose de estar confundido con respecto a sus ideas religiosas y alentar dudas con respecto a la existencia de Dios. El joven había crecido en

---

[8] Véase Lucas 24, 13-35 donde Lucas describe cómo podemos hacer para caminar con Dios y no reconocer esa presencia (debido a la manera como conocíamos a Dios anteriormente) y cómo, en esta situación, Jesús reestructura de modo pascual la imaginación de los discípulos.

una familia llena de fe, había asistido de manera regular a la sinagoga, leía las Escrituras todos los días y había sido siempre un muchacho piadoso. Ahora, como estudiante universitario, su vida religiosa se había disipado bastante y lo acosaba todo tipo de dudas. Compartió con el rabino Heschel su dolor por estas dudas y le dijo cómo le resultaba imposible volver a encontrar al Dios de su juventud en su situación actual. El rabino, entonces le dijo: "¿Y qué te hace pensar que Dios quería tu anterior paz y no quiere tu dolor actual?".[9] Un sabio consejo pascual...

Como todas las cosas temporales, nuestra forma de entender a Dios —y también a la Iglesia— debe morir constantemente y resucitar para una vida nueva. Nuestras intenciones pueden ser sinceras y nobles, pero suceder como a María Magdalena en la mañana del domingo de Pascua, cuando intentó ignorar la nueva realidad de Jesús para poder aferrarse a lo que había sido antes.

Una nota sobre el duelo y sobre cómo dejar que el pasado nos bendiga

Imitando la voz de los profetas de Yahveh, Henri Nouwen empezó uno de sus artículos diciendo:

> *Laméntate, pueblo mío, laméntate. Que tu dolor crezca en tu corazón y se exprese en vosotros con gemidos y gritos. Laméntate por el dolor que hay entre ti y tu esposo. Laméntate por la forma como se ha robado tu inocencia. Laméntate por la ausencia de un abrazo tierno, de una amistad íntima, de una sexualidad que te llene de vida. La-*

---

[9] Abraham Heschel, *A Passion for Truth*, Nueva York, Farrar, Straus & Giroux, 1973.

méntate por el abuso al que han sido sometidos tu cuerpo, tu mente y tu corazón. Laméntate por la amargura de tus hijos, la indiferencia de tus amigos y la dureza del corazón de tus colegas. Grita por la libertad, por la salvación, por la redención. Grita con fuerza, en voz alta y profunda y confía en que tus lágrimas lavarán tus ojos para que puedas ver que el Reino está cerca, sí, está en la punta de tus dedos.[10]

Estas palabras son verdaderamente proféticas porque quizá nuestro mayor desafío espiritual y psicológico cuando llegamos a la mitad de nuestra vida, es lamentarnos por nuestras muertes y pérdidas. A menos que nos lamentemos de la manera necesaria por nuestras heridas, nuestras pérdidas, las injusticias de la vida, nuestra falta radical de consumación y toda la vida que en algún momento tuvimos pero hemos perdido definitivamente, viviremos en una fantasía malsana o en una amargura cada vez mayor. Tenemos un ejemplo de esta actitud, en lo espiritual, en la historia del hermano mayor del hijo pródigo (Lucas 15, 11-32). Su amargura y su incapacidad para celebrar señala aquello a lo que todavía se aferra: las injusticias de la vida, su propia herida, y sus propias fantasías que no se cumplieron. Vive en la casa de su padre pero ya no recibe el espíritu de esa casa. En consecuencia está amargado, se siente engañado y vive sin alegría.

Tal como lo mencioné anteriormente, la psicóloga suiza Alice Miller, en su famoso ensayo "El drama del niño superdotado",[11] ha analizado este asunto de manera brillante desde un punto de vista psicológico. Su tesis, en lo que tiene que ver con nuestra idea, es la siguiente: la mayoría de nosotros somos "niños superdotados". Para Alice Miller esto no significa que tengamos necesariamente una inteligencia extraordinaria o estemos dotados de manera especial en términos de talento, sino

---

[10] Henri Nouwen, "On Mourning and Dancing", en *The New Oxford Review*, junio de 1992.

[11] Alice Miller, *El drama del niño dotado*, Buenos Aires, Tusquets.

que somos extraordinariamente sensibles y estamos equipados de manera particular para percibir las expectativas de la vida y de aquellos que están alrededor nuestro. Muy pronto nos damos cuenta de que nuestras vidas no son justas, que no se nos ama y valoriza como lo merecemos y que nuestros sueños nunca podrán cumplirse. Cuando somos jóvenes, la plenitud de nuestra energía y el futuro aparentemente ilimitado que tenemos por delante compensan esta percepción y podemos, entonces, mantener alejados los demonios de la ira y la amargura. Esto, sin embargo, cambia cuando nuestra vida promedia. En ese momento nuestras vidas, nuestra propia sensibilidad y dones nos obligan a tomar conciencia de que la vida nos ha hecho trampa, que las cosas no son justas con nosotros, que en más de una manera somos víctimas de abusos y que somos ricos pero nuestra riqueza no tiene mucho sentido.

En este punto siempre, según Alice Miller, la tarea que nos toca es el duelo. Debemos, como ella dice, llorar hasta conseguir que se sacudan los fundamentos mismos de nuestras vidas (y de nuestra amargura). No tenemos otra opción, porque la vida, para todos, es en realidad injusta. Se nos ha engañado, se nos ha abandonado demasiadas veces, nunca se nos ha valorado o amado de manera adecuada. Lo que hemos soñado para nuestras vidas nunca podrá ser. Por lo tanto tenemos que elegir. Podemos pasar el resto de nuestras vidas enojados, tratando de protegernos contra algo que ya nos ha sucedido, contra la muerte y la injusticia, o podemos hacer duelo por lo que hemos perdido, por los abusos que hemos soportado, por las muertes, y de ese modo llegar al punto de poder alcanzar y disfrutar los gozos y deleites que sí nos son posibles. Alice Miller dice todo esto en un lenguaje psicológico, pero la elección es, verdaderamente, de carácter pascual. En nuestras vidas debemos enfrentarnos con muchas muertes y podemos elegir si esas muertes van a ser terminales (absorbiéndonos vida y espíritu) o si serán pascuales (abriéndonos el camino a una nueva vida y un espíritu nuevo). El duelo es la llave para lo que puede venir después. *Un buen duelo, sin embargo, no consiste solamente en hacer que lo antiguo se vaya sino en dejar que al irse nos bendiga.* ¿Qué quiere decir esto? ¿Cómo dejamos que lo antiguo nos bendiga, especialmente cuando ha sido una experiencia dolorosa y de abuso?

Permítaseme usar, una vez más, una experiencia personal. Mis orígenes son humildes. Crecí, cuando niño, en una granja en las afueras de una pequeña población en las vastas praderas de Canadá. Mi familia era pobre, así como las familias que nos rodeaban y todos nosotros, mi familia y las otras familias en aquella región, teníamos que luchar para aprender a hablar inglés y la mayoría sólo conseguía hacerlo con un fuerte acento extranjero. Vivíamos en casas sin cañerías interiores y, en algunos casos, sin ni siquiera electricidad. Pero casi toda esa gente —la mayoría europeos orientales, desplazados por la guerra— eran personas muy industriosas que sabían soportar estrecheces económicas mientras durara el proceso de reubicación. En sólo una generación, sus granjas prosperaron, sus hijos se educaron, y el acento extranjero desapareció. A la mayoría de mis compañeros de escuela les ha ido bastante bien en la vida, ahora viven en grandes ciudades y han prosperado, en lo económico como en otros aspectos. Sin embargo, hay grandes divisiones, entre ellos, con respecto a la forma como tratan sus orígenes.

La mitad de mis pares, habiendo recorrido un largo camino entre su situación actual y sus orígenes humildes, no han recibido la bendición de su pasado. Se han cambiado los nombres (Muckenheimmer se convirtió en Muse y Jabonokoski se volvió Jones) y hablan del lugar donde crecieron con un cierto desdén ("Me crié en una madriguera de ratas olvidada de Dios"). Nunca llevan a sus hijos a visitar la casa donde nacieron y se criaron y sus primeros pasos en la vida son parte de todo lo que se sienten avergonzados e intentan dejar atrás.

La otra mitad de mis pares de la infancia —con la misma distancia geográfica, económica y social entre ellos y sus orígenes— son todo lo contrario. Están orgullosos de sus orígenes humildes, orgullosos de sus apellidos europeos, largos y difíciles de pronunciar, orgullosos de haber vivido en una época en casas sin cañerías y canillas. Visitan con frecuencia sus lugares de origen y se sienten orgullosos de poder mostrar a sus hijos el lugar donde ellos se criaron. Reconocen la clase de raíces que su pasado les ha dado. Al hacerlo, dejan que sus raíces los bendigan y siguen bebiendo de una corriente muy rica. Resulta irónico que éstos sean más libres de sus raíces que aquellos que viven en cierto sentido avergonzados de lo que fueron.

Es necesario que nuestras raíces nos bendigan. Esto vale no solamente si esas raíces son sanas sino también si son negativas y hasta positivamente abusivas. Uno de los grandes imperativos antropológicos, innato en la naturaleza humana, es que debemos hacer la paz con nuestras familias. No importa lo malos que puedan haber sido tu padre o tu madre, algún día deberás pararte junto a sus tumbas y reconocer lo que te dieron, perdonar lo que te hicieron de malo y recibir el espíritu de lo que hay en tu vida gracias a ellos. Hacer la paz con nuestra familia depende de hacer el imprescindible duelo y de permitir que tengan lugar la ascensión y el pentecostés.

Negarse a permanecer aferrados

En las Escrituras hay dos imágenes de la Ascensión. En los evangelios de Mateo, Marcos y Lucas, se hace una descripción pictórica de la Ascensión. Jesús bendice a sus discípulos y después flota en el aire, subiendo al cielo hasta perderse en la altura. Se entiende que su cuerpo terrenal abandona la tierra. En el Evangelio de Juan recibimos la misma teología pero la imagen es diferente. El domingo de Pascua, temprano en la mañana, María Magdalena encuentra a Jesús resucitado (Juan 20, 11-18). Al principio no sabe quién es y supone que se trata del jardinero, pero inmediatamente, al reconocerlo, trata de abrazarse a él. Jesús, por su parte, le dice: "María, no te aferres a mí."

¿Qué hay por detrás de la reticencia de Jesús a que María lo toque? María Magdalena misma, si tuviéramos su Evangelio, nos lo explicaría de la siguiente manera:

Nunca sospeché
que la resurrección
fuera tan dolorosa
como para dejarme llorando
con el gozo
de haberte encontrado, vivo y sonriéndome,
afuera de una tumba vacía.

Con dolor,
no por haberte perdido
sino por haberte perdido en lo que tenía de ti:
una carne que podía comprenderse,
tocarse, besarse, agarrarse.
No en la plenitud de su soberanía
sino como ser humano.

Quiero aferrarme a ti, pese a tu protesta,
agarrarme a tu cuerpo,
Aferrarme a tu humanidad, y a la mía.
Aferrarme a lo que tuvimos, a nuestro pasado.

Pero sé que si me aferro
no puedes ascender
y yo quedaré agarrada a tu yo anterior...
sin poder recibir tu actual espíritu.[12]

---

[12] Ronald Rolheiser, "Mary Magdala's Easter Prayer", en *Forgoten among the Lillies,* Londres, Hodder & Stroughton, 1990, p. 176.

8

UNA ESPIRITUALIDAD DE LA JUSTICIA Y LA PACIFICACIÓN

La fuerza sin compasión es violencia.
La compasión sin justicia es un puro sentimiento.
La justicia sin amor es marxismo.
Y... el amor sin justicia es pura tontería.

Cardenal Sin

Actúa de manera justa: el gran imperativo

Dios nos pide solamente una cosa, que "actuemos de manera justa, amemos con ternura y caminemos con humildad delante de Dios".[1] Ya hemos visto cómo la primera de estas prescripciones, la invitación a trabajar por la justicia social, es una de las columnas esenciales, no negociables, dentro de la espiritualidad cristiana. Sin embargo, quedan abiertas algunas preguntas muy importantes, especialmente qué es la justicia social, cuáles son las energías que deberían motivarla y cómo se necesita practicarla para que, en sí, sea no violenta.

¿Qué significa actuar de manera justa? ¿Cómo se diferencian la justicia y la caridad privada? Además, ¿cuál debería ser la energía que respalde nuestras acciones a favor de la justi-

---

[1] Una traducción un tanto libre de Miqueas 6, 8.

cia, de manera que nuestras acciones a favor de la justicia no imiten la violencia y la injusticia que estamos intentando cambiar? ¿Cómo ayudamos a las víctimas de la injusticia sin crear nosotros mismos otras víctimas? Actuar de manera justa exige claridad con respecto a qué es la justicia social y cómo debería practicársela dentro de un contexto cristiano.

¿Qué es la justicia social cristiana?

La justicia va más allá de la caridad privada. Una parábola

En los círculos interesados en la justicia social ya es famosa una historia que dice lo siguiente: Una vez había una ciudad que se levantaba más allá de la curva que hacía un gran río. Un día algunos de los niños de la ciudad estaban jugando junto al río cuando vieron que en él flotaban tres cuerpos. Corrieron para pedir ayuda y la gente de la ciudad sacó los tres cuerpos del agua. Uno de los tres estaba muerto, de manera que lo enterraron. El segundo todavía estaba vivo, pero muy enfermo, de manera que lo llevaron al hospital. El tercero resultó ser un niño perfectamente sano. Lo ubicaron con una familia que se hizo cargo de él y lo mandó a la escuela. A partir de aquel día siguieron bajando, flotando en el río, muchos otros cuerpos y la buena gente de la ciudad siguió sacándolos y enterrando a los muertos, mandando al hospital a los que estaban enfermos y ubicando con familias a los niños en buenas condiciones de salud.

Esto siguió sucediendo durante años. Cada día traía su cuota de cuerpos y la gente de la ciudad no solamente esperaba verlos pasar flotando en el agua sino que se ocuparon en desarrollar maneras más elaboradas y eficientes para sacarlos del agua y atender a sus necesidades. Algunos de los vecinos llegaron a ser muy generosos en la atención de esta gente que venía flotando por el río y algunos, inclusive, llevaron su extraordinaria generosidad hasta el punto de abandonar sus tareas regulares y dedicarse todo el tiempo a la tarea de salvataje. La misma ciudad llegó a sentirse orgullosa de su generosidad. Sin embargo, durante todos esos años y pese a la generosidad y los esfuerzos, a nadie se le ocurrió remontar el río, más allá de la curva que escondía el río de su mirada y descubrir por qué, día a día, los cuerpos bajaban flotando en las aguas del río.

La justicia como una conversión sistémica

Esta parábola destaca, de manera muy sencilla, la diferencia entre la caridad privada y la justicia social. La caridad privada responde a los que no tienen dónde vivir, a los heridos, a los cuerpos de los muertos. Pero no se preocupa por descubrir las razones, por qué estas personas tienen problemas. La justicia social remonta el río e intentan cambiar los factores que ocasionan las víctimas.[2] La justicia social, entonces, se ocupa de examinar el sistema (político, económico, social, cultural, religioso y mítico) dentro del que vivimos, a fin de poder identificar y cambiar aquellos factores estructurales que hacen que algunos entre nosotros debamos sufrir sus consecuencias mientras otros, sin justificación alguna, parecen atravesar la vida sin sufrir mayores inconvenientes. La justicia social, entonces, tiene que ver con cuestiones tales como la pobreza, la desigualdad, la guerra, el racismo, el sexismo, el aborto o la falta de conciencia ecológica, porque por debajo de cada uno de estos males hay una causa que no es tanto el pecado privado de algún individuo o el comportamiento inadecuado de un responsable sino la consecuencia de un gran sistema ciego inherentemente injusto.

---

[2] Hay pocos libros que hayan explicado el concepto de justicia social para los cristianos con mayor claridad, de la manera más concisa, y con mayor fe que una de las primeras obras de Jim Wallis, *The Call to Conversion: Recovering the Gospel for Our Times* (San Francisco, Harper & Row, 1981).

Entonces, la justicia difiere de la caridad privada en esto: la caridad tiene que ver con dar un pan a la persona que tiene hambre, mientras que la justicia tiene que ver con cambiar el sistema para que no haya nadie que tenga pan de sobra al mismo tiempo que otros pasan hambre. La caridad tiene que ver con tratar respetuosamente al prójimo, mientras que la justicia se ocupa de identificar las raíces profundas del racismo; la caridad tiene que ver con ayudar a algunas de las víctimas de la guerra, mientras que la justicia intenta cambiar aquellas cosas en el mundo que llevan a la guerra. La caridad se satisface cuando el rico da dinero al pobre, mientras que la justicia se pregunta por qué hay algunos que son ricos al mismo tiempo que la mayoría son pobres.

Todo esto tiene que ver con un comentario que apareció recientemente en la revista *Sojourners,* cuyo autor no parecía muy impresionado con que el multimillonario Ted Turner hubiera regalado a las Naciones Unidas un millón de dólares, diciendo: "Ésta es una advertencia para los ricos. No les daré otra oportunidad de alabarme por regalar mi dinero." Lejos de alabar la extraordinaria donación de Turner, *Sojourners* comentaba que Jesús ya había advertido a los ricos, mucho tiempo antes que lo hiciera Ted Turner y que la principal pregunta era "¿Por qué hay un hombre que pueda tener tanto dinero que le sobre (¡y ser alabado por ello!) en un país donde la pobreza, especialmente entre los niños, está en ascenso."[3] Esta clase de comentarios ayuda a aclarar cuál es el significado de la justicia social.

La justicia social tiene que ver con cambiar la manera como está organizado el mundo para convertirlo en un campo de juego donde todos tengan las mismas oportunidades de triunfar. En términos sencillos, esto significa que la justicia social trata de organizar la estructura económica, política y social del mundo de tal manera que se le reconozca el mismo valor a cada individuo y se valorice de manera adecuada el medio am-

---

[3] David R. Weiss, "Putting the Rich on Notice", en *Sojourners,* enero-febrero de 1998, pp. 34-35.

biente. Lograr esto requiere mucho más que la caridad privada. Las injusticias actuales existen no tanto porque haya algunos individuos que actúan de mala fe o sin caridad, sino porque hay grandes sistemas impersonales (que parecerían actuar por sí mismos, más allá del control de las personas que actúan en ellos) que victimizan a algunos al mismo tiempo que privilegian a otros. Esto es lo que en el lenguaje de la justicia social se denominan injusticia sistémica y violencia sistémica.

Para ofrecer un solo ejemplo de esto, podemos examinar la cuestión del aborto. Pese a la retórica amarga que muy a menudo se da entre los que favorecen el aborto legalizado y aquellos que están en contra, nadie, en último análisis, quiere el aborto y todos, en ambos campos, reconocen que cuando sucede un aborto hay algo que dista mucho de lo ideal. Demasiado a menudo, sin embargo, ninguno de los dos lados reconoce las cuestiones profundas, sistémicas, que subyacen al problema. En último análisis el aborto sucede porque hay algo malo en la cultura, en el sistema, y no simplemente porque ésta o aquella mujer en particular quiere poner fin a un embarazo no deseado. Cuando una mujer ingresa en un hospital o una clínica en busca de un aborto es más que un simple individuo que toma una decisión privada. Es la punta de un pino cultural. Por detrás de ella, ayudando a empujarla a esa clínica y a esa decisión, hay todo un sistema (económico, político, cultural, mítico y sexual). Su problema es tanto político como personal. ¿Cómo es esto?

Primero, está nuestra estructura política, la democracia, por lo menos en la forma como se la entiende y se la vive hoy. Por supuesto, no conocemos una manera más adecuada de organizarnos políticamente que por medio de un proceso democrático. Pero la democracia dista mucho de ser perfecta. En un nivel, funciona como la oferta libre de derechos y capacidades. El capital, las fuerzas de trabajo, los administradores, los obreros organizados, las corporaciones de negocios, los gobiernos elegidos, los empresarios y el común de la gente negocian y se empujan para conseguir un uso privilegiado de los recursos y el poder. Los que entran en el juego con privilegios históricos, con voces más potentes y con capacidades más valiosas cosechan más beneficios que los otros. De manera inversa, los que no han sido históricamente privilegiados, que poseen voces más débiles o capacidades menos estimadas, terminan con menos privilegios y se encuentran al final de la cola. No es un accidente que la democracia *laissez faire* siempre haya sido poco amable con los pobres.

En este sistema, carecer por completo de una voz, como es el caso con los que todavía no han nacido, es estar en una posición excesivamente vulnerable y en un constante peligro de perder incluso el derecho a la existencia. Ésta es una de las cuestiones relacionadas con el sistema que está por debajo del aborto. Pero hay otra, más importante todavía. Vivimos en un sistema cultural en el cual es aceptable que un hombre y una mujer mantengan relaciones sexuales sin estar comprometidos el uno con el otro y sin que quieran tener hijos juntos. En un sistema con estas características, el aborto es inevitable y no hay leyes que puedan detenerlo, porque el sistema seguirá produciendo mujeres (puede pasarle a cualquiera) que se encuentren embarazadas y aisladas, de tal manera que el nacimiento del hijo o de la hija, sea en ese momento, una imposibilidad existencial para la mujer. En este clima siempre habrá abortos y la mujer que busca un aborto tiene un problema entre manos que es tanto político como personal. Es la punta de un iceberg, por detrás del cual hay toda una cultura que ha elegido disociar el sexo del matrimonio y de la procreación. En este sistema, donde las relaciones sexuales son una extensión de la cita, siempre habrá abortos. El aborto solamente se frenaría cambiando el sistema. Esto no excusa el aborto, pero lo explica.

Lo mismo sucede con cualquier otra cuestión de justicia social: la guerra, la pobreza, el racismo, el sexismo o la ecología. No puede haber paz, prosperidad universal, igualdad, armonía entre los sexos y un respeto adecuado del medio ambiente hasta que no haya justicia universal, es decir, hasta que los sistemas en que vivimos sean hechos de tal modo que todo y todos sean respetados y reciban un trato justo. Al anterior Superior General de los Jesuitas, Pedro Arrupe, se le preguntó una vez por qué se hacía tanto énfasis en la actualidad en la justicia social cuando en el pasado muchos santos y muchos escritores espirituales buenos parecerían haber dejado completamente de lado estas cuestiones, por lo menos en términos de un desarrollo explícito. Contestó de manera muy sencilla: "Hoy sabemos más." Y tenía razón. Hoy sabemos más, no solamente porque los medios modernos de comunicación nos muestran todos los días las víctimas de la injusticia en las pantallas de nuestros televisores y en nuestros diarios sino también, y especialmente, porque somos menos ingenuos desde un punto de vista sociológico. Dicho de manera positiva, esta falta de ingenuidad significa que comprendemos mejor cómo nos afecta el sistema social, tanto para bien como para mal. La justicia social tiene que ver con la manera como nos afectan los sistemas, especialmente cuando el efecto es negativo.

Es muy importante entender esto. No es suficiente ser una buena persona en nuestra vida privada. Podemos ser moralmente impecables en nuestra vida privada (asistiendo a misa, rezando, siendo honestos, amables, generosos en nuestro trato con los demás) y también, al mismo tiempo, sin tener conciencia de ello, participar y ayudar a sostener (a través de nuestro trabajo, nuestra afiliación política, nuestra ideología económica, nuestras inversiones o simplemente por nuestro estilo de vida consumista) sistemas que distan mucho de ser caritativos, amables, dedicados a rezar o interesados en ser morales. Mientras el sistema nos da a nosotros una buena vida, es mucho menos benigno con otros. En tal situación nuestra condición moral es análoga al cónyuge de un padre abusador, que no hace nada para detener el abuso... nosotros mismos podemos ser amables y aún cariñosos y no abusivos, pero colaboramos a legitimizar una situación dentro de la cual hay alguien que está siendo abusado. Cuando Pedro Arrupe dijo "hoy sabemos más" se refería precisamente al hecho de que el actual análisis sociológico y económico nos ha mostrado una realidad que desarma toda racionalización posible, como nuestros sistemas políticos, económicos, sociales y eclesiásticos, más allá de todo lo sinceros que podamos ser en nuestro apoyo individual de ellos, son injustos e hirientes para muchos otros. Dada esta percepción, nuestra ignorancia es cada vez menos inculpable.

Por lo tanto, uno podría definir la práctica de la justicia social de la manera siguiente: ejercer la justicia social es examinar, desafiar y rechazar en la medida de lo posible la participación en aquellos sistemas (económicos, sociales, políticos, culturales, míticos y religiosos) que de manera injusta castigan a algunos al mismo tiempo que premian injustamente a otros. Ésta, sin embargo, es una definición genérica, no totalmente adecuada para un cristiano. Para un cristiano, la práctica de la justicia social exige todo lo que se ha dicho y también otras cosas que no se han dicho. Para un cristiano la práctica de la justicia social no tiene que ver solamente con la verdad, sino también con la energía, con la motivación para la búsqueda. No cualquier motivación para la justicia es adecuada, puesto que la justicia no es ante todo una cuestión de política y economía, sino que tiene que ver con la ayuda que podamos darle a Dios para construir el Reino de paz y gozo para todos. De este modo, para un cristiano la motivación última para trabajar a favor de la justicia no puede ser nunca la lisa y llana ideología, sin que tenga que ver lo noble que pueda parecer esa ideología en particular. Tanto la verdad que inspira a la búsqueda de la justicia como la verdad que la alimenta deben fundarse en algo más allá de cualquier ideología.

En definitiva, tanto la justicia como nuestra motivación para buscarla deben fundarse en la igualdad de toda persona humana frente a Dios y en nuestro respeto por la naturaleza como creación divina. Esto tiene importantes ramificaciones, a saber que cualquier motivación a favor de la justicia que se funde simplemente en la ideología liberal o en la indignación y la ira frente a la desigualdad no es capaz de cambiar el corazón del mundo, aun cuando se las arregle para modificar algunas de sus estructuras. La frustración del marxismo y de la mayoría de los otros movimientos políticos y sociales a favor de la justicia (que han intentado fundarse en una base puramente secular) ofrecen pruebas bien amplias de esto.

Para tener un mundo justo necesitamos un nuevo orden mundial. Tal orden, sin embargo, no puede imponerse por la fuerza de ningún tipo. Sino que debe ganar el corazón del mundo por sus propios méritos morales intrínsecos. Dicho de manera sencilla, para cambiar el mundo de tal manera que la gente *quiera* vivir de un modo que haga posible la justicia se requiere una apelación al corazón de tal manera profunda, universal y moral que nadie que tenga una buena conciencia pueda apartarse de ella. Ninguna ideología humana, ninguna cruzada privada, ninguna causa que nazca de la culpa y la ira puede ofrecer esto. Es perfectamente posible abandonar la ideología liberal —tal como se expresa en el marxismo, en Greenpeace, en el feminismo o en cualquier cantidad de llamados a la justicia en el planeta— y hacerlo con buena conciencia. La vasta mayoría de las personas, de hecho, en plena buena conciencia, se aparta de ellas. ¿Por qué? Porque pese a sus evidentes méritos en términos de la verdad de la justicia que promueven, la energía que sustenta su búsqueda no es moralmente motivadora. En términos sencillos, la verdad es correcta, pero la energía muchas veces no lo es. Es triste que lo mismo pueda decirse muchas veces de las iglesias cristianas y nuestros propios grupos de justicia social cuando intentamos desafiar al mundo a ser más justo.

No puede decirse lo mismo, sin embargo, de Jesús, de su persona y del Evangelio que nos dejó. Uno no abandona el Sermón de la Montaña o el desafío que Jesús hizo para que alimentemos a los que tienen hambre, vistamos a los desnudos y demos nuestras vidas y nuestros recursos, con una conciencia clara, a aquellos que son menos afortunados que nosotros. El combustible que enciende nuestra búsqueda de la justicia debe extraerse de la misma fuente que la verdad de la justicia misma, a saber, de la persona y las enseñanzas de Jesús. Solamente extendiendo allí nuestras raíces (o en principios similares que de alguna manera se fundan en Dios), encontraremos tanto la visión correcta como la energía correcta que necesitamos para ofrecer al mundo un orden nuevo y justo. Si esto es verdad, y lo es, entonces es importante que volvamos a las Escrituras para ver qué es lo que dicen sobre la justicia social.

Fundamentos bíblicos de la justicia social

Los cimientos de la justicia social ya se establecen en la historia de la creación misma. El libro del Génesis hace cuatro afirmaciones principales, interconectadas, que proveen la base última para la justicia social: afirma que Dios creó a todas las personas con la misma dignidad y los mismos derechos; que la tierra y todo lo que hay en ella pertenece por igual a todos; que todos los seres humanos, de igual manera, son corresponsables con Dios de ayudar a proteger la dignidad de todos y todo; y que la tierra física en sí posee derechos y necesita que se la respete y no solamente como escenario de la actividad humana. Estas afirmaciones son la base de toda enseñanza moral subsiguiente con respecto al orden social.

Los profetas de Israel reafirman y profundizan estos principios. Ya unos ochocientos años antes de Cristo, casi todos los profetas judíos afirman, una y otra vez, una verdad singular que encapsula y concentra en la vida práctica los principios establecidos en el alba de la creación. La calidad de nuestra fe depende del carácter de la justicia en la tierra y ésta debe medirse por la forma como tratamos a tres grupos: las viudas, los huérfanos y los extranjeros (aquellos que tienen menos status en nuestra sociedad). De este modo, para los profetas, nuestra relación con Dios depende de nuestra relación con los pobres y no de nuestra fe o piedad privadas, por más sinceras y puras que éstas sean. Nada puede ablandar este edicto.

Jesús lo afirma de manera inequívoca. Como los profetas judíos, también afirma que nuestra relación con Dios depende de nuestra relación con los miembros más débiles dentro de nuestra sociedad. Y por cierto Jesús lleva más lejos la cuestión. Enseña que, en último término, cuando estemos frente a Dios el día del juicio, seremos juzgados por la forma como tratamos a los pobres en esta vida. La práctica de la justicia es el criterio supremo de nuestra salvación (Mt 25, 31-46). Más aun, identifica la presencia de Dios con la de los pobres. Desde el punto de vista de Jesús, si uno quiere encontrar a Dios hay que buscarlo entre los pobres.[4] A la inversa, nos dice que en las riquezas y los privilegios hay inmensos peligros espirituales y psicológicos.[5]

La justicia social y las iglesias

En el correr de los siglos las iglesias cristianas han desarrollado sistemáticamente estos principios como parte integral de la espiritualidad cristiana. Evidentemente, como en todas las otras cosas, hay algunas diferencias importantes entre las distintas denominaciones con respecto a cómo se entienden y aplican estas enseñanzas de Jesús. Con pocas excepciones, todas las denominaciones cristianas sostienen y enseñan los siguientes principios:

1) En este mundo todas las personas poseen igual dignidad y debieran gozar de los mismos derechos en términos de respeto, acceso a los recursos y acceso a las oportunidades.

---

[4] Mateo 25 dice esto con total claridad, como muchos otros textos que nos invitan a hacer una opción preferencial a favor de los pobres, por ejemplo Lucas 14, 12-14.

[5] Véase, por ejemplo, Lucas 16, 19-31 (la parábola del rico y Lázaro); Lucas 18, 18-27 (la historia del joven rico y la admonición de Jesús sobre cómo es muy difícil que un rico entre en el Reino de los cielos) y Lucas 14, 12-14.

2) Dios hizo el mundo para todas las personas por igual. Las riquezas de este mundo debieran repartirse por igual y con justicia entre todas las personas. Todos los otros derechos, incluyendo el derecho a la propiedad privada y a la acumulación de riquezas ganadas de manera honesta, deben subordinarse a este principio primario.

3) El derecho a la propiedad privada y a la acumulación de riquezas no es absoluto. Debe subordinarse al bien común, a saber, a que los bienes de la tierra están destinados a todos por igual.

4) Ninguna persona o grupo de personas puede tener un exceso de bienes si otros carecen de sus necesidades básicas.

5) Estamos moralmente obligados a ir en ayuda de los que tengan necesidad. Al dar esa ayuda no estamos haciendo caridad sino sirviendo a la justicia. Ayudar a los pobres no tiene que ver con la virtud personal o la generosidad. Es algo que nos lo exige el mismo orden de las cosas.[6]

6) Las leyes de la oferta y la demanda, la empresa libre, la competencia desatada, el motivo de la ganancia y la propiedad privada de los medios de producción no pueden verse como moralmente inviolables; deben, cuando el bien común y la justicia lo exigen, ser equilibrados por otros principios.

Nadie tiene el derecho moral de ganar todo lo que pueda

---

[6] Algunas denominaciones cristianas (por ejemplo, los católicos) han llevado más allá este principio y enseñan que si una persona sufre de una necesidad extrema puede tomar de los ricos lo que le sea necesario (por ejemplo, *Gaudium et Spes,* documento del Vaticano II, número 69).

sin preocuparse por el bien común (aun si se trata de una celebridad).

7) La naturaleza física también tiene derechos inherentes, a saber, derechos que son intrínsecamente suyos y no conferidos a ella por su relación con el género humano. La tierra no es simplemente un escenario para que los humanos representen en ella sus papeles. Es una creación divina, con sus propios derechos, que los humanos no pueden violar.

8) La situación actual de nuestro mundo, donde algunas naciones tienen excesos mientras otras carecen de las necesidades básicas, es inmoral, está directamente en contra de las enseñanzas de Cristo y debe corregirse.

9) La condena de la injusticia es parte del ministerio esencial de la Iglesia, que consiste en predicar. Es una parte esencial del papel profético de la Iglesia.

10) El movimiento a favor de los pobres es un camino privilegiado hacia Dios y hacia la salud espiritual. No puede haber salud espiritual de manera individual o comunitaria mientras no haya un auténtico compromiso con las luchas de los pobres. De manera contraria, los ricos de cualquier clase son espiritualmente peligrosos.

Es interesante señalar cómo estas enseñanzas sobre la justicia —estos principios morales que subrayan la moralidad social por sobre la privada— son una constelación en las enseñanzas de las distintas iglesias. Cuando alguien le preguntó a Pedro Arrupe por qué las iglesias hoy están más interesadas en la justicia social (cuando antes acentuaban más la moralidad privada) también podría haber respondido con las siguientes palabras:

El mundo ha cambiado de una manera tal que hoy se necesita poner mayor acento en la justicia social. Hasta la Revolución industrial, la moral de la Iglesia se concentraba sobre todo en la familia. Y ésta lo merecía. La familia era la unidad de la que dependía la existencia misma de la cultura. Por lo tanto mereció la mayor parte de la tinta con que se escribían los libros de moral. Y fue así, hasta que la Revolución industrial cambió radicalmente las cosas. La teología moral cristiana enfocaba sobre todo los contornos morales de la familia: la monogamia, el sexo tal como se relaciona con el matrimonio y la procreación, el respeto mutuo dentro del matrimonio, los deberes de los padres y los hijos entre sí, y otras cosas por el estilo. Después, al producirse la Revolución industrial, la moral cristiana encaró toda una nueva ola de cuestiones nuevas: la explotación de los trabajadores, la pobreza urbana, las villas miseria, el anonimato de la vida en las grandes ciudades y la soledad de las familias. Las iglesias comenzaron a enseñar acerca de la necesidad de control moral del capitalismo ilimitado, el derecho a existir de las agrupaciones, la responsabilidad privada y de los gobiernos con respecto a los pobres, y muchos otros principios de la justicia social, a los cuales ya hemos hecho referencia. Al ampliarse el ámbito de los problemas morales del mundo, también se amplió el ámbito de la espiritualidad cristiana. Por último, con la última o la penúltima generación se produjo otro desarrollo importante. Cuando se plantearon las cuestiones de la comunidad planetaria, del género, de la raza, de la superpoblación, de la ecología y del aborto, toda una nueva constelación de temas exigió atención, y el programa moral de la iglesia debió ampliarse y refinarse para reflejar estos desarrollos. Es de este modo como hoy las iglesias cristianas están muy concentradas en las cuestiones morales relacionadas con el género, la raza, la clase social y los privilegios históricos.

Elizabeth Johnson resume muy bien este desarrollo más reciente de la espiritualidad cristiana. Según su opinión, hoy la espiritualidad cristiana:

Busca la sabiduría, no en las ideas claras y circunscriptas de lo que se supone que corresponde a la razón universal, sino en lo que de hecho es el pensamiento de hombres privilegiados; honra la pluralidad y la ambigüedad de la conciencia humana, sensible a las diferencias que derivan del lugar social que cada uno ocupa en materia de género, raza, clase y cultura. La brújula de la espiritualidad postmoderna no se orienta hacia el individualismo desatado y sus frutos violentos sino hacia la importancia de la comunidad y la tradición, valorando la solidaridad humana y la paz. No otorga privilegios a la supremacía del hombre en la tierra sino el parentesco afectivo con toda la comunidad del cosmos. En pocas palabras, la experiencia espiritual postmoderna valora no el aislamiento sino el estar conectados de manera esencial; no el dualismo de la mente y el cuerpo sino la totalidad de la persona encarnada; no el patriarcado sino el feminismo inclusivo; no el militarismo sino los gastos públicos tendientes a enaltecer la vida; no el nacionalismo tribal sino la justicia global.[7]

¿Pero cómo ha de lograrse esta justicia global?

Hacer la paz de manera no violenta

Nuestra ingenuidad

La falta de éxito en lograr un orden mundial más justo no siempre tiene como causa la falta de esfuerzos. Muchos grupos de justicia y paz, incluyendo algunos que son cristianos, han

---

[7] Elizabeth A. Johnson, *The Search for the Living God*, conferencia en la University of St Michael, Toronto, edición impresa, p. 7. Johnson ve cuatro desarrollos en la teología y la espiritualidad cristianas que contienen una esperanza para el futuro (I) la teología basada en el sufrimiento, (II) la teología femenina, (III) el diálogo interreligioso, (IV) y el nuevo diálogo entre la ciencia y la religión.

estado intentando durante mucho tiempo desafiar al mundo hacia una mayor justicia. Demasiado a menudo, sin embargo, no han sido efectivos. ¿Por qué? Una respuesta demasiado sencilla es que la justicia no progresa demasiado porque no puede disolverse con facilidad la dureza de corazón y los poderes atrincherados del privilegio se resisten a dejarse neutralizar. Esto es verdad, pero hay también otra razón que ha hecho poco efectivos a los movimientos a favor de la justicia y la paz. Dicho de manera sencilla muchas veces somos un tanto ingenuos con respecto a lo que se nos exige si queremos desafiar al mundo para conseguir más paz y justicia.

¿De qué se trata esta ingenuidad? Puede resumirse en seis falacias que con demasiada frecuencia empapan a los grupos de justicia y paz. Éstas, tal como se expresan en sus análogos primarios, son las siguientes:

1. "La urgencia de mi causa es tan grande que en esta etapa es correcto poner entre paréntesis las leyes que normalmente gobiernan el discurso público. Por lo tanto puedo expresarme sin manifestar respeto, ser arrogante y desagradable con aquellos que se me oponen."

2. "Aquí lo único importante es la verdad de la causa y no mi vida privada particular. Mi vida privada particular, por más que esté sometida a la ira, al sexo o a la envidia, carece totalmente de relevancia en términos de la causa de la justicia por la que estoy luchando. De hecho, todo enfoque de la moralidad privada es un impedimento en el trabajo a favor de la justicia."

3. "La sola ideología basta para fundamentar esta búsqueda. No se necesita hablar de Dios o de Jesús. No necesito orar por la paz. Sólo debo trabajar a su favor."

4. "Juzgo el éxito o el fracaso sobre la base de un logro político mesurable. Me interesa menos un reino a largo plazo."

5. "Puedo exagerar o distorsionar un poco los hechos para plantear de manera más clara el caso de la justicia. La situación es tan horrenda que no necesito ser demasiado escrupuloso con respecto a la exactitud de la verdad."

6. "Soy una víctima y por lo tanto estoy ubicado afuera de las reglas."

La verdad dolorosa

Estamos dándonos cuenta, cada vez mejor, que una de las razones que impide al mundo dar una respuesta a nuestros desafíos a favor de la justicia es que nuestras propias acciones a favor de la justicia muchas veces imitan la violencia, injusticia, dureza y egoísmo que se proponen desafiar. Nuestra indignación muchas veces conduce a reproducir la conducta que suscitó la indignación. Tal como escribe Gil Bailie en su obra maestra sobre la no-violencia:

> La indignación moral es moralmente ambigua. Cuanto mayor sea la indignación menos posible parece que pueda contribuir a un mejoramiento moral real. La indignación justa es muchas veces un síntoma de la metástasis del cáncer de la violencia. Tiende a poner en manos de los indignados una licencia para incurrir en o condenar acciones estructuralmente idénticas a aquellas que encendieron la indignación.[8]

[8] Gil Bailie, *Violence Unveiled: Humanity at the Crossroads*, Nueva York, Crossroad, 1997, p. 89.

En busca de espiritualidad

Es triste pero, en más de una oportunidad, en la lucha a favor de la justicia, aun de la que se hace bajo un estandarte cristiano, esto exactamente lo que sucede. La ira, el egoísmo, la agresión en que incurren muchos grupos y movimientos que luchan por la justicia, por desgracia, no pueden servir de base para un nuevo orden mundial. Convertirán a muy pocos corazones, aun cuando sean políticamente efectivos. En último análisis, como dice Bailie, son esencialmente indistinguibles del egoísmo, la agresión y la injusticia que intentan cambiar.

Una receta para la no violencia

Daniel Berrigan sostiene que un profeta debe hacer un voto de amor y no de alienación. Los grandes profetas modernos de la justicia social (como Ghandi, Dorothy Day, Thomas Merton, Gustavo Gutiérrez, William Stringfellow, Oscar Romero, Jim Wallis y Richard Rohr) estarían todos de acuerdo con estas palabras. El amor (y no la ira) es la base de la no violencia y la no violencia es la única base posible para un nuevo orden mundial de justicia y paz. Es así, por ejemplo, como Jim Wallis formularía la siguiente receta para un esfuerzo no violento por crear la justicia y la paz:[9]

> *Todas nuestras acciones a favor de la justicia deben arraigarse en el poder del amor y el poder de la verdad. Deben ejecutarse con el propósito de dar a conocer ese poder y no para darnos a conocer nosotros. Nuestra motivación debe ser siempre abrir las personas a la verdad y*

---

[9] Jim Wallis es el fundador de *Sojourners,* una comunidad cristiana que propone una justicia cristiana, un movimiento pacifista y una revista internacional. La revista tiene su base en Washington, D. C., pero la comunidad y el movimiento pacifista son mundiales. Los principios que se enuncian aquí surgen de un conjunto de charlas de retiros ("On Peacemaking") dadas en 1986. Estas charlas, en la forma de cintas de audio en cassettes, pueden obtenerse en Sojourners, 2401, 15th Street NW Washington, DC, 20009, Estados Unidos.

demostrar nuestra razón y su error. Nuestras mejores acciones son las que admiten nuestra complicidad y están marcadas por un espíritu de genuino arrepentimiento y humildad. Nuestras peores acciones son las que buscan demostrar nuestra propia justicia, nuestra pureza, y nuestra distancia moral con respecto a la violencia contra la que estamos protestando.

Cuando el orgullo se apodera de nuestra protesta estamos simplemente repitiendo la señal política de justicia propia que emite el fundamentalista: "Yo me salvo, usted no." Las acciones realizadas en público siempre involucran un gran peligro de presunción. Por lo tanto, siempre deben ejecutarse en un espíritu de humildad e invitación.

El juicio, la arrogancia y el exclusivismo, que tantas veces marcan nuestras protestas, son señales de inmadurez espiritual, y la protesta caracterizada por tales cosas tendrá como resultado un endurecimiento de las personas en sus opiniones actuales. Es muy fácil que la protesta perpetúe, y no desvanezca, la ceguera pública.

Por otro lado, la necesidad de una no violencia genuina nunca ha sido tan imperativa como en la actualidad. Sin embargo, su principal arma es la aplicación de la fuerza espiritual y no el uso de la coerción. Un problema muy serio en el movimiento pacifista es, a veces, su agresión oculta, la manipulación, la reafirmación del ego, el deseo de provocación que puede operar debajo de la superficie de las perogrulladas morales sobre el compromiso con la no violencia. El manto retórico de la no violencia puede usarse para esconder el deseo del poder que está en la base misma de la violencia. El deseo de ganarle a los otros, de derrotar a nuestros enemigos, de humillar a la oposición, son todas características de la violencia y por desgracia son demasiado dolorosamente evidentes en casi todos nuestros esfuerzos a favor de la paz.

Nuestra ira, nuestra lucha sucia y nuestra falta de respeto hacia los demás no son evidencias de que hayamos vencido nuestra voluntad de poder. Ya deberíamos saber, a esta altura de los acontecimientos, que la violencia es toda de una pieza. Si esto es verdad, la violencia del disenso está directamente relacionada con la violencia del orden establecido. Es, de hecho, un mero reflejo de ésta.[10] *No podemos justificar el exceso en el movimiento a favor de la paz o en nosotros mismos apelando a la mayor violencia del sistema. La urgencia de la situación actual exige mayor, no menor cuidado, en las acciones que emprendemos. En su corazón, la no violencia no procura derrotar a su adversario venciéndolo, sino convencerlo. Procura convertir a un enemigo en amigo, no derrotándolo sino haciéndolo cambiar de campo.*

La paciencia es central para la no violencia. La no violencia se basa en la paciencia que en la Biblia se describe como "soportar todas las cosas". Thomas Merton enseñó que la raíz de la guerra es el miedo. Si eso es verdad, debemos tratar de comprender mejor los temores que tiene la gente. Los pacificadores más efectivos son los que pueden comprender los temores de los otros.

Por último, la pacificación no violenta debe surgir de una esperanza genuina en el poder de Dios para cambiar las cosas. William Stringfellow en cierta oportunidad retó a un grupo pacificador con palabras que aproximadamente decían: "En sus conversaciones encuentro una omisión importantísima: ustedes no mencionan la resurrección de Jesús." Podemos estar seguros de la victoria de Dios sobre las fuerzas de la muerte. Nuestra modesta tarea en la pacificación consiste en vivir de tal manera que

---

[10] Gil Bailie sostiene que la conexión es ésta: "Cuando el desprecio moral hacia una forma de violencia inspira una réplica tan explícita, sólo puede extraerse una conclusión. La reacción moral condenatoria que suscitó la violencia inicial demostró ser más débil que la fascinación mimética que inspiró (véase Bailie, *Violence Unveiled*, p. 89).

revelemos este hecho. Nosotros no tenemos que triunfar sobre las fuerzas de la muerte con nuestra inspiración, nuestros esfuerzos y nuestra estrategia. No tenemos que derrotar otra vez a la muerte. El Salmo 58 nos dice: "Sin duda hay un Dios que gobierna la tierra." Nunca debemos olvidarnos de esto. La esperanza y no la ira deben dirigir nuestra protesta. Por otro lado, la esperanza, la fe en el poder de la resurrección no es un sentimiento o un estado de ánimo, es una opción necesaria para la supervivencia.

Jesús, por supuesto, es el ejemplo supremo para el pacificador no violento. Él nunca duplicó la violencia y la injusticia que estaba intentando cambiar. Así, por ejemplo, en un incidente que ejemplifica con una claridad excepcional la anatomía tanto de la violencia como de la no violencia, lo vemos desarmar y convertir a una multitud inclinada hacia la violencia. El incidente tiene lugar cuando una multitud le trae a una mujer que ha sido sorprendida en el acto del adulterio (Juan 8, 3-11). Para comprender aquí de manera plena la no violencia de la acción de Jesús puede ayudarnos contrastar esta historia con un incidente similar (con finales diferentes) en el Libro de Daniel (Dn 13). Hay un paralelo sorprendente entre estas dos historias. En ambas, una mujer inocente, amenazada por una multitud, se salva porque hay una persona que interviene y cambia las cosas. Las historias, sin embargo, terminan de manera diferente, una en la paz y la otra en la violencia.

El Libro de Daniel contiene la historia de cómo Daniel salva a una mujer hermosa e inocente que se llama Susana. Sucedió de esta manera: Un día, dos ancianos ven a Susana que se baña y el espectáculo despierta en ellos el deseo de poseerla. Se acercan a ella y le manifiestan sus malvadas intenciones, pero ella los rechaza, aferrándose de manera firme a su virtud. Amargados y celosos de su poder los dos ancianos acusan falsamente a Susana de haber cometido adulterio, volviendo contra ella a la multitud y a la antigua ley. Se la condena a morir. Está siendo llevada al lugar donde se la va a ajusticiar cuando Daniel, sospechando la falsedad de los testimonios y la injusticia que está a punto de cometerse, se enfrenta con la multitud que va con ella. Daniel acusa a los dos ancianos y para demostrar su acusación los interroga por separado. Por supuesto, sus testimonios son contradictorios, con lo cual queda demostrada la inocencia de Susana. Pero Daniel no ha terminado todavía. Vuelve a la multitud contra los acusadores, exigiendo su muerte. La multitud, conmovida, se encarga de hacer justicia. A los dos ancianos se los lapida hasta que mueren, la misma muerte que habían decretada para Susana.

La historia de Jesús es paralela, pero muy diferente. Jesús enfrenta con calma a los acusadores de la mujer sorprendida en el acto del adulterio. Aquí también hay una mujer que va a morir, habiendo sido sorprendida cuando cometía adulterio. A diferencia de Susana, esta mujer es culpable, pero ese hecho no hace a la esencia de lo que sucede. Resulta claro que, como Susana, está allí debido a los celos y los sentimientos exaltados de la multitud. Desde un punto de vista estructural la adúltera es inocente, inocente de la pasión de la multitud, pese a su culpa. Jesús, como Daniel, se enfrenta con la multitud. Su protesta es más penetrante que la de Daniel. "Que quien esté libre de pecado arroje la primera piedra." Estas palabras producen un efecto muy diferente. Como Susana, la mujer se salva y la multitud se disuelve. Lo que sigue es todo lo opuesto a la histeria de la multitud que se junta para un linchamiento: "Todos se fueron yendo, de uno en uno." Las palabras de Jesús no sólo salvan a la mujer sino que, como cuando se desarma una bomba, evitan una posible explosión. Ese día no muere nadie. Todos se van y vuelven a sus casas considerablemente más a tono con la humildad y la verdad.

Los esfuerzos no violentos a favor de la justicia y la paz funcionan de esta manera. Tal como hizo Jesús, no vuelven la multitud contra alguien, inocente o culpable. Más bien rozan de manera suave esa parte de la conciencia que todavía se mantiene blanda y no ha sido violada, donde todavía la verdad hace eco y la paz es un tierno anhelo.

Un Dios no violento que suscribe la justicia y la paz

G. K. Chesterton, comentando la doctrina de la Iglesia, en cierta oportunidad dijo: "La Iglesia anuncia ideas terribles y doctrinas devoradoras, cada una de ellas lo suficientemente fuerte como para convertirse en una religión falsa y asolar el mundo... Si se incurre en un error insignificante, pueden cometerse errores enormes contra la felicidad humana."[11] Esto vale de manera particular para todo lo que concierne al concepto y la teología de Dios. En último término, la manera como concebimos a Dios tiñe de un tono particular nuestra manera de concebir todas las otras cosas, especialmente la justicia y la paz y los caminos que llevan a éstas. Si concebimos a Dios como un ser violento, por más redentora que imaginemos su violencia, también concebiremos un camino que lleva a la justicia y la paz pasando por la violencia. Es triste que esto suceda muchas veces, tanto en los círculos seculares como en los religiosos. Demasiado a menudo pensamos en Dios como alguien que usaría la violencia para derrocar el mal y producir la justicia y la paz. Concebimos a Dios como una fuerza de violencia redentora.

¿Qué es una violencia redentora? Es lo que sucede en el fin de una película, una novela o una canción, cuando el héroe consigue finalmente derrotar al matón que ha tenido aterrorizados a todos. Hemos visto en incontables películas, libros y canciones cómo funciona la violencia redentora. Un grupo de personas buenas vive aterrorizada por un hombre violento. Entre los buenos hay un individuo bueno (se trata siempre de un hombre, porque el poder muscular será, en último término, la fuerza redentora) que es más fuerte que el matón. Él será el héroe, cuando llegue el momento, y salvará la situación. Sentimos que será así puesto que sabemos que, en última instancia, él es más fuerte que el matón. Por el momento, el matón sigue en su mal camino e incluso intensifica su campaña contra la gente

---

[11] G. K. Chesterton, *Ortodoxia,* Buenos Aires, Espasa Calpe.

buena. Presiente la existencia del bueno que finalmente lo vencerá y se deleita particularmente en ejecutar acciones que lo humillan. El hombre bueno no le devuelve su violencia, pese a la impaciencia que nos carcome y nuestra furia cada vez mayor. Acepta tranquilamente la agresión, porque todavía no ha llegado su momento.

Por último, la historia llega al punto decisivo. El matón acorrala al héroe, que ahora no tiene elección: o pelea o muere. Entonces tiene lugar la redención. El héroe, empujado más allá del límite, se quita la chaqueta, se arrolla las mangas de la camisa y le pega al matón, hasta matarlo. Las lágrimas suben a nuestros ojos porque estamos viendo cómo, por fin, se hace la justicia. Se ha aplastado el mal y se ha vindicado el bien.

No nos detenemos a pensar que en realidad, lo que ha sucedido es que el bien ha resultado ser más violento que el mal. No nos damos cuenta que nuestro buen héroe empezó como la Madre Teresa y terminó como Rambo o Batman. No conseguimos ver que el final de esta historia de redención es radicalmente lo opuesto a la historia de Jesús. Cuando Jesús es finalmente acorralado y la opción que lo enfrenta es pelear o morir ("¡Si eres el hijo de Dios, baja de esa cruz!"), Él, a diferencia de nuestros héroes míticos, elige morir.

Debemos tener cuidado, especialmente cuando nos proponemos crear la justicia y la paz, de no confundir la historia cristiana de la redención con el mito de la violencia redentora. Debemos intentar producir la justicia y la paz del modo como lo hizo Jesús, reconociendo que el Dios a quien Jesús llamó "Padre" no trompea a nadie. No vence a los malos y revindica a los buenos por medio del poder superior de su musculatura, su rapidez de reacción o su puntería con las armas. En los Evangelios, a Jesús se lo describe como un personaje poderoso, más que nadie con quien la multitud se haya encontrado antes. Sin embargo, la palabra que se usa para describir el poder de Jesús, *exousía* (una palabra griega) no se refiere al poder de la musculatura, la rapidez, ni siquiera una gracia y brillo extraordinarios. Se refiere a algo para lo cual en nuestro idioma no tenemos una traducción fácil. ¿Qué es *exousia*? ¿Cuál es el poder real de Jesús? ¿Cómo va a traer últimamente la justicia y la paz?

Una vez se le pidió a Daniel Berrigan que diera una conferencia para estudiantes universitarios. El tema que se le asignó era algo como "La presencia de Dios en nuestro mundo actual". Su conferencia, sospecho, sorprendió a muchas de las personas que integraban su audiencia, tanto por su brevedad como por su contenido.[12] Simplemente les contó cómo él, cuando trabajaba en un hospicio para enfermos terminales, todas las semanas pasaba algún tiempo sentado en la cama de un muchacho joven, física y mentalmente incapacitado. El muchacho lo único que podía hacer era estar acostado en su cama. No podía hablar ni comunicarse con su cuerpo o de alguna otra manera con la gente que entraba en su habitación. Permanecía mudo, impotente, aparentemente aislado de toda posibilidad de comunicación con el mundo exterior. Berrigan contó como él se sentaba regularmente junto a aquel joven, intentando escuchar lo que estaba diciendo en su silencio e impotencia.

Después Berrigan agregó otro punto: la manera como ese joven está en nuestro mundo, mudo e impotente, es idéntica a la manera como Dios está en el mundo. Para escuchar lo que Dios está diciendo debemos aprender a escuchar qué está diciendo aquel joven. Esta imagen es muy potente y extremadamente útil para entender el poder de Dios en el mundo y cómo Dios se manifiesta. No se pelea con nadie o con nada. Está allí, mudo, en la base moral y espiritual de las cosas. No combate con sus músculos, su atracción, su brillo o su gracia, como lo hace el músculo y la rapidez de movimientos del atleta olímpico, o con la belleza de la estrella joven de Hollywood, o con el discurso y la retórica convincente del autor o el orador brillante. Estas cosas, la musculatura, la rapidez, la belleza, el brillo, la gracia, reflejan la gloria de Dios, pero ésa no es la principal manera que tiene Dios de mostrar su poder en el mundo. El poder

---

[12] Daniel Berrigan en una conferencia dada en la Universidad de Notre Dame. Se puede disponer de ella en un cassette de audio a través de Ave Maria Press, Notre Dame, Indiana, Ill., Estados Unidos.

de Dios en el mundo tiene un aspecto muy diferente y se lo siente de otro modo.

¿Qué aspecto tiene el poder de Dios? ¿Cómo se siente la manera como Dios debe sentirse muy a menudo en el mundo?:

• Si alguna vez te has sido sometido físicamente y te has sentido impotente, si alguna vez alguien te ha golpeado o abofeteado y te has sentido incapaz de defenderte o de devolver la agresión, entonces tú te has sentido como Dios se siente en el mundo.

• Si alguna vez has tenido un sueño y descubierto que todos tus esfuerzos son inútiles y que nunca podrás convertir tu sueño en realidad, si has llorado y te has sentido avergonzado de tu incapacidad para defenderte y responder al ataque, entonces tú te has sentido como Dios se siente en el mundo.

• Si alguna vez has debido avergonzarte de tu entusiasmo y no has tenido oportunidades para explicarte, si alguna vez alguien que no ha comprendido tus motivaciones te ha maldecido por tu bondad y tú fuiste impotente para hacerle ver las cosas a tu manera, entonces te has sentido como Dios se siente en el mundo.

• Si alguna vez has querido aparecer atractivo frente a alguien y fuiste incapaz de hacerlo, si alguna vez has querido a alguien y has querido desesperadamente encontrar alguna manera de ser reconocido por esa persona, y te ha descubierto totalmente incapaz de hacer nada al respecto, entonces tú te has sentido como Dios se siente en el mundo.

- Si alguna vez has sentido que estás envejeciendo y que pierdes tanto la salud como la energía de un cuerpo joven y las oportunidades que éste puede ofrecerte, sintiendo que es imposible invertir el curso del tiempo; si alguna vez has sentido que el mundo se te va de las manos a medida que vas envejeciendo y sabes que cada vez serás más marginado, entonces tú te has sentido como Dios se siente en el mundo.

- Y si alguna vez has sentido que perteneces a una minoría, que estás solo frente a la histeria de la multitud enloquecida; si alguna vez has sentido, de primera mano, la maldad enferma de un abuso grupal, en ese momento te has sentido como Dios se siente en el mundo... y como se sintió Jesús el Viernes Santo.

Dios nunca se impone a nadie por la fuerza bruta de su poder en este mundo. El poder de Dios en este mundo nunca es el poder del músculo, la rapidez, la atracción física, el brillo o una gracia que encandila a la gente y la obliga a reconocer a gritos: "Sí, sí. ¡Aquí tienen un Dios!" El poder del mundo intenta actuar de esa manera. El poder de Dios, sin embargo, es más mudo, más impotente, más avergonzado, más marginado. Actúa en un nivel más hondo, en la base última de las cosas y sólo desea, de manera amable, poder expresarse después que todos los demás han tenido la oportunidad de decir lo suyo.

Trabajar por la paz y la justicia en este mundo no significa dejar de ser la Madre Teresa para convertirse en Rambo o Batman. El Dios que sostiene la justicia y la paz no golpea a nadie y no estamos defendiendo la causa de Dios cuando nosotros lo hacemos.

Sosteniéndonos para el largo plazo

Después de la Guerra del Golfo en 1991, Jim Wallis, el fundador de *Sojourners,* estaba siendo entrevistado por una cadena nacional de radio en los EE. UU. Wallis tenía y había expresado considerables dudas con respecto a esa guerra y sobre todo con la celebración de la victoria, cuando ésta se produjo. En un punto, el hombre que lo entrevistaba le dijo: "Esta vez los que protestaron contra la guerra deben reconocer que se habían equivocado. El pueblo de los Estados Unidos sostuvo la guerra, no los protestadores. Wallis respondió simplemente: "No estábamos equivocados... solamente perdimos. Hay una diferencia."

Para sostenernos como cristianos en la lucha por la justicia y la paz puede resultarnos útil recordar las palabras de Wallis. La lucha por la justicia y la paz no tiene que ver, en última instancia, con que ganemos o perdamos, sino con la fidelidad.

> *El Evangelio de Jesús nos plantea la exigencia no negociable de que trabajemos a favor de la justicia y la paz en el mundo, pero no nos obliga a ganar. La eficacia política a corto plazo no es tan importante como la fidelidad a la conciencia personal, a la fe personal y a la caridad personal a largo plazo.*

No sabemos cómo resultarán finalmente las cosas pero ro sí sabemos lo que nos dice el Evangelio, sabemos que nosotros debemos amar, ser caritativos, comprender, experimentar compasión, perdonar y estar moralmente integrados en nuestras vidas privadas. No sabremos todo el tiempo cuál es la mejor estrategia política, pero sí sabremos que Dios está preocupado por las víctimas, que Jesús está en medio de las derrotas y que estamos siendo fieles al evangelio cuando ocupamos su mismo lugar.

Hay una historia de un pastor noruego, luterano, que durante la Segunda Guerra Mundial fue arrestado e interrogado por la Gestapo. Cuando el oficial de la Gestapo entró en la habitación donde estaba el pastor, mostró su revolver poniéndolo sobre la mesa que los separaba, y dijo: "Padre, esto es solamente para que usted se de cuenta que somos serios." El pastor, instintivamente, sacó su Biblia y la puso junto al revolver. El oficial le preguntó: "¿Por qué hizo eso?" El pastor le contestó: "Usted puso su arma. Yo hice lo mismo con la mía."[13]

En Sudáfrica, antes de la abolición del *apartheid*, la gente encendía una vela y la colocaba en una ventana, como señal de esperanza, una señal de que algún día el mal sería derrotado. En un cierto punto, la luz de las velas fue declarada ilegal, tan ilegal como llevar un arma. Los niños hacían chistes sobre el tema, diciendo: "Nuestro gobierno tiene miedo de que encendamos velas." Con el correr del tiempo, sabemos, el *apartheid* fue derrotado. Reflexionando sobre lo que en último término produjo su derrota, es justo decir que "encender velas" (cosa que el gobierno sin duda tenía razones para temer) fue un arma considerablemente más poderosa que las pistolas o los fusiles. En la lucha por la justicia y la paz, nuestras verdaderas armas, como cristianos, no son la ideología o las pistolas y los fusiles, sino las velas encendidas, la esperanza, la integridad personal, la caridad y la oración.

Un Padrenuestro por la justicia

En el esquema de cosas del mundo, la regla es la supervivencia del más apto. En el esquema de Dios, la regla es la supervivencia del más débil. Dios está siempre del lado del más débil y es allí, entre los débiles, donde encontramos a Dios. Dada la verdad de esto, en ciertas ocasiones podríamos rezar el Padrenuestro de la siguiente manera:

---

[13] Narrado por Jim Wallis, véase, más arriba, la nota 9.

Padre nuestro... que siempre estás con los débiles, los impotentes, los pobres, los abandonados, los enfermos, los ancianos, los muy jóvenes, los que todavía no han nacido y todos aquellos que, víctimas de las circunstancias, soportan el cansancio del día...

Que estás en el cielo... donde todo será al revés, donde los últimos serán los primeros y los primeros los últimos, pero donde todos estarán bien y toda forma de ser estará bien...

Santificado sea tu nombre... que siempre se reconozca tu santidad, respetando que tus caminos no son nuestros caminos,que tus normas no son nuestras normas. Que la reverenciaque otorgamos a tu nombre nos arranque del egoísmo que nos impide ver el dolor de nuestro prójimo...

Venga a nosotros tu reino... ayúdanos a crear un mundo donde, más allá de nuestras necesidades y nuestras heridas, construyamos la justicia, amemos con ternura y caminemos de manera humilde, contigo y los unos con los otros...

Hágase tu voluntad... que se abra nuestra libertad para dejarte entrar, de manera que la entrega total que caracteriza tu vida fluya por nuestras venas y de este modo la vida que nosotros ayudamos a generar pueda irradiar tu amor parejo hacia todos, pero en particular y especialmente tu amor por los pobres...

Así en la Tierra como en el Cielo... que las obras de nuestras manos, los templos y las estructuras que construimos en este mundo reflejen el templo y la estructura de tu gloria, de manera que se hagan manifiestos el gozo, la gracia, la ternura y la justicia del Cielo en todas nuestras estructuras aquí en la tierra...

Danos... vida y amor ayúdanos a ver todo como un don. Ayúdanos a reconocer que nada nos viene por derecho alguno que tengamos y que debemos dar porque todo nos ha sido dado. Ayúdanos comprender que debemos dar a los pobres, no porque ellos lo necesiten sino porque nuestra propia salud depende de que les estemos dando. Danos a nosotros, a nuestro verdadero nosotros plural. Pero no nos des solamente a nosotros y a los nuestros, sino a todos, incluyendo a aquellos que son muy diferentes de nosotros, porque nuestra propia salud depende de que les demos...

Hoy... no mañana. No nos permitas empujar las cosas hacia un futuro indefinido, de manera que podamos seguir viviendo vidas justificadas frente a la injusticia, porque somos capaces de dar buenas excusas por nuestra inactividad...

Nuestro pan de cada día... de tal modo que cada ser humano en el mundo tenga alimentos suficientes, suficiente agua para beber, suficiente aire puro, una atención adecuada de nuestra salud, suficiente acceso a la educación, de manera que no carezcamos del sustento para una vida sana. Enséñanos a dar de lo que tenemos para comer y no solamente de lo que nos sobra...

Y perdona nuestras ofensas... perdona nuestra ceguera hacia nuestro prójimo, nuestra preocupación por nosotros mismos, nuestro racismo, nuestro sexismo y nuestra incurable propensión a ocuparnos solamente de nosotros y de los nuestros. Perdónanos nuestra capacidad de ver las noticias de la noche y no hacer nada al respecto...

Así como nosotros perdonamos a los que nos ofenden... ayúdanos a perdonar a aquellos que nos hieren. Ayúdanos a serenar nuestros espíritus, a no amargarnos con la edad, a perdonar, a perdonar a los padres imperfectos y a los sistemas que nos han herido, maldecido e ignorado...

Y no nos dejes caer en tentación... no nos juzgues solamente por no haber dado de comer a los hambrientos, por no haber vestido al desnudo, por no haber visitado a los enfermos, por no haber intentado corregir los sistemas que han victimizado a los pobres. Líbranos de esta prueba porque nadie podría soportar el escrutinio de tu Evangelio. Danos más días para enmendar nuestros caminos, nuestro egoísmo y nuestros sistemas...

Líbranos del mal... es decir, de la ceguera que nos permite seguir participando en sistemas anónimos en los cuales no necesitamos ver quiénes reciben menos y quiénes más.

Amén.

9

LA ESPIRITUALIDAD DE LA SEXUALIDAD

Es posible que no haya nada en este mundo más poderoso para quebrar nuestro egoísmo que el acto simple de mirar a nuestros hijos. En nuestro amor hacia ellos se nos da una avenida privilegiada para sentirnos como Dios se siente, para explotar en la generosidad, el gozo, el deleite y en el deseo, para dejar que la vida de los otros sea más real y más importante que nuestra propia vida.[1]

La sexualidad como un fuego divino

Los filósofos griegos decían que somos incendiados en la vida por una locura que proviene de los dioses, y que esta energía es la raíz de todo el amor, el odio, la creatividad, el gozo y la tristeza. El cristiano debería estar de acuerdo con esto y agregar que Dios ha puesto este gran poder, la sexualidad, dentro de nosotros para que podamos también crear vida y, como Dios, mirar a lo que hemos ayudado a que exista y nos desborde un gran gozo capaz de superar los moldes de nuestro egoísmo y decir: "Es bueno, verdaderamente, es muy bueno." La sexualidad madura es aquella donde la persona mira lo que ha ayudado a crear, crece en un deleite que derriba las paredes de

---

[1] Ronald Rolheiser, "How Children Raise their Parents", en *Western Catholic Reporter*, 27 de marzo de 1995.

la prisión de nuestro egoísmo y nos hace sentirnos tal como Dios se siente cuando mira a su creación.

Por esta razón la sexualidad está en el núcleo de la vida espiritual. Una sexualidad sana es el vehículo más poderoso que hay para conducirnos a la generosidad y el gozo. Del mismo modo, una sexualidad enferma ayuda, como ninguna otra cosa, a generar egoísmo e infelicidad. Seremos felices en esta vida según tengamos o no una sexualidad sana. Una de las tareas fundamentales de la espiritualidad, por lo tanto, es ayudarnos a comprender y canalizar de manera correcta nuestra sexualidad. Ésta, sin embargo, no es una tarea fácil. La sexualidad es un fuego tan poderoso que no siempre es fácil canalizarlo de maneras dadoras de vida. Su mismo poder —y se trata de la fuerza más poderosa del planeta— la hace una fuerza no sólo para generar amor, vida y bendición formidables sino también odio, muerte y destrucción poco imaginables. El sexo es responsable por la mayoría de los éxtasis que suceden en el planeta, pero también es responsable de muchos homicidios y suicidios. Es el más poderoso de todos los fuegos, el mejor de todos, el más peligroso de todos y el fuego que, en último análisis, está a la base de todo, incluyendo la vida espiritual.

¿Pero cómo debe entenderse la sexualidad? ¿Cuáles son los principales elementos dentro de la espiritualidad cristiana de la sexualidad?

Hacia un entendimiento cristiano de la sexualidad

Sexualidad como conciencia de haber sido separados

Para entender el significado de la sexualidad es necesario empezar con su definición. Las raíces de una palabra no siempre ayudan a clarificar su significado, pero sí lo son en el caso de las palabras "sexo" y "sexualidad". La palabra "sexo" tiene una raíz latina, el verbo *secare*. En latín *secare* significa literalmente cortar, separar por medio de un corte, amputar, desconectar del todo. Ser "sexado", por lo tanto, quiere decir literalmente ser separado de algo, ser amputado del todo. Así, para usar un ejemplo sencillo, si usted toma una sierra mecánica, va hacia un árbol y le corta una rama, habría "sexado" la rama. Esta rama, si fuera capaz de pensar y sentir, se despertaría sobre el suelo, cortada, separada del árbol, desconectada, nada más que un pedazo de madera que una vez fue parte de un gran organismo. Sabría, en cada una de sus células, que si quiere seguir viviendo y especialmente si quiere producir flores y dar fruto, debe volver a conectarse de nuevo con el árbol, de alguna manera.

Es así, precisamente, como nosotros despertamos en el mundo. Nos despertamos en una cuna, no serenos sino llorando, solos, cortados, separados del gran todo. Mucho antes de llegar a tener conciencia de nosotros mismos, mucho antes de alcanzar la pubertad, cuando nuestra sexualidad despierta con fuerza y nos hace sentir el deseo del sexo, nos sentimos dolorosamente sexuados, en cada una de las células de nuestro cuerpo, en nuestra psique, en nuestra alma. El sexo es una dimensión de la conciencia que tenemos de nosotros mismos. Nos despertamos en el mundo y experimentamos dolor, consciente e inconscientemente, en cada una de las células de nuestro ser, sentimos que somos incompletos, que carecemos de totalidad, que hemos sido cortados de algo, que no somos más que una parte de un todo que en algún momento estuvo completo. Karl Jung comparó en cierta oportunidad el sentimiento de estar incompletos que nos da la sexualidad con la clara separada de la yema de un huevo. Juntas hacen un todo, separadas son incompletas. Los sexos son así. Solos somos esencialmente incompletos y en todos los niveles experimentamos la necesidad de ser otra vez el todo del cual, en algún lugar oscuro de nuestra conciencia, sabemos que hemos sido separados. Nos sentimos como la clara y la yema, separados de nuestra otra mitad.

Esta experiencia es muy dolorosa, es una soledad dolorosa, un anhelo irracional, una locura que nos viene de los dioses (como decían los griegos). Pero esta locura también es una gran energía; es la mayor de las energías que tenemos adentro. Es el motor que mueve a todo lo demás, el cuerpo y el espíritu. Si esto es verdad, y lo es, nos damos cuenta de que la sexualidad es más que una cuestión de tener sexo, y es muy importante que podamos distinguir de manera crítica la diferencia entre *sexualidad* y *genitalidad*. El sexo y mantener relaciones sexuales no son la misma cosa.

Sexualidad *versus* genitalidad

La *sexualidad* es una energía que abarca todo adentro de nosotros. En un cierto sentido, puede identificarse con el mismo principio de la vida. Es el impulso hacia el amor, la comunión, la comunidad, la amistad, la familia, el afecto, la plenitud, la consumación, la creatividad, la perpetuación, la inmortalidad, el gozo, el deleite, el humor y la trascendencia. No es bueno estar solo (Gn 2, 18). Cuando Dios dijo esto con respecto a Adán en los albores de la creación, Dios lo dijo con respecto a todo hombre, mujer, niño, animal, insecto, planta, átomo y molécula del universo. El sexo es la energía que está dentro de nosotros, que opera incesantemente contra nuestra soledad.

La *genitalidad*, tener relaciones sexuales, es solamente un aspecto de la realidad mucho más amplia de la sexualidad, aunque, por supuesto, es una parte muy importante. La genitalidad es una consumación física particularizada, una constelación privilegiada de muchas de las energías en un encuentro corporal con otra persona, aquello que corrientemente llamamos "hacer el amor".

Después de haber hecho esta distinción, debemos emitir inmediatamente dos advertencias al respecto. Por un lado, la genitalidad (practicar el sexo) no puede trivializarse o denigrarse y vérsela como algo demasiado terrenal y carnal para ser espiritual, tal como han creído y enseñado incontables maniqueos, gnósticos y otros espiritualistas en el correr de los siglos. El cristianismo, en gran parte, ha recibido la influencia de estos puntos de vista negativos y no cristianos sobre el sexo, y por ello nunca ha desarrollado una espiritualidad dadora de vida de la genitalidad. Por esta razón, entre otras, el celibato se ha convertido en una especie de ideal espiritual. Esto es erróneo. Tener relaciones sexuales no es por cierto la totalidad de la realidad del sexo, pero quizá sea el don más grande de Dios al planeta y ofrece a los seres humanos la mayor oportunidad de una intimidad genuina a la que podemos acceder de este lado de la eternidad. Hay algunos teólogos que ven en las relaciones sexuales un pregusto de la vida eterna en el Cielo y muchos de los místicos clásicos usan las imágenes del encuentro sexual para describir nuestra unión íntima con Dios y la creación.

Por otro lado, los cristianos también deben evitar el punto de vista popular contemporáneo de que la genitalidad de algún modo puede llevar todas las cosas que se supone contiene la sexualidad. La cultura popular actual enseña que uno no puede considerarse completo sin mantener una sexualidad sana. Eso es correcto. Sin embargo, en su mayor parte, piensa el sexo solamente como tener relaciones sexuales. Ésta es una reducción trágica. El sexo es una energía muy amplia y somos sexualmente sanos cuando tenemos amor, comunidad, comunión, familia, amigos, afecto, creatividad, gozo, deleite, humor y trascendencia en nuestras vidas. Tener estas cosas, lo sabemos, depende de muchas cosas y no solamente de si dormimos solos o acompañados. Se puede tener mucho sexo y sin embargo carecer de un amor real o de una real comunidad, familia, amistad y creatividad. Del mismo modo se puede ser célibe y tener todas estas cosas en abundancia. Todos conocemos el dicho popular (¡y cuán verdadero que es!) de que es más fácil encontrar un amante que un amigo. La sexualidad tiene tanto que ver con los amigos como con los amantes. Es doloroso tener que dormir solos, pero mucho más doloroso puede ser tener que dormir solos cuando no estamos solos. Entonces, si bien nunca debiera denigrarse la genitalidad como algo que no es espiritual o importante, no debería pedírsele que por sí misma sea responsable, en nuestras vidas, de la comunidad, la amistad, la familia y el deleite.

Los filósofos griegos antiguos nos legaron la palabra *eros*. Por lo general hoy se la entiende principalmente como la atracción sexual. Para los antiguos griegos el *eros* era una realidad con seis dimensiones interconectadas. Se refiere, por un lado y al mismo tiempo a *ludens* (el juego de la relación amorosa, las bromas y el humor), a la *atracción erótica* (la atracción y el deseo sexual), la *manía* (la obsesión sexual, enamorarse, el romance), el *pragma* (un arreglo inteligente en vista de la vida familiar, el hogar y la comunidad), la *philía* (amistad) y el *agape* (el altruismo, la generosidad y el sacrificio). A diferencia de nosotros, los antiguos griegos no exigieron que uno de los aspectos del amor cargara con todos los demás.

Una definición cristiana de la sexualidad

¿Cómo definiría un cristiano la sexualidad? La sexualidad es una energía hermosa, buena, extremadamente poderosa y sagrada, que Dios nos ha dado y nosotros experimentamos en cada una de las células de nuestro ser como una necesidad irreprimible de superar nuestra falta de totalidad, para avanzar hacia la unidad y la consumación con aquello que está más allá de nosotros. También es el pulso para celebrar, para dar y recibir deleite, para encontrar nuestro camino de regreso al Edén, donde podemos estar desnudos sin experimentar vergüenza, sin preocupaciones ni trabajo, mientras hacemos el amor a la luz de la luna.

En definitiva, sin embargo, todos estos hambres, en su madurez plena, culminan en una cosa: quieren hacernos co-creadores con Dios... madres y padres, artesanos y creadores, hermanos y hermanas mayores, enfermeras y sanadores, maestros y consoladores, agricultores y productores, administradores y constructores de la comunidad; corresponsables con Dios por el planeta, estar junto con Dios, sonriendo al mundo y bendiciéndolo. Dada esta definición, vemos que la sexualidad, en su florecimiento maduro, no necesariamente se parece a una de esas escenas de amor (cuerpos perfectos, emociones perfectas, una luz perfecta) en una película de Hollywood. ¿Cómo es la sexualidad, en su florecimiento pleno?

• Cuando ves una madre joven, brillante de deleite al mirar a su hijo, porque en ese momento todo su egoísmo ha cedido lugar al gozo perfecto de ver la felicidad de su hijo. Esto es la sexualidad en su florecimiento maduro.

• Cuando ves a un abuelo orgulloso de su nieto que ha recibido su diploma. Por un momento su espíritu es sólo compasión, altruismo y gozo. Esto es la sexualidad en su florecimiento maduro.

• Cuando ves a un artista que, después de una larga frustración, mira con tal satisfacción la obra terminada que todo lo demás, por el momento, se le borra. Esto es la sexualidad en su florecimiento maduro.

• Cuando ves a un joven, frío y mojado, pero contento de haber ejercido su servicio, de pie en un muelle a donde ha llevado el cuerpo inconsciente de un niño a quien ha salvado de ahogarse. Esto es la sexualidad en su florecimiento maduro.

• Cuando ves a alguien que lleva su cabeza hacia atrás en un arrebato de risa genuina, sorprendido fuera de guardia por la sorpresa del gozo. Esto es la sexualidad en su florecimiento maduro.

• Cuando ves a una monja anciana, que nunca ha dormido con un hombre, estado casada o dado a luz un hijo, que gracias a años de entrega desinteresada se ha convertido en alguien capaz de una sonrisa pícara. Esto es la sexualidad en su florecimiento maduro.

• Cuando ves a una comunidad reunida alrededor de una tumba, haciendo las paces con la tragedia y consolándose los unos a los otros para que la vida pueda seguir. Esto es la sexualidad en su florecimiento maduro.

• Cuando ves a un esposo anciano y a su esposa que, después de medio siglo de matrimonio, han hecho la paz con la humanidad el uno del otro hasta el punto de poder compartir tranquilamente un plato de sopa, contentos de saber que el otro está simplemente allí. Esto es la sexualidad en su florecimiento maduro.

• Cuando ves una mesa, rodeada por una familia que ríe, discute y comparte la vida de unos con otros. Esto es la sexualidad en su florecimiento maduro.

• Cuando ves a una Madre Teresa vendando las heridas de una persona de la calle en Calcuta, o a un Oscar Romero que da su vida en defensa de los pobres. Esto es la sexualidad en su florecimiento maduro.

• Cuando ves a cualquier persona —hombre, mujer o niño— que, en su servicio, afecto, amor, amistad, creatividad gozo o compasión, está por un momento tan concentrado en lo que está más allá de él mismo que, por ese momento por lo menos, ha zanjado su separación con respecto a los otros. Esto es la sexualidad en su florecimiento maduro.

- Cuando ves a Dios que acaba de crear el mundo o de ver cómo Jesús ha sido bautizado en el río Jordán y dice: "Esto es bueno. Me complace." Esto es la sexualidad en su florecimiento maduro.

La sexualidad no tiene que ver solamente con encontrar un amante o ni siquiera con encontrar un amigo. Tiene que ver con superar el abismo que nos separa del otro, dando la vida y bendiciéndola. Es de este modo como, en su madurez, la sexualidad tiene que ver con darse a la comunidad, a la amistad, a la familia, al servicio, a la creatividad, al humor, al deleite o al martirio de tal manera que, junto con Dios, ayudemos a traer vida al mundo.

Unos pocos principios cristianos no negociables

Más allá de la definición amplia que hemos dado, ¿cuáles otros principios anclan una espiritualidad cristiana sana de la sexualidad?

Hay *cuatro* principios fundamentales que debemos mencionar.

1. *Para un cristiano el sexo es algo sagrado. Desde el punto de vista cristiano, el sexo es sagrado o perverso. Nunca puede ser casual, sin importancia, neutral. O construye el alma o trabaja para desintegrarla.*

En una relación comprometida, de amor, avalada por una alianza, el sexo es sacramental, forma parte de la eucaristía de una pareja. Por lo tanto es un vehículo privilegiado de la gracia, una fuente extraordinaria de integración para el alma, un manantial profundo de gratitud y algo que, por medio de su propia dinámica interna, abre a las dos personas que forman la pareja (de un modo que posiblemente ninguna otra cosa puede hacerlo) para ser adultos dadores de vida, impartidores de bendición.

En un sentido opuesto, el sexo que carece de estas condiciones producirá normalmente el efecto contrario: endurecerá el alma, la hará trivial, y trabajará para desintegrar su unidad. Al mismo tiempo, no abrirá a aquellos que lo practican para participar en una comunidad abierta, llena de gracia y bendita. Ayudará, por el contrario, a alienar a la pareja de toda comunidad real.

Hoy nuestra cultura resiste a esta idea y protesta que el sexo puede ser casual y neutral, que no es necesario hacer con él tanta alharaca. La ironía es que, sin embargo, mientras nuestra cultura afirma que el sexo es casual y neutral desde un punto de vista espiritual y psicológico, reconoce, por primera vez, que se produce una terrible devastación del alma cuando alguien sufre una violación sexual. Esto es un progreso. Por desgracia esta profundización de la visión no se ha extendido aún al reconocimiento de cómo el sexo casual puede ser destructivo de la verdadera comunidad, así como también, a veces, del alma individual. El sexo no es como cualquier otra cosa, pese a lo que diga nuestra cultura. Su fuego es tan poderoso, tan precioso, tan cercano al núcleo del alma de una persona y tan divino, que puede dar la vida o quitarla. Nunca será casual, pero sí puede ser un sacramento que imparte gracia o un acto destructivo.

2. Para un cristiano el sexo, por su misma naturaleza, debe estar relacionado con el matrimonio, la monogamia y avalado por un compromiso que sea abarcador y permanente.

Lo que hay de malo en el sexo fuera del matrimonio, para un cristiano, no es tanto que quebrante un mandamiento (aunque lo hace) sino que, en último análisis, es un acto esquizofrénico. ¿Cómo es esto?

Por su propia naturaleza el sexo habla de una entrega total y de una confianza total. El compartir el alma de una manera tan íntima lleva una inherente incondicionalidad. El sexo es una mentira parcial si en la relación más amplia que genera no hay una verdadera confianza, compromiso, permanencia e incondicionalidad. Simula entregar un don que en realidad no está dando, y solicita un don que no puede devolver. Si uno dice, como la antigua canción, "Que el diablo se lleve el mañana, esta noche necesito un amigo", el diablo se llevará el mañana y, por lo general, el amigo también desaparecerá.

Nuestra cultura, otra vez, protesta contra esto. Pero poco puede hacer para enmendar los terribles dolores de corazón, las familias quebrantadas, la violencia y los ocasionales suicidios que resultan de las relaciones sexuales fracturadas. Leí, en cierta oportunidad, una crítica cuestionadora de la insistencia cristiana en relacionar el sexo con el matrimonio. Su autor terminaba su crítica preguntando: "¿Por qué el cristianismo le da tanta importancia a esto? ¿Quién ha sido dañado alguna vez por el sexo?" Si intentáramos, con mucho coraje, responder a la segunda de estas dos preguntas veríamos con mayor claridad la sabiduría de la enseñanza tradicional del cristianismo.

3. El sexo tiene una dinámica interna que si se continúa fielmente conduce a la santidad.

La sexualidad es la energía de Dios en nosotros. Por lo tanto, idealmente, el sexo debiera llevar a las personas a la santidad. De hecho, cuando se respetan sus principios es eso, precisamente, lo que hace. ¿Cómo? ¿Cuál es su dinámica interior que puede llevarnos a la santidad? Veamos un ejemplo típico.

Un joven, con una notoria dosis de egoísmo, rencor y ambición personal, está listo para afronta la vida cuando la sexualidad lo intercepta. Al principio, a causa de su desarrollo adolescente, lo que sobre todo quiere es sexo, con o sin amor e intimidad. Pero encuentra a una muchacha de la cual se enamora. Sigue buscando sexo, pero ahora la misma dinámica interior del sexo lo ayuda a madurar su deseo. Enamorado, su sexualidad ya no pide sólo sexo sino una cierta intimidad, exclusividad y también compromiso. Se casa y, durante un tiempo, está satisfecho con el sexo y la intimidad. Sin embargo, al madurar él mismo y la relación con su mujer, de manera natural llega el día en que quiere tener hijos. Empiezan a tener hijos y le sorprende cuánto ama a sus hijos y cuánto ellos lo hacen cambiar y cambiar su visión de la vida en general. Nuevas dimensiones del deseo (de las cuales no había tenido idea antes) se desencadenan en él y descubre que puede, sin resentimiento, dejar de lado sus propias necesidades para dar más de sí mismo a sus hijos y, por supuesto, a su esposa.

Y entonces los hijos empiezan a crecer, conocen a otros niños, van a la escuela y necesitan lecciones de todo tipo. Su casa empieza a llenarse de otros niños y de sus padres, y de repente se encuentra todas las noches ocupado, conversando con otros padres sobre asuntos de interés común, asistiendo a las reuniones de padres en la escuela o entrenando a los niños que quieren jugar al fútbol y llevándolos a clases y torneos. Su mundo se hace cada vez más amplio y con él se amplía también el ámbito de sus deseos y crece en madurez. De manera lenta, imperceptible, con el correr de los años... crece, se amplía, madura, se vuelve menos y menos egoísta y aprende a transmitir gracia y bendiciones. Es un padre adulto.

El sexo, cuando se lo sigue fielmente, lleva a la santidad. La historia de este hombre es una forma. Hay muchos, muchos otros, que funcionan de la misma manera, incluyendo la dinámica de una sexualidad célibe sana. El deseo, al operar a través de nosotros, cuando se lo sigue de manera fiel, nos abre poco a poco, cada vez más, a una madurez adulta llena de gracia.[2]

---

[2] Con respecto a desarrollos posteriores sobre este punto recomiendo calurosamente un artículo de Sidney Callahan, "Stages in Sexual Developement, Adult Phases", en *Chicago Studies,* vol. 20, spring 1981, pp. 19-39.

4. Para el cristiano, el sexo siempre necesita la protección de una castidad sana.

En la visión cristiana, la castidad es una de las claves de una sexualidad sana. Esto, sin embargo, debe entenderse de una manera correcta.

Primero veamos el concepto de "castidad": la castidad no es lo mismo que el celibato. Ser casto no significa no practicar el sexo. Ni significa que uno sea vergonzoso en todo lo que respecta al sexo. Mis padres eran las dos personas más castas que he conocido. Sin embargo, como era evidente, disfrutaban con el sexo. La evidencia era una gran familia y el lazo tierno, cálido y vivo que los unía. La castidad, en primer lugar, no es un concepto que necesariamente haga referencia al sexo, pero dados el poder y la urgencia del sexo, las faltas de castidad muy a menudo se dan en el área de la sexualidad. *La castidad tiene que ver con todo lo que se experimenta.* Tiene que ver con lo correcto, lo conveniente en cada experiencia. En último análisis la castidad es reverencia... y el pecado, todo pecado, es irreverencia. Ser casto es experimentar las cosas, la gente, los lugares, los entretenimientos, las fases de nuestra vida y el sexo de una manera que no los viole ni nos viole. *Ser castos es experimentar las cosas con reverencia, de tal manera que la experiencia nos deje, tanto a nosotros como a ellas, más y no menos integrados.*

De este modo, somos castos cuando nos relacionamos con otros de tal manera que no transgredimos sus límites morales, psicológicos, emocionales, estéticos y sexuales. Ésta es una manera abstracta de decir que somos castos cuando no permitimos que la impaciencia, la irreverencia o el egoísmo arruinen lo que es un don, violándolo de alguna manera. Por el contrario, carecemos de castidad cuando traspasamos las fronteras antes de tiempo o de manera irreverente, cuando violamos cualquier cosa y de alguna manera reducimos lo que es. La castidad es respeto, reverencia y paciencia. Sus frutos son la integración, la gratitud y el gozo, La falta de castidad es impaciencia, irreverencia y violación. Sus frutos son la desintegración del alma, la amargura y el cinismo.

No habrá castidad donde haya violencia, falta de respeto, caos emocional, falta de comunidad, amargura, cinismo e irresponsabilidad sexual. Éstos son indicadores infalibles. El sexo, precisamente por ser un fuego tan poderoso, necesita siempre la protección de la castidad. Tal como sugiere Karl Jung, nunca deberíamos ser ingenuos con respecto al poder imperialista de la energía. Toda energía, y especialmente la energía sexual, no siempre es amiga y muy a menudo busca llevarnos a transponer fronteras de manera prematura o irreverente. Hay mucho más que una cierta sabiduría en algunos de los tabúes sexuales clásicos. Un fuego que es tan poderoso y sagrado, el fuego sexual, requiere que se lo discipline y contenga con algo más que nuestro estado emocional en un día dado. La sabiduría de los siglos, en parte codificada en los mandamientos y en parte enterrada bajo la máscara de los arquetipos en nuestros instintos, nos dice que, antes del fuego del sexo, debiéramos detenernos en una cierta reverencia y contemplación de lo santo, sabiendo que el fuego divino requiere que en su presencia nos quitemos el calzado (Ex 3, 1-6). Antes de algo tan poderoso como el sexo es necesario que haya algunos tabúes.

Aquí, otra vez, nuestra cultura objeta. Hay pocas cosas tan sujetas al cinismo como el concepto de castidad sexual. La cultura contemporánea considera que la superación de la castidad es una victoria moral, que nos ayuda a liberarnos sexualmente. Los cristianos deberían tomarse más en serio esta afirmación, sobre todo si la supuesta libertad sexual llevara a la gente a una relación más respetuosa entre los sexos y a un sexo que en realidad alivie la soledad, construya una comunidad duradera y almas más estables, contribuyendo a que haya menos explotación sexual de los otros, y ayude a crear una sociedad donde haya menos gente sola y adultos capaces de amar más, más llenos de gracia, más felices. Por desgracia esto no sucede y recordamos el lamento de Albert Camus cuando dijo que hay un momento cuando abandonar la castidad se considera una victoria, pero muy pronto se convierte en una derrota.[3]

---

[3] Albert Camus, citado por Oliver Todd en *Albert Camus, A Life* (Nueva York, Alfred Knopf, 1997), p. 157.

Un último comentario con respecto a la castidad: Alguien dijo una vez que el cristianismo no comprende la pasión sexual, mientras que el mundo no entiende la castidad. Esto es una simplificación excesiva, dado que hay voces individuales importantes, en ambos campos, que no se ajustan a esta descripción. Pero la afirmación es verdadera como generalización y dice algo muy importante. El cristianismo se ha debatido, y todavía lo hace, para celebrar de manera sana y total la pasión sexual. El mundo, por su parte, se ha debatido, y todavía lo hace, de manera honesta y valiente, para identificar qué es lo que sucede con nuestra inocencia y nuestra felicidad cuando denigramos la castidad. Los dos necesitan aprender el uno del otro. *La pasión y la castidad, el sexo y la pureza deben volver a estar juntos.*

El cristianismo debe tener la valentía de dejar atrás algunos de sus temores y timideces y aprender a celebrar la bondad de la pasión sexual, del sexo. Debe ser una fuerza moral que desafíe a la cultura a celebrar la bondad del sexo. Mientras vacile en hacerlo, en este nivel por lo menos, seguirá siendo el enemigo del deleite legítimo y de la creatividad. La castidad separada de la bondad del sexo es frigidez. Por un lado, nuestra cultura debe volver a aprender el valor de la castidad y la pureza. Debe admitir cuánto de su dolor emocional y caos viene de su falta de su descuido de estos factores. Mientras el mundo siga viendo la castidad como una forma de ingenuidad, miedo y moralidad victoriana, la castidad seguirá siendo su enemigo. La pasión sexual solamente tiene una dimensión profunda cuando está relacionada con la castidad y la pureza. Es arquetípico, no accidental, que las mujeres quieran casarse vestidas de blanco.[4]

[4] Puede profundizar en los desarrollos ulteriores sobre este tema en Ronald Rolheiser, "Passion and Purity", en *Against an Infinite Horizon* (Londres, Hodder & Stroughton, 1995), pp. 39 y ss.

Viviendo en lo no consumado.
Algunas perspectivas cristianas

La frustración de una sinfonía inconclusa de por vida

Karl Rahner dijo en cierta oportunidad que, en el tormento de que nada nos alcanza, con el tiempo nos damos cuenta que aquí, en esta vida, todas las sinfonías quedan inconclusas. Tiene razón. En este mundo no existe como un gozo consumado de manera plena. Siempre, de algún modo, quedamos frustrados, de algún modo siempre dormimos solos, mantengamos o no relaciones sexuales. Y esto vale especialmente con respecto a nuestra sexualidad. En último análisis, como lo sugirió Freud, siempre terminamos frustrados desde el punto de vista sexual, porque siempre habrá necesidades sexuales que no podemos satisfacer, sin que importe cuánto sexo tengamos la oportunidad de vivir. Nuestros apetitos sexuales son por lo general demasiado amplios y abarcan demasiado para que podamos satisfacerlos y son de una naturaleza tan compleja que muchas veces la práctica del sexo puede hacer muy poco para cumplirlos.

¿Qué haremos con esto? ¿Cómo hemos de vivir con esa frustración para no intentar resarcirnos culpando a la vida o a aquellos a quienes amamos? ¿Cómo podemos vivir en un mundo incompleto sin exigir que nuestras vidas, nuestros cónyuges, nuestros amigos, nuestros hogares, nuestras vocaciones y nuestros trabajos nos den algo que no pueden darnos, a saber, la sinfonía terminada, la consumación plena?

Algunas perspectivas cristianas: qué hacer hasta que vuelva el Mesías

¿Qué perspectivas puede aportar la espiritualidad cristiana con respecto a estas preguntas? ¿Qué podemos hacer nosotros con esta falta de plenitud sexual para la cual no hay excepciones? Hay cinco puntos interrelacionados que pueden sernos útiles como cristianos para vivir con esta frustración.

1. Entender el tiempo en que vivimos

Henri Nouwen sugirió, en cierta oportunidad, que todos viviríamos vidas más felices si aceptáramos esta verdad inalterable:

> *Nuestra vida es un tiempo breve de espera, un tiempo en el cual la tristeza y el gozo se besan en todo momento. Hay una cierta calidad de tristeza que empapa todos los momentos de nuestra vida. Parece que no hubiera un gozo limpio y puro, sino que aun en los momentos más felices de nuestra existencia experimentamos un matiz de tristeza. En cada satisfacción hay una conciencia de sus limitaciones. En cada triunfo está el temor de los celos. Detrás de cada sonrisa hay una lágrima. En cada abrazo hay soledad. En cada amistad, distancia. Y en todas las formas de luz está el conocimiento de las sombras que nos rodean... Pero esta experiencia íntima, en la cual cada fragmento de vida experimenta el toque de un poco de muerte, puede señalarnos hacia más allá de los límites de nuestra existencia. Puede hacernos mirar hacia delante en la expectativa de aquel día cuando nuestros corazones serán llenados con un gozo perfecto, un gozo que nadie podrá quitarnos.*[5]

Aquí Nouwen afirma, en un lenguaje sencillo, lo que dice la teología cristiana: estamos viviendo en la era escatológi-

---

[5] Henri Nouwen, *Cambiar desde el corazón*, PPC.

ca interina. Vivimos en el tiempo entre la resurrección de Cristo (el triunfo inicial de la promesa de Dios de que nos dará la plenitud) y la consumación final de esa promesa, el final de los tiempos (cuando todas las lágrimas serán secadas). Durante este tiempo, que es un tiempo interino, siempre viviremos en tensión, esperando la consumación final de la historia y de nuestra vida. Nuestra felicidad no depende de superar la historia o nuestra vida, cosa que de todos modos no podemos hacer, sino en hacer las paces con las dos. Y esta paz no se logra por medio de la aceptación estoica de que en esta vida no podemos tenerlo todo. Se logra viviendo nuestra falta de plenitud actual frente a una promesa futura.

Vivir en la era escatológica interina es como ser una pareja que está esperando para casarse y que, por buenas razones (por ejemplo, la muerte de uno de los padres), ha elegido posponer su matrimonio durante un tiempo. En esto hay un poco de frustración, pero esa frustración tiene como contraparte el conocimiento claro de que se trata solamente de un retraso temporal, que muy pronto pasará. La falta de consumación de nuestras vidas debe entenderse de esta manera. La frustración es real, pero es —como bien dice Nouwen— algo que algún día superaremos, aunque ese día no llegará en esta vida. Comprender el tiempo en el que vivimos implica sentirnos menos frustrados por el hecho de que no se nos pueda ofrecer en esta vida una sinfonía completa.

2. Entender la amplitud del apetito sexual

A Janis Joplin le preguntaron en cierta oportunidad cómo se sentía ser una estrella del rock. Contestó: "A veces es duro. Te subes al escenario y haces el amor con quince mil personas y después te vas a tu casa y duermes sola."

A Jesús le preguntaron, para probarlo: ¿Si una mujer se casa siete veces y todos sus esposos mueren antes que ella, con

Ronald Rolheiser

quién estará casada después de la resurrección? Él contestó que después de la resurrección la gente ya no se casará ni será dada en matrimonio (Lc 20, 27-40).

Estas dos respuestas, la de Janis Joplin y la de Jesús, no carecen de una cierta relación. Janis Joplin dice que en nuestra sexualidad y en nuestra creatividad, en definitiva, estamos procurando hacer el amor con todos. Lo que Jesús dice no es que en el cielo seremos célibes, sino que en el Cielo todos estarán casados con todos. En el Cielo, a diferencia de nuestra vida aquí en la tierra donde eso no es posible, nuestra sexualidad podrá, finalmente, abrazar a todos. En el cielo todos harán el amor con todos los demás y ahora ya vivimos esa necesidad con cada una de las células de nuestro ser. Nuestros apetitos sexuales son muy amplios. Estamos hechos para, en última instancia, abrazar al universo y todo lo que contiene.

Entender esto puede ser muy útil para comprender nuestra sexualidad y vivir con sus tensiones incompletas. En el amor la principal herida no es ser incapaces de casarnos con todos. El mayor apetito humano, que sentimos en cada una de nuestras células es que no podemos estar unidos por completo con todos y con todo. Esto no debería sorprendernos. Como dice Sidney Callahan: "Estamos unidos por medio de toda la materia con toda la creación, y estamos unidos como una especie destinada a llegar a estar unida con todo, en una unidad definitiva, en una nueva creación. Estamos destinados a terminar siendo un cuerpo en Cristo. *¿Es sorprendente, entonces, que experimentemos este apetito en el camino hacia llegar a serlo?*"[6]

Esto es importante que lo entendamos, pero también es importante que no lo malentendamos. Que nuestra sexualidad tenga como destino final llegar a abrazar a todos no significa que podamos ser promiscuos y, ya aquí, en esta vida, intentar vivir esa realidad. Paradójicamente, significa exactamente lo opuesto. Solamente Dios puede dormir con todos y nosotros podemos hacerlo, pero solamente en Dios. En esta vida, aunque

---

[6] Sidney Callahan, "Sex and the Single Catholic", en *Critic,* febrero de 1968, pp. 50-59 (el subrayado es mío).

nuestra sexualidad esté preparada para el abrazo universal, solamente tenemos dos opciones que son dadoras de vida: podemos abrazar a todos a través de uno (durmiendo con una persona, en un matrimonio monogámico) o abrazar a uno a través de todos (no durmiendo con nadie, en el celibato). Estas dos son opciones que abrirán nuestra sexualidad, llegado el momento, para que podamos abrazar a todos. Si transitamos el camino de la promiscuidad al final no abrazaremos a nadie.

3. Convertir nuestra falta de consumación en soledad

El dolor de nuestra falta de consumación sexual nos lleva hacia afuera de nosotros mismos (tal es su función), buscando unirnos a personas y cosas más allá de nosotros mismos. Hasta un cierto punto esto es bueno. Todos nosotros, como Agustín, podemos agradecer a Dios por habernos dado corazones inquietos. Nuestra inquietud es la fuente de todas nuestras energías. Pero también es lo que nos aparta del descanso, de la oración, de estar centrados, de ser felices. Llega un punto en nuestra inquietud cuando su propósito ya no es dirigirnos hacia afuera, sino hacia adentro. Cuando en vez de dejar que nuestra inquietud nos lleve afuera para tratar de satisfacer nuestra falta de plenitud por medio de una mayor actividad, amistad, sexo, trabajo, entretenimiento o distracción debemos entrar en ella de tal modo que la convirtamos en soledad. Es estar solos, pero estarlo de tal manera que nuestra falta de plenitud sea la fuente de una fuerza tranquila y no de una disipación ansiosa. Hay pocos autores espirituales que hayan escrito sobre este asunto con mayor visión que Henri Nouwen.[7] Según él, el movimiento para

---

[7] Véase: "Del aislamiento a la soledad", en Nouwen, *Abriéndose*, Guadalupe. El punto de partida para cualquier teología de la sexualidad es que "no es bueno estar solo", que el matrimonio y la unión sexual es lo que Dios se propuso como norma.

convertir nuestra inquieta falta de plenitud en una soledad fecunda tiene cuatro pasos:

1) *Aceptar nuestro dolor y falta de plenitud.* Del mismo modo como no puede ayudarse a un alcohólico hasta que no reconoce su enfermedad, nosotros tampoco podemos progresar hacia la soledad hasta que no reconozcamos nuestra inquietud patológica y nuestra falta de plenitud sexual fundamental. Por lo tanto, el primer paso hacia la soledad es precisamente aceptar estas cosas: que aquí, en esta vida, no encontraremos una sinfonía completa y que no daremos rienda libre a nuestros apetitos congénitos de una consumación plena, sino que debemos dirigirlos hacia otra cosa.

2) *Abandonar las falsas expectativas mesiánicas.* Una vez que hemos aceptado que estamos fundamentalmente inconclusos, que nada, en esta vida, podrá completarnos de manera plena, debemos abandonar nuestras expectativas y exigencias mesiánicas. Debemos dejar de esperar que, de alguna manera, en algún momento, encontraremos a la persona perfecta, la situación perfecta o la combinación perfecta de circunstancias para que podamos ser completamente felices. Dejaremos de exigir que nuestros esposos o esposas, nuestras familias, amigos y trabajos nos den lo que solamente Dios puede darnos, un gozo total y puro.

3) *Ir hacia adentro.* Cuando estamos inquietos, todo en nosotros clama por salir, por buscar una actividad que aplaque el dolor. Sin embargo, para encontrar la soledad debemos avanzar hacia adentro, apartarnos de toda actividad. Al fin, lo que convertirá nuestra dolorosa inquietud en paz interior y serenidad no es más actividad sino quedarnos quietos durante el tiempo necesario para que la inquietud se transforme en tranquilidad, la obligación en libertad, la impaciencia en paciencia, la concentración en nosotros mismos en altruismo y el dolor de corazón en capacidad de comprender a los otros.

4) *Éste es un movimiento que nunca se hace de una vez para siempre.* Convertir la inquietud en serenidad, la dolorosa falta de plenitud en una soledad fecunda, no es algo que se consiga de una vez para siempre. El mundo no está dividido en dos clases de personas, los inquietos y los que han encontrado la soledad. En cambio, nuestras propias vidas están divididas en dos maneras diferentes de sentir. Algunos días estaremos más inquietos y otros estaremos más tranquilos; a veces nuestro padecimiento sexual congénito es un gran dolor de corazón y en otros momentos es un pozo profundo de compasión hacia los demás; algunos días sentiremos que estar solos es demasiado doloroso para que podamos soportarlo y otros días nos regocijaremos en la tranquila soledad. Es esto último lo que necesitamos encontrar cada vez más a medida que conseguimos conducir nuestro apetito sexual insatisfecho.

4. La falta de plenitud sexual como solidaridad con los pobres

Cuando luchamos con el dolor de la falta de plenitud, también es valioso que, como cristianos, miremos a Jesús y la forma como Él encarnó su sexualidad para ver qué podemos aprender de Él. Jesús, como sabemos, nunca se casó. Sin embargo, la pregunta que corresponde hacer no es "¿por qué Jesús se mantuvo célibe?" ¿Por qué? Porque hecha de esta manera, la pregunta sugiere que, en un cierto sentido, el celibato es un estado superior al matrimonio. Más aún, si la clave está en el celibato, las personas casadas no podrían imitar a Jesús en esta parte tan importante de su vida: su situación sexual.

Lo ideal sería que la pregunta se hiciera de la siguiente manera: "¿Qué es lo que Jesús quiso revelar por medio de la manera como Él encarnó la sexualidad?" Hecha de esta manera, la respuesta a la pregunta tendrá el mismo significado para los que están casados como para los célibes. Entonces, ¿por qué Jesús encarnó su sexualidad de esta manera? ¿Qué estaba intentando revelarnos? Entre muchas otras cosas, por medio de su celibato Jesús intentaba decirnos que el amor y el sexo no siempre son la misma cosa. Que la castidad, en la espera y en la consumación, tiene un papel importante que jugar en la edad escatológica interina en la que vivimos y que, en último término, en nuestra sexualidad la idea es que estamos destinados a abrazar a todos los seres humanos. Pero su celibato también tenía otro propósito. Era una parte clave de su solidaridad con los pobres.

¿Cómo es esto? Dicho de manera sencilla, cuando Jesús se acostaba en su cama solo, todas las noches, estaba en una solidaridad real con las muchas personas que, no por haberlo elegido así sino por las circunstancias de su vida, tienen que dormir solas. Y hay una pobreza real, dolorosa de manera penetrante, en esta clase de soledad. Los pobres no son solamente aquellos que, de manera más manifiesta, son víctimas de la carencia, de la violencia, de la guerra o de sistemas económicos injustos. Hay otras manifestaciones menos obvias de la pobreza, la violencia y la injusticia. El celibato forzado es una de ellas. Cualquiera que, debido a circunstancias no queridas (falta de atractivos físicos, inestabilidad emocional, edad avanzada, separación geográfica, frigidez, una mente cerrada, alguna historia triste o simplemente por no haber tenido suerte) tiene el camino cerrado para gozar de la consumación sexual es víctima de una forma de pobreza muy penosa. Esto es particularmente verdadero hoy, en una cultura idealiza la intimidad sexual y una relación sexual satisfactoria. El universo funciona en parejas, desde las aves hasta la humanidad. Dormir solo es ser pobre. Dormir solo es estar estigmatizado. Dormir solo es haber quedado fuera de las normas para la intimidad humana y experimentar esta circunstancia de manera aguda. Dormir solo, como lo expresó una vez Thomas Merton, es vivir en una soledad que el mismo Dios condenó.

Cuando Jesús se iba a la cama solo actuaba en solidaridad con ese dolor, en solidaridad con los pobres. La falta de consumación sexual, sean cuales fueran sus aspectos negativos, hace esto por nosotros: nos coloca en una solidaridad privilegiada con una forma particular de pobreza, la soledad de aquellos que duermen solos, no por haberlo elegido sino porque las circunstancias les niegan el disfrute de la que probablemente es la experiencia humana más profunda que hay, la consumación sexual. Y todos nosotros, casados o célibes, tenemos más que una amplia oportunidad para estar en este tipo de solidaridad con los pobres. Si estamos casados, aun si estamos gozando de una relación sexual sana, siempre quedarán algunas zonas dolorosas de falta de consumación, lugares en nuestras vidas y en nuestras almas donde dormimos solos. Esos espacios de soledad, más que ser espacios para la amargura y la ira, pueden convertirse en aquellos espacios donde estamos en mayor solidaridad con los pobres. Si somos célibes, o estamos casados pero de algún modo vivimos frustrados con nuestra relación sexual, debemos saber que, como Jesús, cuando dormimos solos estamos en solidaridad con los pobres.

5. *Aceptar que nuestro amor es torpe,*
para que pueda manifestarse su verdadero poder

En algunas de sus novelas Anita Brookner sugiere que la primera tarea de un hombre y una mujer en el matrimonio, o en cualquier relación profunda, es consolarse mutuamente por el hecho de que no pueden dejar de frustrarse el uno al otro. Los seres humanos no son dioses y por lo tanto lo que podemos ofrecernos el uno al otro siempre será menos de lo que necesitamos y esperamos del otro. Así, por ejemplo, en su reciente novela *Altered States* ("Estados alterados") su personaje principal, Alan, cuya mujer se ha suicidado, reflexiona sobre qué fue lo que anduvo mal en su matrimonio. Se da cuenta que no fue que hubiera algo positivamente malo, sino que no fueran capaces, desde el principio, de identificar lo esencial de su relación. "La tragedia fue que no podíamos consolarnos mutuamente. Nunca reconocimos nuestras carencias y éstas quedaron ignoradas. A mí ella siempre me pareció transparente; tonto de mí, nunca vi que había más para descubrir en ella. Y lo que ella quería, ahora me doy cuenta, era precisamente algún tipo de confesor, a quien pudiera revelar secretos sobre los cuales había guardado silencio durante demasiado tiempo, quizá desde su infancia..."[8]

Brookner tiene razón. Al terminar el día, dados los alcances y el poder inherentes de nuestra sexualidad, lo que en verdad necesitamos el uno del otro en las relaciones profundas es precisamente un confesor, alguien frente a quien no tengamos necesidad de seguir mintiendo, alguien frente a quien no tengamos que intentar "estar a la altura", alguien que puede consolarnos por no poder dejar de fallarle porque —aun en sus mejores expresiones— el amor que nos damos el uno al otro no es suficiente. No somos dioses y hay espacios en nosotros que quedarán inalcanzables, inconsumados, donde explotan secretos que hemos mantenido en silencio durante demasiado tiempo.

Tal como dijo Thomas Merton en cierta oportunidad, reconocer esta tragedia (que nuestro amor no es suficiente para el otro) es, al mismo tiempo, revelar su verdadera nobleza y su poder de dar vida.[9] Reconociendo este límite, nos elevamos por encima de nosotros mismos y abandonamos esas fantasías y expectativas poco realistas que nos impiden ver y disfrutar la poderosa bondad que de hecho hay allí. Hay un romanticismo falso, la creencia poco realista e imperialista de que podemos llegar a concluir la sinfonía, que nos sirve para esconder la tragedia real, el significado real y la nobleza real del amor y la sexualidad humanos, tal como se expresan en el matrimonio o en la amistad célibe.

---

[8] Anita Brookner, *Altered States* (Vintage Canada, Random House, Toronto, 1996), p. 197. Este mismo tema aparece con fuerza en varios de sus primeros libros, especialmente en *Brief Lives*.

[9] Sobre algunos de los pensamientos de Merton sobre este tema véase John Howard Griffin, *Follow the Ecstasy: Thomas Merton, The Hermitage Years, 1965-1968* (Fort Worth, Texas, JGH Editions / Latitudes Press, 1983).

Siempre habrá una cierta soledad. No podemos completar-nos plenamente el uno al el otro y siempre estaremos doloro-samente sexuados, separados y a veces solos. Pero si esto se reconoce y se acepta, su estricto absurdo se convertirá en el núcleo de una paz en la cual, finalmente, las cosas empiezan a tener sentido y tanto el matrimonio como el celibato se vuelven no solamente posibles sino también hermosos.

10

SOSTENERNOS EN LA VIDA ESPIRITUAL

Orar, según creo, no es pensar en Dios en vez de pensar en otras cosas, o pasar el tiempo con Dios en vez de pasarlo con otros. Significa pensar y vivir en la presencia de Dios. Todas nuestras acciones deben tener su principio en la oración. La oración no es una actividad solitaria: sucede en medio de todas las cosas y los asuntos que nos mantienen activos. En la oración, "el monólogo que se centra en nosotros mismos" se transforma en "un diálogo centrado en Dios".[1]

La necesidad de un sustento y no sólo la claridad de la verdad

"El solo conocimiento no puede salvarnos." Cuando san Agustín acuñó esta frase, hace ya casi diecisiete siglos, la enunció como un principio de verdad, pero también estaba escribiendo un comentario sobre su propia vida. Agustín, como sabemos, tuvo dos conversiones, una en su cabeza, la otra en su corazón. A la edad de veintinueve años se convirtió intelectualmente al cristianismo. Después de años de experimentar con diversas maneras de vivir y filosofías paganas, se convenció, en su cabeza, de que el cristianismo era la verdad. Pero la otra parte de él, sin embargo, no estaba dispuesta a convertirse. Durante

---

[1] Henri Nouwen, *Payasadas en Roma. Reflexiones sobre la soledad, el celibato, la oración y la contemplación*, Buenos Aires, Lumen, 1997.

varios años más, hasta los treinta y cuatro años, no pudo poner su vida moral en armonía con su fe intelectual. Durante estos años rezaba su famosa e hipócrita oración: "Dios, hazme un cristiano bueno y casto, pero todavía no".

Vemos en su ejemplo que no basta con saber cuál es la verdad, tener claridad de convicción, y saber, de manera ideal, hacia dónde debería encaminarse nuestra vida, aunque éste puede ser un comienzo valioso. También está la parte del corazón, la energía, el poder de la voluntad. La vida espiritual no es una aceleración final corta hacia una línea de llegada bien definida, sino una maratón, un viaje largo y arduo de toda la vida hacia un horizonte siempre más distante. Para sostenernos en ese camino, aunque tengamos una cierta certeza de que estamos en el camino correcto, es necesario que a lo largo del camino continuamente encontremos lo que metafóricamente podríamos llamar "la jarra de Elías" (1 R 19, 1-8), a saber, el alimento que Dios ha prometido proveernos a todos aquellos que marchamos por el largo camino que lleva al monte sagrado.

Los capítulos previos de este libro se abocaron principalmente a clarificar los principios, intentando desplegar una visión positiva de la espiritualidad cristiana. Esto es evidentemente importante, pese a las palabras de Agustín. Sin visión pereceríamos. Bernard Lonergan, uno de los grandes intelectuales de nuestro siglo y devoto cristiano, insistió en que toda conversión genuina debe involucrar una conversión intelectual. Tiene razón, el corazón necesita la guía de la cabeza, pero lo que él dijo es solamente una parte de la historia. Morris West, el novelista, que también es un cristiano comprometido, afirma que una conversión genuina eș, en último término, cuestión de enamorarse. Él también tiene razón, como podemos dar testimonio todos los que hemos sabido la verdad, pero nos hemos sentido demasiado cansados, solitarios, haraganes, amargados o aferrados a los viejos hábitos como para poder avanzar hacia la meta. Necesitamos conocimiento y corazón. La espiritualidad tiene que ver con los dos.

¿Cómo desarrollamos el corazón necesario para sostenernos en el largo camino? ¿Cómo seguimos adelante pese a nuestra fatiga, soledad, pereza, amargura y malos hábitos, de tal manera de llegar a convertirnos en cristianos adultos alegres, llenos de gracia, felices, capaces de sacrificarnos, fecundos? ¿Qué hacemos durante esos tiempos cuando, como dice Henri Nouwen, estamos "demasiado cansados para leer los Evangelios, demasiado inquietos para albergar pensamientos espirituales, demasiado deprimidos para encontrar palabras con las que podamos dirigirnos a Dios, o demasiado exhaustos para hacer cualquier cosa"?[2] ¿Cuáles son las prácticas y ejercicios (análogos a aquellos que practicamos para mantener nuestro cuerpo físicamente sano) que pueden ayudarnos, mientras luchamos como cristianos para vivir una vida espiritual sana?

Hay muchas prácticas espirituales honradas por el tiempo, canonizadas, que están presentes los escritos espirituales clásicos, desde la Escrituras hasta nuestros días. Por lo general, las siguientes prácticas han formado el núcleo de una espiritualidad cristiana sana: la oración (tanto privada como comunitaria), la práctica de la caridad y el sacrificio (tanto en casa como en el gran mundo), algún compromiso concreto con los pobres, la participación en alguna comunidad eclesial y la disposición a ser vulnerables al amor (tal como Cristo lo fue).

Desde la Biblia, pasando por los Padres de la Iglesia, los teólogos medievales, los grandes reformadores, los grandes místicos, los distintos fundadores de las órdenes religiosas, hasta Henri Nouwen en nuestros días, éstas siguen siendo las prácticas espirituales que se acentúan en todos lados. Nada ha cambiado. Siguen siendo, todavía, las prácticas fundamentales de una vida espiritual sana. Esperamos que todo lo que hemos dicho hasta aquí en este libro las sostenga. El propósito de este último capítulo, sin embargo, no es tanto reflexionar a partir de estos elementos esenciales sino, dándolas sanamente por sentado, avanzar un poquito más allá.

---

2 Henri Nouwen, *La belleza del Señor. Rezar con los iconos*, Narcea.

Dados los conflictos particulares de nuestra propia época, ¿Cuáles son los signos de los tiempos para la actualidad? ¿Cuáles cosas son únicas para nosotros y cuáles son las prácticas y ejercicios que necesitamos hoy para sostenernos, dados nuestros particulares conflictos? Los signos de los tiempos parecen indicar *varias* direcciones complementarias.

Mandamientos para el largo plazo

Sé un místico

Se acerca el tiempo en que o se es un místico o un incrédulo.[3]

1. La necesidad de un acto de fe personal

Karl Rahner ha afirmado que en nuestros días o se es un místico o se es un incrédulo. Y tiene razón. Ninguno de nosotros puede confiar ya en el hecho de que vivimos en una cultura que en una época fue cristiana, que aparentemente estamos rodeados por otros cristianos, o que en una época tuvimos fe. Ninguna de estas cosas bastan por sí mismas para sostener una fe cristiana en una era como la nuestra, agnóstica, pluralista, secular, seductora, que nos distrae. Vivimos en una situación poscristiana, en la cual la cultura conlleva la fe. Esto significa que hoy el creyente vive en una cierta soledad moral. Sostener la fe hoy no es votar con la mayoría sino ser lo que los sociólogos llaman una minoría cognitiva, es decir, estar fuera de la conciencia dominante. El creyente ya no puede dejarse arrastrar por la ola de la comunidad a la que pertenece, incluso la de su propia comunidad de fe, si quiere tener una fe viva.

---

[3] Atribuido a Karl Rahner, teólogo alemán que murió en 1984.

Hace veinticinco años, cuando enseñaba en Yale, Henri Nouwen ya había declarado que, aun entre los seminaristas, la conciencia dominante era agnóstica. Dios, esencialmente, no tenía lugar en ella, aun entre gente que hablaba de la religión y que se estaba preparando para el ministerio cristiano.[4] Esto, básicamente, nos sucede a todos en nuestros días. Ya no es suficiente haber nacido en una familia cristiana, haber sido bautizado o siquiera formar parte de un grupo de oración. Ninguna de estas cosas, aisladas, nos darán una fe real. Esto es evidente, no solamente porque hay tanta gente (incluyendo muchos de nuestros propios hijos) que abandona el cristianismo, sino porque, aun dentro de nuestras iglesias, es más fácil tener fe en el cristianismo (en un código de ética, en las enseñanzas morales de Jesús, en el llamado de Dios a favor de la justicia y en el valor humano de reunirse en una comunidad) que tener una fe personal en el Dios vivo. Demasiado a menudo lo que tenemos no es el cristianismo sino la ideología del cristianismo.

Por eso hay un desafío importante en el comentario de Rahner. Para tener una fe viva, hoy, se necesita haber hecho, en algún momento, un acto de fe profundo y privado. Este acto, que para él equivale a convertirse en un místico, es por desgracia muy difícil, porque las mismas fuerzas que han contribuido a erosionar nuestra fe cultural, comunal, también operan cuando se trata de hacer este acto privado de fe. ¿Cuáles son estas fuerzas contrarias a la fe? No son el producto de una conspiración consciente de los que no creen en Dios. Son, más bien, todas esas cosas, buenas y malas, en nosotros y alrededor, que nos tientan a no orar, a no sacrificarnos por los demás, a no ser comunitarios, a no estar dispuestos a sudar sangre en un huerto para sostener nuestra integridad y nuestros compromisos y a no hacernos del tiempo necesario para entrar de manera profunda en nuestras propias almas. Por lo tanto, no son fuerzas abstractas y ajenas. Viven en nuestra casa, con nosotros, y nos resultan tan cómodas como un zapato muy usado. Lo que bloquea la fe

---

[4] Henri Nouwen, primeros capítulos de su libro *Intimacy: Essays in Pastoral Psychology* (San Francisco, Harper & Row, 1969).

son una cantidad de cosas inocentes dentro de nuestra vida ordinaria y normal, aquellas, precisamente, que hacen que nuestras vidas sean cómodas: nuestra pereza, nuestra costumbre de permitir lo que nos hace sentirnos bien, nuestra ambición, nuestra inquietud, nuestra envidia, nuestra negativa a vivir en tensión, nuestro consumismo, nuestra ambición de cosas y experiencias, nuestra necesidad de tener un cierto estilo de vida, nuestra manera de estar siempre ocupados y de intentar abarcarlo todo, nuestro cansancio permanente, nuestra obsesión con las celebridades y nuestra perpetua distracción con los deportes, los espectáculos televisivos y nuestros entretenimientos electrónicos de todo tipo. Éstas son las fuerzas "anti-místicas" de nuestros tiempos.

2. La fe personal depende de la oración

¿Cómo hacemos para convertirnos en místicos en medio de todo esto? Prácticamente todos los escritores espirituales clásicos insisten en el mismo tema: Para sostenerse en la fe uno debe regularmente (la mayoría dirá "diariamente") dedicar un cierto tiempo a la oración personal. No hacerlo, nos advierten, produce una cierta disipación del alma, aunque nuestra sinceridad permanezca intacta. No hay otra forma de mantener el contacto con nuestra alma y preservar en ella el equilibrio fuera de una práctica constante de oración privada. El cristianismo siempre ha enseñado esto. Resulta interesante que en nuestra época muchas otras tradiciones y filosofías también lo enseñan. A veces se usan otras palabras, sin hablar de "oración" ("meditación", "contemplación", "trabajo interior", "trabajo del alma", "imaginación activa", "contacto con nuestro rey y nuestra reina interiores" y así sucesivamente). Pero la idea esencial es la misma. Para mantenernos en contacto con nuestra alma y preservar en ella una cierta salud y equilibrio debemos entrar en algún tipo de diálogo consciente con Dios, un poder superior, un *dai-*

mon, un rey y una reina interiores, un ángel de la guarda, o aquello que consideremos la razón última por la cual vivimos, nos movemos, en quien respiramos y existimos (Hch 17, 28).

Pocos que han escrito sobre este asunto, sobre la necesidad de oración, con mayor profundidad y elocuencia que Robert Moore, el psicólogo y filósofo de la religión de la Universidad de Chicago. Moore se dirige a un auditorio tanto secular como cristiano. Pero su mensaje es el mismo para ambos: Si usted no ora, inevitable se deprimirá o se sentirá eufórico, o pasará todo el tiempo de uno a otro estado. Solamente la oración puede darle esa línea muy fina (espiritual, psicológica o emocional) que separa la depresión de la euforia. Si usted no cree en Dios y en el valor de la oración religiosa, practique alguna forma de imaginación activa o de meditación y, por medio de éstas, entre en contacto consciente con el rey y la reina que están en su interior, porque solamente la oración puede cimentar el alma... y solamente ella puede salvarlo de tener una personalidad deprimida o eufórica, sin nada que lo sustente. Si usted no ora estará habitualmente deprimido o vivirá obsesionado por su propio ego. Esto, según Moore, vale, sea usted religioso o no lo sea.[5]

Por lo tanto, en lo mejor de las tradiciones cristiana y secular, escuchamos la verdad de que sostener una vida de fe y una vida equilibrada en general depende de desarrollar el hábito de la oración privada. Como nos lo aseguran las mismas fuentes, no deberíamos esperar que esto sea fácil. Todas las co-

---

[5] Robert Moore es un psicoanalista jungiano internacionalmente reconocido, conferencista y autor. Asimismo, es una autoridad en estudios interculturales, religiones comparadas y espiritualidad. Es también uno de los principales arquitectos de la espiritualidad masculina. En la actualidad trabaja en la Universidad de Chicago. Sobre la cuestión de la necesidad de la oración para el alma, recomiendo su serie de libros sobre los potenciales arquetípicos en la persona humana (por ejemplo, *King, Lover, Magician, Warrior* (con Douglas Gillete), Nueva York, Harper & Row, 1990. Pero especialmente la serie de charlas tituladas *Jungian Psychology and Human Spirituality: Liberation from Tribalism in Religious Life*, disponible a través de LIMBUS, P. O. Box 364, Vashon, Washington 98070, Estados Unidos.

sas que actúan contra nuestra fe también lo hacen contra el desarrollo del hábito de la oración. Sin embargo debemos seguir intentándolo, seguir estableciendo un tiempo para estar apartados y con Dios. Como asegura Henri Nouwen, ese tiempo que pasemos apartados nos mantendrá centrados, aunque no sintamos que estamos orando o haciendo algún progreso.

> *(Mi tiempo de estar apartado no es un tiempo)... de oración profunda, ni un tiempo en el cual experimente una especial intimidad con Dios; no es un tiempo de atención seria concentrada en los misterios divinos. ¡Ojalá lo fuera! Por el contrario, está lleno de distracciones, inquietud interior, somnolencia, confusión y aburrimiento. Muy pocas veces, si alguna, complace mis sentidos. Pero el hecho muy simple de ponerme durante una hora en la presencia del Señor y mostrarle todo lo que siento, pienso y experimento, sin intentar esconderle nada, debe ser agradable a Dios. De alguna manera, en algún lugar, sé que Él me ama, aun cuando no pueda sentir ese amor como puedo sentir un abrazo humano, aun cuando no escuche voces como escucho las palabras humanas de consuelo, aun cuando no vea una sonrisa, como puedo verla en un rostro humano. Sin embargo, Dios me habla, me mira, me abraza, allí donde por ahora soy incapaz de percibirlo.*[6]

3. Un misticismo para nuestra época: la oración como contemplar y cargar la tensión

Pero la oración es más que recitar oraciones, del mismo modo como el misticismo es más que una cuestión de buscar a Dios por medio de la oración formal. En último análisis el

---

6 Henri Nouwen, *Gracias: A Latin American Journal* (San Francisco, Harper & Row, 1982, p. 69). El subrayado es mío.

misticismo y la oración son cosas que deberíamos hacer en todas las actividades de nuestra vida y no solamente en ciertos momentos formales apartados para ese propósito. "Orad siempre", nos dicen las Escrituras (1 Ts 5, 17). ¿Pero como se hace esto? Hay muchas respuestas que uno podría dar a esta pregunta y, dependiendo de cómo uno vea los signos de los tiempos, para cada generación podrían subrayarse ciertas cosas. Para nuestra generación, dado nuestro particular talón de Aquiles, la clase de misticismo que más necesitamos es la de *contemplar*, en el sentido bíblico de este término.

¿Qué significa "contemplar", según las Escrituras? "Contemplar", según los Evangelios, no significa lo mismo que este término quería decir para los filósofos griegos como Sócrates, Platón o Aristóteles. Para ellos, "contemplar" significa tomarse en serio la verdad de que no vale la pena vivir una vida que no se ha examinado a fondo. Significa reflexionar de manera consciente sobre las cosas, a diferencia de simplemente seguir la corriente y dejar la vida librada a las circunstancias y la casualidad. Para la mente griega, "contemplar" significa examinar intelectualmente los grandes misterios de la existencia. Las Escrituras, sin embargo, no reflejan esta actitud mental griega. En los Evangelios, que reflejan más la estructura mental hebrea y su manera de entender las cosas, "contemplar" es menos una cuestión de examinar intelectualmente algo, que de mantener con paciencia algo dentro del alma, incluyendo toda la tensión que genera esta actitud. Así, cuando María está debajo de la cruz de Jesús, mirando como muere —no hay absolutamente nada que ella pueda hacer para salvarlo, ni siquiera para protestar su inocencia y bondad— está "contemplando", en el sentido bíblico. Soporta una tremenda tensión, frente a la cual es impotente y no puede hacer otra cosa que soportarla e intentar vivir con ella. A esto se refieren las Escrituras cuando nos dicen que "su madre conservaba cuidadosamente todas las cosas en su corazón" (Lc 2, 51). "Contemplar", en un sentido bíblico, es plantarse frente a los grandes misterios de la vida del modo como María lo hizo ante los eventos de la vida de Jesús, incluyendo la forma como estuvo bajo la cruz. Hay en ello un gran gozo, pero también puede haber una tremenda tensión. El tipo de misticismo que hoy necesitamos más para revitalizar nuestra fe es precisamente esta clase de contemplación, junto con la disposición a soportar la tensión, tal como María lo hizo.

Me gustaría ejemplificar esto con un ejemplo bien terrenal (por el cual pido disculpas pero uso de todos modos, por su claridad). Cuando yo estaba en la escuela secundaria, un día, en clase, el profesor estaba disertando sobre la sexualidad y la moralidad. Se planteó la cuestión de la masturbación y un alumno le cortó el hilo de su conferencia, preguntándole: "¿Usted se masturba?" La primera reacción del profesor fue enojarse por la impertinencia de la pregunta. Dio la espalda a la clase y enfrentó el pizarrón, el lenguaje de su cuerpo dijo lo que no pronunciaron sus palabras ("Esta pregunta que usted ha hecho está totalmente fuera de orden"). Sin embargo, se recuperó de su primera reacción, se dio vuelta y encarando al alumno que había hecho la pregunta dijo: "Mi primera reacción es decirles que esta pregunta es improcedente y que no es cosa suya, en una clase, hacerme una pregunta como ésta. Sin embargo, siendo que ésta es una clase de teología moral, entiendo que su pregunta tiene un cierto valor. *Le responderé, entonces que sí, que a veces lo hago. Y no me siento orgulloso por hacerlo. No pienso que sea tremendamente malo hacerlo, pero tampoco pienso que está bien. Pienso lo siguiente, sin embargo... Soy mejor cuando no lo hago, porque estoy soportando más de la tensión que nosotros, todos nosotros, debiéramos soportar en esta vida. Soy una persona mejor cuando soporto esa tensión.*

Sean cuales fueran los méritos de esta respuesta en términos de teología moral, dice algo sobre el misticismo y sobre aquello que, en último análisis, nos ayuda a sostener la fe. Somos personas mejores cuando soportamos la tensión. Lo opuesto es buscar siempre una solución más fácil. Soportar la tensión, especialmente cuando es una gran tensión, es "contemplar", en el sentido bíblico. Encontramos ejemplos de esto en la gran literatura. ¿Qué es lo que hace a un gran héroe o heroína? ¿Qué es lo que constituye lo que llamamos "nobleza del alma"? Por lo general adscribimos esa cualidad precisamente a la persona que, sin importarle su propia comodidad, necesidad o dolor, está dispuesta, para favorecer un ideal superior, a soportar una gran tensión durante un período largo de tiempo. Sentimos que estamos frente a la grandeza de un alma cuando vemos a alguien que está sudando sangre pero no cede a la tentación de resolver las cosas de manera prematura. Así, por ejemplo, lo vemos en la heroína de la novela de Jane Austin, *Sense and sensibility.* Tiene grandeza de alma. ¿Por qué? Porque soporta una gran tensión durante mucho tiempo. Pone las necesidades de las otras personas y el orden correcto de las cosas por encima de su propia necesidad de resolver la tensión. También vemos, en esa historia, así como en muchas otras de su tipo, en qué consiste la sublimidad: en el hecho de que en algún momento previo ha habido alguna sublimación. Por lo general, cuanto anterior haya sido la sublimación, mayor es la sublimidad de la experiencia. *Los grandes gozos dependen de haber sabido soportar las grandes tensiones.*

Esto es válido para todas las áreas de la vida, no solamente para la sexualidad. La nobleza del alma está conectada con la capacidad para soportar la tensión. El gran ejemplo de esto, por supuesto, es Jesús transpirando sangre en el Huerto de Getsemaní (Lc 22, 39-44 y pasajes paralelos). Allí vemos la relación necesaria entre el sufrimiento y la fe, la conexión necesaria entre sudar sangre en un huerto y mantener nuestros compromisos y nuestra integridad. Nadie se mantendrá fiel en un matrimonio, en una amistad, en una vocación, en una amistad, en una familia, en un trabajo o simplemente en su propia integridad personal sin, a veces, sudar sangre en un huerto. Ofrezco solamente un ejemplo, que es muy ilustrativo.

Hace algunos años había una serie estadounidense de televisión titulada *Thirty something,* que seguía las alternativas de unas parejas que tenían aproximadamente treinta años de edad. Todos luchaban con las tensiones de la vida en general y de sus matrimonios en particular. Uno de los episodios era más o menos como sigue. Los hombres estaban reunidos en un hotel del centro de la ciudad, en una fiesta solamente para hombres, mientras sus esposas estaban reunidas en una de las casas de las parejas del grupo, en una fiesta solamente de mujeres. En la fiesta de los hombres, uno de ellos, casado hacía ya varios años y lejos de su mujer, se sintió muy atraído hacia una de las gerentas del hotel, una mujer joven con la que tuvo que hacer algunos arreglos, en el curso de esa noche. Tenían que ver con la comida que iban a consumir, con las bebidas, con la música y otras cosas por el estilo. Ella también se sintió atraída hacia él y antes que terminara la noche, pese a que no se habían dicho realmente nada, los dos experimentaron la magia del amor. La carga romántica entre los dos fue creciendo a medida que avanzaba la noche.

De manera que, cuando la noche ya estaba terminando, los dos hicieron lo que sucede naturalmente entre un hombre y una mujer que se sienten mutuamente atraídos. Los dos fueron quedándose solos, a medida que los demás se iban yendo, sin estar muy seguros de lo que se dirían, pero sabiendo que entre ellos había pasado algo especial y que todavía pasaría algo más, que los dos esperaban que sucediera. Los dos tapaban su nerviosismo hablando de la limpieza de las habitaciones, cuándo se pagaría la cuenta, y otros detalles por el estilo. Por último, llegó el momento de separarse. Los dos se demoraron todo lo que pudieron sin que pareciera raro, pero ahora había llegado el momento de irse a casa. Mientras el hombre se demoraba un poco más agradeciéndole su ayuda con la organización, ella, que no quería perder el momento, le dijo: "Me alegro de haberlo conocido. ¿Quiere que en algún otro momento nos encontremos?" Él, dando vueltas a su anillo de matrimonio y sintiéndose un poco culpable por no haber sido más claro con respecto a su condición de hombre casado, hizo lo que en nuestros días muchos de nosotros no tendríamos el coraje moral de hacer. Sonrió con amabilidad y dijo: "Muchas gracias, pero creo que no sería una buena idea. Lo siento mucho, soy un hombre casado. Creo que debería haber puesto esto en claro antes y no ahora. Lo siento mucho. Creo que lo mejor es que me vaya a casa. Fue estupendo conocerla." Y como Jesús, sudando sangre en el huerto, salió del hotel y se fue a su casa, con su mujer.

Después de la resurrección, en el camino a Emaús, tratando de explicar a sus discípulos (que se habían quedado dormidos durante la lección en Getsemaní) la conexión entre soportar la tensión y seguir siendo fieles a lo que somos y lo que se pide de nosotros, Jesús les hace una pregunta: "¿No era necesario que el Cristo padeciera eso y entrara así en su gloria...?" (Lc 24, 26). ¿No hay una conexión necesaria entre soportar la tensión, sudar sangre en el huerto y la fidelidad? Mirando este incidente desde la perspectiva de *Thirty something* (que tipifica de manera tan clara la lucha por la fidelidad en general) se vuelve bien claro que evidentemente hay una conexión.

> *En el mensaje de Jesús hay un motivo muy fuerte de espera, de contemplación, de castidad, de tener que soportar la tensión sin ceder a las soluciones prematuras. La idea es que la resurrección sigue solamente después de una agonía en el huerto.*

Esto vale también con respecto a la fe. Cuando Karl Rahner dice que hoy solamente puede haber místicos o incrédulos, también puede decirse que, a menos que estemos dispuestos, en ciertos momentos, a sudar sangre en un huerto para mantenernos fieles a nuestro compromiso, a nuestra integridad personal y a las cosas que la fe pide de nosotros —como lo hizo la heroína de la novela de Jane Austin *Sense and Sensibility*, como lo hizo el hombre en *Thirty Something*, como lo hicieron Jesús y María—, no podremos sostener una fe real.

¿Pero, por qué? ¿Cuál es el valor de soportar la tensión? En un nivel más obvio, es bueno soportar la tensión y no resolverla de manera prematura porque, en último análisis, eso es lo que significa el respeto. Al no exigir que nuestras tensiones se resuelvan dejamos que los otros sean ellos mismos, que Dios sea Dios y que un don sea un don. Esto puede entenderse mejor si miramos a su opuesto. Cuando nos negamos a soportar la tensión y en cambio nos aproximamos al mundo y a los otros con la actitud de que todo lo que queremos debiera ser nuestro, sin tener en cuenta las consecuencias, nuestras vidas se vuelven más destructivas que dadoras de vida. Así fracasaremos siempre, también con respecto a la castidad. Solamente quienes sean capaces de vivir con la tensión de una sinfonía inconclusa podrán respetar verdaderamente a los otros.

Más en lo profundo, sin embargo, el verdadero valor de soportar la tensión en favor del amor es que se trata de un proceso de gestación. Contemplando, como María lo hizo mientras estaba, impotente, bajo la cruz, o como lo hizo Jesús al sudar sangre en el huerto de Getsemaní, tenemos la oportunidad de convertir la herida en perdón, la ira en compasión y el odio en amor. Tenemos un ejemplo de esto en la vida de Jesús. Fue odiado, pero Él no odiaba a nadie; enfrentó la ira, pero nunca respondió de manera iracunda; lo mataron por celos, pero Él no tuvo celos de nadie y no hirió a nadie. Recibió los efectos del odio criminal, de los celos, de la ira, pero nunca los transmitió a los otros. Soportó, durante todo el tiempo que fue necesario, el odio, los celos y la ira, hasta poder transformarlos en perdón, compasión y amor. Solamente alguien que ha sudado verdadera sangre para mantenerse fiel a lo que reconoce como más alto y mejor, será capaz de mirar a sus asesinos y decir: "Perdónalos, porque no saben lo que hacen" (Lc 23, 34). Esto es lo que constituye la verdadera nobleza del alma.

La aceptación a soportar la tensión por Dios, por amor, por la verdad y los principios, es el misticismo que más se necesita en nuestros días. *Casi todo, en nuestra cultura, nos invita a eludir la tensión y a resolverla tan pronto como podamos hacerlo, aun a costa de algunos de nuestros instintos más nobles.* Esto vale para todos los aspectos de la vida contemporánea, salvo aquellas áreas en las que podamos ser orgullosamente ascetas y sudar sangre a favor de nuestra profesión, la salud o el bienestar de nuestro cuerpo. Esperar en la tensión y la falta de plenitud no es nuestro punto fuerte. Tanto en tensiones menores (como hacer fila frente a la ventanilla de un banco o en la parada de un ómnibus), como en las frustraciones mayores de las tensiones interpersonales y de nuestras necesidades sexuales no resueltas, se nos hace difícil mantenernos con tensiones no resueltas.

Jacques Maritain, el gran filósofo católico, dijo una vez que una de las grandes tragedias espirituales es que mucha gente de buena voluntad se convertiría en una persona de gran nobleza de alma si no experimentara pánico y resolviera las tensiones dolorosas de su vidas de manera demasiado prematura, en vez de soportarlas durante el tiempo necesario, como se lo hace en una noche oscura del alma, hasta que esas tensiones se resuelven y ayudan a dar a luz a lo que hay de más noble dentro de nosotros: la compasión, el perdón y el amor.

Peca con osadía

Estás tan enfermo como tu secreto más enfermo.[7]

1. La honestidad en nuestras debilidades

Se adjudica a Martín Lutero la frase "Peca con osadía". Entendida de manera correcta hay una gran sabiduría espiritual en estas pocas palabras. No nos invita a pecar, como podría interpretarlo una lectura superficial. Es una receta para un cierto misticismo rudimentario. Nos invita a estar siempre allí donde Dios puede ayudarnos después que hemos pecado, a saber, en un estado donde podamos admitir honestamente nuestro pecado.

La mística británica Ruth Burrows, en uno de sus primeros libros,[8] arroja luz sobre lo que quiso decir Lutero. Cuen-

---

[7] Un axioma de desafío en el lenguaje de los Programas tipo Doce Pasos.

[8] Ruth Burrows, *Guidelines for Mystical Prayer*, Denville, N. J., Dimension Books, 1980.

ta la historia de dos monjas con las que vivió en una época. Ambas, como monjas contemplativas, eran totalmente mediocres: habiendo dejado el mundo activo para buscar a Dios en la oración, en el monasterio tampoco oraban demasiado. Sin embargo, sus casos individuales, tal como Burrows nos los cuenta, eran muy diferentes. A la primera, después de algún tiempo, se le diagnosticó una enfermedad terminal y la amenaza de la muerte inminente la inspiró para hacer un esfuerzo especial. Pero es muy difícil abolir los viejos hábitos y murió antes de poder ordenar su vida de oración. Sin embargo, comenta Burrows, tuvo una muerte feliz: la muerte de un pecador que pide perdón a Dios por una vida de pecado. La otra monja también murió, pero su muerte no fue tan feliz. Según lo explica Burrows, hasta el último momento intentó fingir que no era lo que en realidad era: un ser humano débil. Después de contarnos esta historia, Burrows hace el siguiente comentario sobre la honestidad y la contrición en nuestras vidas:

Solamente un santo, dice, puede darse el lujo de morir la muerte de un santo. El resto de nosotros debemos irnos de este mundo, a nuestros propios ojos y a los ojos de las personas que están alrededor, como lo que en realidad somos: pecadores que pedimos misericordia a Dios. Más aun, comenta Burrows, lo que es espiritualmente más perturbador no es nuestra debilidad y nuestro pecado, sino nuestra falta de una contrición profunda. En términos de Lutero, el problema no es que pecamos sino que no pecamos con osadía. Lo que Lutero y Burrows señalan es algo que los Evangelios subrayan todo el tiempo, que lo problemático en nuestra relación con Dios no es nuestra debilidad sino la racionalización, la negación, la mentira y el endurecimiento de nuestros corazones frente a la verdad. En las enseñanzas de Jesús hay solamente un pecado con el que Dios no puede hacer nada: el pecado contra el Espíritu Santo.

2. El imperdonable pecado contra el Espíritu Santo

En un momento, Jesús hace la afirmación de que todos los pecados y blasfemias humanos serán perdonados, excepto si uno blasfema contra el Espíritu Santo. Quien lo hiciera será culpable de un pecado eterno, que nunca podrá perdonarse (Mc 3, 22-30). ¿Qué es esta blasfemia contra el Espíritu Santo y por qué éste es un pecado eterno que jamás podrá perdonarse?

Para entender qué es lo que Jesús está enseñando aquí es necesario poner esta afirmación sobre el pecado imperdonable en el contexto en que la dijo. Jesús venía de efectuar un milagro, el exorcismo de un demonio. En la teología judía de aquella época, que todos los escribas y fariseos sostenían, se creía que solamente alguien que viniera de Dios podía realizar ese tipo de milagro. Los escribas y los fariseos habían sido testigos del milagro y toda la evidencia, por lo tanto, indicaba que Jesús era alguien que venía de Dios. Pero a causa de sus celos contra Jesús no podían admitir la verdad de lo que habían visto y sido testigos. Eligieron mentir. De este modo, en vez de admitir la verdad de lo que habían visto, niegan lo que saben y acusan a Jesús de obrar milagros con el poder de Satanás. Primero Jesús intenta razonar con ellos, señalando que no sería una buena estrategia por parte de Satanás actuar contra sí mismo. Pero los escribas y fariseos se obstinan y prefieren negar lo obvio antes que admitir su debilidad. Por último Jesús les advierte (porque eso es lo que son sus palabras, una advertencia, no la afirmación de que han cometido un pecado imperdonable) con palabras que desglosadas y parafraseadas podrían sonar de la siguiente manera:

Tengan cuidado de no mentir, de no distorsionar la verdad, porque el verdadero peligro es que, mintiendo, empiecen a distorsionar y retorcer sus propios corazones. Si se mienten durante un tiempo largo, perderán de vista la verdad y creerán la mentira y serán incapaces de establecer la diferencia entre la mentira y la verdad. Lo que hay de imperdonable en esto no es que Dios no quiera perdonarlos sino que ustedes ya no quie-

Ronald Rolheiser

ran que se los perdone. Dios perdonará fácilmente todas sus debilidades y siempre perdonará al que quiere ser perdonado, pero es posible retorcer hasta tal punto la consciencia que crean que la verdad de Dios y el perdón son mentiras —como los ve Satanás— y crean que su propia mentira es verdad y perdón. Éste es el único pecado que nos coloca fuera de la misericordia de Dios, no porque Dios se niegue a ofrecernos su misericordia sino porque ustedes verán la misericordia pero la llamarán mentira.

Siempre es presuntuoso sugerir qué es lo que Jesús está *tratando* de decir, como opuesto a lo que verdaderamente dijo, pero los estudiosos de las Escrituras están en general de acuerdo en que la advertencia de Jesús sobre no blasfemar contra el Espíritu Santo es una advertencia contra la deshonestidad persistente y la racionalización. El comentario en tres palabras de Lutero, "Peca con osadía", captura el núcleo de esta advertencia. En el Evangelio de Juan también hay un comentario interesante sobre esta advertencia, donde Jesús no habla sobre el pecado contra el Espíritu Santo. Esta vez la misma lección ("no mientan") se enseña por medio de un ejemplo positivo, en la historia del hombre que había nacido ciego (Juan 9, 1-40). Se cuenta la historia de la siguiente manera:

Un día, mientras Jesús viaja por los caminos de Palestina, encuentra a un hombre ciego de nacimiento. Jesús hace una pasta con tierra, la pone sobre los ojos del hombre y el hombre empieza a ver. Pero sus amigos y vecinos, que no han sido testigos del acontecimiento, le preguntan cómo es que ahora puede ver. El hombre, en la inocencia de una persona simple, les dice que fue Jesús quien, poniendo barro en sus ojos, le dio la vista. Entonces lo llevan a los fariseos, que le hacen la misma pregunta. Cuando el hombre responde, nuevamente, que fue Jesús quien curó su ceguera, los fariseos (en su odio y celos) intentan apartarlo de la verdad, diciéndole que es imposible que Jesús haya hecho eso, puesto que solamente alguien que venga de Dios podría hacer tal cosa y que Jesús, por razones que ellos detallan, no viene de Dios. El hombre, sin embargo se mantiene firme,

286

negándose a mentir, aun cuando se siente superado por lo que le dicen los fariseos. Esta escena, el interrogatorio y su negativa a mentir, se repite varias veces. Por último los fariseos lo insultan, le dicen que es un estúpido, un pecador y que no debiera contradecirlos. El hombre, por su parte, se atiene a la verdad tal como él la sabe. No niega su estupidez o su pecado, pero tampoco niega la verdad, aunque esto signifique que se lo expulsa de la comunidad religiosa judía. Más tarde Jesús vuelve a encontrarse con él y él, el hombre que había sido ciego, hace una profesión de fe en Jesús.

Lo que sucede en esta historia, por decirlo de alguna manera, es lo opuesto al pecado contra el Espíritu Santo. Juan, el evangelista, presenta al ciego como un hombre de muy pocas luces, sin gran inteligencia e indiferente en materia religiosa. Esencialmente, no goza de privilegio alguno en términos de su oportunidad para reconocer a Cristo. Sin embargo, en el Evangelio es una de las primeras personas que reconoce a Jesús por lo que es y hace una profesión de fe. Y avanza hacia esa fe gracias a una única virtud: se niega a mentir. Llega a Dios guiado por su simple honestidad. Esta simple honestidad es un misticismo rudimentario que produce la fe. Por sí misma basta para llevarlo a uno a Dios. Esa visión, el valor singular de la honestidad para un alma sana, se verifica hoy en virtualmente todos los programas terapéuticos que son de algún modo efectivos para el tratamiento de las adicciones, por ejemplo, en los llamados Programas de Doce Pasos (como los que usan los Alcohólicos Anónimos, los Conflictos Sexuales Anónimos, los Bulímicos Anónimos y otros por el estilo). En estos planes siempre hay un paso clave, muy crítico, cuando la persona debe confesar, dando la cara, frente a otro ser humano, y aceptar la verdad sobre sus debilidades, sin mentir. El programa lo tiene bien claro: sin este tipo de honestidad no se lo puede ayudar. El discurso de estos programas que ha acuñado la expresión: "Estás tan enfermo como tu secreto más enfermo y seguirás enfermo mientras esto siga siendo un secreto." En todos los programas efectivos contra las adicciones, la salud y la sobriedad son esencialmente sinónimos de la honestidad. Como lo dice un panfleto: La sobriedad tiene que ver sólo un diez por ciento con el alcohol. El noventa por ciento tiene que ver con la honestidad.

Los Evangelios estarían esencialmente de acuerdo con esta evaluación: la salud espiritual tiene un noventa por ciento que ver con la honestidad. Lo mejor del mundo secular también concuerda con eso. Pese a nuestras luchas morales y emocionales, todavía identificamos la integridad con la honestidad.

Hace algunos años un realizador cinematográfico, con un presupuesto muy bajo, hizo un filme sobresaliente. Titulado *Sexo, mentiras y video,* cuenta la historia de un joven que padecía daños bastante serios, tanto emocionales como sexuales. Sin embargo, en un momento de su vida hace el voto sencillo de nunca más volver a decir una mentira, ni siquiera en las cosas más triviales. Se mantiene fiel a su voto y poco a poco adquiere cada vez más salud. Además, instala una cámara de televisión e invita a otros a venir y hacer lo mismo, es decir, a contar sus historias de manera honesta. Este confesionario secular opera una notable magia espiritual. Todos los que dicen la verdad mejoran. Por lo contrario, los que se niegan a enfrentar la verdad de su propia vida, los que mienten, se vuelven progresivamente más deshonestos, amargos y sus almas y actitudes se vuelven cada vez más duras. Como la historia del hombre que había nacido ciego en el Evangelio, ésta también es una historia de cómo funciona lo opuesto al pecado contra el Espíritu Santo.

3. Honestidad: volver a permitirnos ver los colores

Hace algunos años, en un retiro, un hombre compartió su historia conmigo. Había tenido recientemente una conversión importante, pero tal como él la describía no había sido estrictamente religiosa ni siquiera, en términos estrictos, de carácter moral. Era, en cierto modo, una conversión estética, aunque tuvo consecuencias importantes en términos religiosos y morales muy profundos. ¿Qué le había sucedido?

Era un hombre al principio de su edad media, soltero, homosexual y aun cuando su vida religiosa estaba esencialmente en orden, sufría de dos adicciones relacionadas entre sí, la masturbación y el alcohol. Pero aun en este campo, por lo menos en la superficie, tenía sus adicciones relativamente bajo control. Ninguna de las dos interfería con su trabajo, sus relaciones o su vida religiosa. Era altamente respetado y ninguno de los que lo conocían hubiera sospechado la naturaleza de sus problemas. Excepto... excepto que él sí sabía que tenía problemas y, a medida que maduraba, gracias a su vida de oración y el respeto con que los demás confiaban en él, empezó a darse cuenta de su incoherencia y buscó ayuda.

Sus consejeros le recomendaron ingresar en dos programas de curación, uno para cada una de las dos adicciones, por separado, el alcohol y el sexo. Al principio se resistió, pensando "¡Yo no soy alcohólico!" "¡Mis problemas sexuales no son tan serios!" Con el tiempo, sin embargo, ingresó en los programas y éstos, en sus propias palabras, "Produjeron en mí una gran transformación interior". "No es que fuera demasiado malo o pecador antes de ingresar a esos programas. Mi vida estaba esencialmente en orden. ¿Qué me pasaba, entonces? Para describirlo, ahora que voy regularmente a las reuniones de Alcohólicos Anónimos y de personas con conflictos sexuales, *es como si hubiera vuelto a ver los colores.* Antes no era una mala persona, pero estaba tan atrapado en mis propias necesidades y anhelos que, la mayor parte del tiempo, no veía lo que tenía por delante. Ahora he vuelto a ver los colores y mi vida, de algún modo, es rica, de una manera como nunca lo había sido antes."

¿Qué clase de conversión es ésta? ¿El desafío del evangelio tiene que ver con percibir los colores? Parecería que sí, y la manera de aclarar nuestra visión pasa por una honestidad radical, por un enfrentamiento valiente con nuestras propias debilidades. Para tener hoy un alma sana, no puede haber una receta más importante que la de los Evangelios, que todavía está en lo más elevado de nuestra conciencia. *No mientas. Sé débil, si no puedes hacer otra cosa, pero peca con osadía.* Si somos honestos, Dios, la verdad y el amor terminarán por encontrarnos.

Reunirse para celebrar
en torno a la Palabra y el Pan partido

"Porque donde dos o tres se reúnen en mi nombre, yo estoy allí en medio de ellos".

Mt 18, 20

En toda circunstancia de la vida, reunámonos ritualmente en oración

Jesús prometió que cuando un grupo de personas se reúne para orar, Él está con ellos. La Iglesia primitiva se tomó esa promesa en serio, de manera literal. Estaban acostumbrados a que Jesús estuviera con ellos físicamente y entonces, después de su Ascensión, lucharon para saber qué era lo que Jesús quería que hicieran. Sin embargo, tenían una fórmula muy sencilla para toda ocasión y dificultad: la invitación de Jesús a reunirse en su nombre. Se reunían alrededor de la Palabra y del Pan partido y allí dejaban que Jesús hiciera sentir su presencia e hiciera, a través de ellos, lo que ellos no hubieran podido hacer por sí mismos.

Como cristianos hoy todavía necesitamos tomar literalmente la misma promesa. La vida cristiana no se sostiene solamente con acciones privadas de oración, justicia y virtud. Se sostiene en una comunidad, reuniéndonos ritualmente alrededor de la Palabra de Dios y al partir el Pan. Es importante comprender que este tipo de reunión no es de carácter simplemente social, capaz de lograr solamente lo que logran las reuniones sociales. Reunirse alrededor de la Palabra de Dios y del Pan partido es una reunión ritual, y las reuniones rituales aportan algo que no pueden darnos las reuniones sociales, a saber, un poder transformador más allá de lo que puede entenderse y explicarse por medio de una dinámica física, psicológica y social. Esto, sospecho, podrá parecernos abstracto y quizás un poco esotérico, por lo tanto requiere una explicación cuidadosa.

El significado del ritual y nuestra actual lucha con él

El ritual es algo que, en gran parte, ya no somos capaces de entender. Las culturas anteriores a la nuestra lo entendían y lo utilizaban mucho más de lo que nosotros lo hacemos. Nosotros, hijos adultos del Iluminismo, tendemos a ser sordos al ritual, porque no tenemos confianza en las cosas que no podemos explicar de manera fácil con la razón. Por lo tanto, para nosotros, todo ritual cae dentro del ámbito de lo sospechoso y nos huele a superstición o magia. Sin embargo, esta noción poco a poco está cambiando. Es curioso que el cambio todavía no se ha impuesto tanto en las iglesias como en la cultura secular, especialmente en el feminismo, el movimiento *new age* y los círculos de hombres. En todas estas instancias el ritual está siendo redescubierto y se lo utiliza de manera poderosa. Así por ejemplo, en algunos círculos feministas, mirarán a la mujer que ha sido violada o sufrido algún otro tipo de abuso sexual y percibirán que necesita algo que la terapia psicológica sola no puede ofrecer. Necesita una sanación ritual. Entonces, inventan diferentes rituales de limpieza y de renacimiento y los celebran con ella. En muchos casos, como resultado de esos rituales, la víctima del abuso se siente mejor.

¿Cómo funciona esto? No lo sabemos. Pero ésa es la idea. No podemos dar una explicación racional del ritual, extrapolar su principio transformador y duplicar sus efectos de manera psicodinámica. ¡Simplemente funciona! El ritual funciona de la misma manera que un beso, el ritual primario entre todos los rituales. Los besos hacen cosas que no hacen las palabras y no hay necesidad de inventar una metafísica sobre ellos.

Los grupos de hombres hacen cosas similares. A veces miran a un hombre que no ha sido amado y bendecido por su propio padre y cuya vida lleva ahora las cicatrices de esa carencia. Como en los grupos de mujeres, ellos también perciben que el solo asesoramiento psicológico no puede recorrer toda la distancia necesaria para dar a ese hombre aquello que en realidad necesita. Ese hombre necesita más que un buen asesoramiento. Necesita que se lo bendiga, necesita un ritual. Y aquí también, cuando se ejecuta el ritual el hombre mejora. ¿Cómo funciona? ¿Cómo funciona un beso? Hay en él un poder que va más allá de lo racional. Sólo un lenguaje más antiguo, premoderno —con palabras que hablan de ángeles y demonios, bendiciones y exorcismos, de ríos sagrados más allá del tiempo— puede brindar alguna ayuda a la imaginación... porque es verdad que en el ritual algo sucede. El buen ritual tiene un poder más allá de lo que podemos explicar de manera racional. Los rituales pueden ayudar a producir la unidad del grupo, la sanación y otras transformaciones, para las cuales no podemos describir una fenomenología. Como cristianos siempre hemos tenido esos rituales, pero les damos otros nombres: bautismo, bendición, reunirse en torno a la Palabra de Dios, celebrar la fracción del Pan. Si se trata de los rituales más importantes (como el bautismo), los llamamos "sacramentos" y entendemos de manera intuitiva que algo ocurre en ellos para lo cual no hay una explicación racional plena. Si son de menor monta, como una simple reunión para compartir la lectura de las Escrituras, quizás no nos damos cuenta que se trata de rituales pero sentimos su poder especial.

Aquí quisiera ofrecer dos ejemplos personales. Provienen de mi propia experiencia y de mi propio trasfondo denominativo, el de la Iglesia católica apostólica romana. Pero podrían ser experiencias de cualquiera dentro de cualquier otra denominación religiosa. Ambos ejemplos hablan del poder transformador del ritual.

Durante los seis años que pasé estudiando teología y preparándome para la ordenación como sacerdote, viví en una gran comunidad en el seminario. Durante esos años éramos unos setenta estudiantes que vivíamos, todos, en el mismo edificio. Proveníamos de lugares diferentes, teníamos diferentes temperamentos y cada uno tenía sus faltas diferentes. Entre nosotros era más frecuente y natural que hubiera incompatibilidades naturales y no una armonía temperamental. No nos habíamos escogido y éramos, en el nivel psicológico, una colección accidental de individuos. Sin embargo, de alguna manera, conseguíamos formar entre nosotros una comunidad armónica. Había muchas razones para que se formara entre nosotros una comunidad. Después de todo, vivíamos en el mismo edificio y hacíamos juntos un montón de cosas. Comíamos juntos, estudiábamos juntos y nos divertíamos juntos. Dadas las reglas del seminario en aquella época, muy pocas veces estábamos solos. Además, todos estábamos guiados por las mismas motivaciones esenciales, y la misma fe era el foco de concentración de nuestras acciones. Es interesante que, sin embargo, entre todas las cosas que hacíamos que nos unían hay una que sobresalía. Dos veces al día, durante media hora, nos reuníamos en la capilla, en oración silenciosa, en silencio monacal. La llamábamos, en francés, "*Oraison*". Empezábamos y terminábamos cada una de esas sesiones con una breve oración comunitaria. Pero el resto del tiempo nos quedábamos simplemente sentados, en silencio.

¿Qué sucedía mientras hacíamos esto? Oración, por supuesto. Pero había algo más. Mientras permanecíamos sentados en silencio, cada uno de nosotros tratando de concentrarnos en Dios antes que en nosotros mismos, lográbamos realizar, por lo menos durante ese breve período de tiempo, una comunidad real y una cierta intimidad entre nosotros, los unos con los otros. Nuestras diferencias ideológicas y temperamentales, nuestros celos y nuestros enojos durante un tiempo se disolvían. Durante media hora (y muchas veces durante más de ese tiempo) estábamos más unidos como comunidad. ¿Por qué? ¿Era simplemente porque estábamos un poco más centrados en la razón que teníamos para estar allí? Sí, sin lugar a dudas. Pero había más. Esa media hora que pasábamos juntos, esa *oraison*, también era un ritual que, como un beso, en silencio, nos ayudaba a crear una unidad que no hubiéramos podido conseguir de otro modo, por medio de procesos más racionales y discursivos.

Mi segundo ejemplo también lo extraigo de mi propia experiencia como católico. Enfoca otro ritual: la Eucaristía diaria. Soy sacerdote católico desde hace más de veinticinco años y tengo el privilegio de presidir diariamente el ritual que los católicos llaman la Eucaristía y que también se llama Misa. Con el correr de los años, me he encontrado con una interesante variedad de gente en esa reunión diaria. Digo "variedad" porque no hay solamente una clase de persona que venga a misa todos los días.

¿Quién viene a la misa diaria? En mi experiencia no hay una única categoría que haga justicia a todos los que vienen. En la superficie, por lo menos, parecería que hay poco en común entre aquellos que asisten diariamente a misa. Es una mezcla extraña de gente. Hay algunas monjas, personas sin trabajo, muchas mujeres jubiladas, también algunos hombres jubilados, unos pocos jóvenes. Algunas amas de casa, y una curiosa colección de enfermeras, empresarios, secretarias y otros profesionales por el estilo, que vienen a la iglesia durante el tiempo que dejan de trabajar para salir a almorzar. Entre ellos no hay ninguna similitud de carácter, pero sí hay algo en común (y aquí estoy hablando solamente de aquellos que verdaderamente tienen el hábito de asistir a misa todos los días). En el fondo, todos vienen por la misma razón. ¿Cuál es esta razón? Es algo más profundo y menos obvio que todo lo que pueda haber de inmediatamente evidente. Dicho de manera sencilla, la gente que va a misa todos los días está allí para no perder su integridad. Van a misa porque saben que sin la misa se llenarían de orgullo o se deprimirían y de ese modo no serían capaces de manejar sus propias vidas.

Dudo que la gente que asiste a misa todos los días dijera esto. Lo más probable es que les dijeran que van a misa para alabar a Dios, o para ser alimentados y sostenidos por Dios, o para tocar a Dios y recibir su bendición sobre su día, porque sienten que es justo devolverle a Dios una parte de cada día que Él les da. En la superficie, éstas son sus razones. Pero en todos los que mantienen la práctica de la misa diaria durante algún tiempo por lo menos hay una razón más profunda. La misa diaria es un ritual, profundo y poderoso, que sostiene a la persona del mismo modo como el hábito de asistir diariamente a las reuniones de Alcohólicos Anónimos sostiene al hombre o la mujer que busca la sobriedad. Un amigo alcohólico en proceso de recuperación me explicó por qué va cada día a las reuniones de Alcohólicos Anónimos: "Yo sé, y lo sé con seguridad, que si no voy a las reuniones de manera regular voy a empezar a beber de nuevo. Es cómico, las reuniones siempre son iguales, se dicen y vuelven a decir siempre las mismas cosas. Todo es perfectamente predecible; voy, pero ya sé todo lo que se va a decir. Y todos los que vienen también lo saben. No voy a esas reuniones para ser más bueno. Voy para seguir vivo. Voy porque si no lo hago voy a terminar por destruirme."

Lo que vale para los Alcohólicos Anónimos también es cierto con respecto a los que asisten diariamente a la Eucaristía. Cierto es que en este último caso se trata de una oración, de una reunión pedida por el mismo Jesús. La Eucaristía es todo esto, pero es más: también es un ritual, un contenedor, un sostén, una reunión que impide que nos desarmemos, de maneras que no podemos explicar con la razón.

También es significativa una segunda característica común a todos los que asisten a misa todos los días: no quieren una celebración que sea demasiado larga o demasiado creativa. Quieren un ritual claro, perfectamente predecible, y que sea breve. Debido a esto, demasiado a menudo están a la merced de críticos que se fijan en este hecho y, de manera simplista, no ven nada más que un ritual vacío, una oración repetitiva, y gente que sigue la mecánica de la adoración aparentemente sin poner su corazón en ello. Nada podría estar más lejos de la verdad y este tipo de acusación indica una incomprensión, no solamente por parte de alguien que está afuera sino por parte de alguien incapaz de entender el significado del ritual.

Hay rituales, especialmente rituales de iniciación, por los cuales se transita una sola vez, donde el poder de transformación funciona por medio de un fuerte estímulo de la mente, recalentando las emociones hasta que alcancen una nueva fiebre. Pero los rituales destinados a sostener nuestras vidas diarias no actúan de ese modo. De hecho, hacen todo lo contrario. No están pensados como experiencias de alta energía y creatividad. Son, precisamente, repetitivos, predecibles, simples, directos y breves. Toda comunidad o familia que ha mantenido una vida diaria de oración en común, de comidas en común y una fraternidad común durante cualquier lapso, lo sabe perfectamente bien, como todos los monjes. Los rituales que sostienen nuestra vida diaria no operan por medio de la novedad o buscando elevar la temperatura psíquica. Lo que tratamos de conseguir no es la novedad sino el ritmo; no lo actual sino lo atemporal; y no lo emocional sino lo arquetípico.

Nuestras reuniones cotidianas en la iglesia, nuestras reuniones para rezar y compartir la fe y los momentos de oración de la pareja o dentro de la familia están destinados a ser este tipo de reunión ritual. Cuando nos reunimos para la oración no necesitamos buscar la novedad, la excitación, el brillo o la terapia familiar. Las palabras que usamos (un texto bíblico, un salmo, el Padrenuestro, oraciones que encontramos en un libro de oración o himnos) tienen como propósito, a fin de cuentas, crear entre nosotros un cierto silencio monacal en el cual hay algo que sucede entre Dios y nosotros y entre nosotros, algo que la novedad, la excitación, el brillo y varias terapias discursivas no han sido capaces de conseguir. Cuando nos reunimos ritualmente en torno a la Palabra de Dios y la fracción del Pan que Jesús nos dejó, no lo hacemos para celebrar una reunión de la familia o de la comunidad, o para conversar sobre nuestras emociones o problemas, o buscando una terapia comunitaria, ni siquiera para sostener nuestra fe vacilante en un mundo pagano. Nos reunimos para adorar a Dios como comunidad y para que Dios haga en nosotros algo que nosotros no podemos hacer por nosotros mismos, a saber, darnos fe y unirnos en comunidad por encima de nuestros impulsos individuales conflictivos y de todas las cosas para las que necesitamos terapia.

El cristianismo se ha sostenido durante dos mil años. ¿Cómo lo ha logrado? Al tratar de responder a esta pregunta podemos descubrir un secreto que vale la pena conocer. La fe se sostiene por medio de la reunión ritual alrededor de la Palabra de Dios y la fracción del Pan. Como un matrimonio o una familia que se protege para no desarmarse diciendo: Estaremos en casa a una hora determinada todos los días, todos comeremos juntos dos veces por día y nos reuniremos en la sala de la casa todos los días (aunque no nos resulte entusiasmante, aunque no se hable de sentimientos reales, aunque les aburra a todos, aunque la mitad de la familia proteste y diga que no vale la pena). Lo hacemos porque, si no, al final nos desarmaremos y moriremos como familia. Como una familia humana necesita, para sostenerse viva, repetir rituales establecidos, directos, repetitivos, predecibles, poco excitantes, la familia cristiana también los necesita. Sin una reunión ritual, muy pronto, como cualquier familia, nos desarmaríamos.

En una época cuando es tan difícil sostener la fe y sostener la comunidad, no puede haber mejor recomendación para nosotros que la del mismo Jesús: Reúnanse alrededor de la Palabra de Dios y compartan el Pan. No necesitamos siquiera entender qué es lo que estamos haciendo ni necesitamos ser brillantes, imaginativos o estimulantes. Sólo necesitamos reunirnos en su nombre alrededor de los rituales simples y claros que Él nos dio. Él prometió hacer el resto.

Ronald Rolheiser

Adorar y servir al verdadero Dios

En el mundo puede prevalecer un esquema que otros han hecho y, siguiendo al dios equivocado, podríamos perder nuestra estrella.[9]

Al intentar sostenernos como cristianos hay pocas cosas tan importantes como adorar y servir al Dios verdadero. Tener un concepto distorsionado de Dios, sin que importe lo sincera que sea esa concepción errónea, es adorar un ídolo y quebrantar el primer mandamiento.

¿Cómo es Dios? ¿Qué clase de Dios reveló Jesús? Una de las grandes místicas cristianas, Juliana de Norwich, en cierta oportunidad describió a Dios diciendo: "Completamente sereno y cortés era, él mismo, la felicidad y la paz de sus queridos amigos, su rostro hermoso, que irradia un amor sin límites, como una sinfonía maravillosa. Y era ese rostro radiante que brillaba con la hermosura de Dios lo que llenaba aquel lugar celestial de gozo y luz".[10]

Dios, según Juliana lo describe, sonríe y está relajado. Jesús estaría de acuerdo con esta descripción. Por desgracia hay pocos cristianos, en el pasado u hoy, que concuerden con ella.

---

[9] William Staford, "A Ritual to Read to Each Other", en Robert Bly, James Hillman y Mchael Meade, *The Rag and Bone Shop of the Heart*, Nueva York, Harper Perennial, 1993, p. 233.

[10] Juliana de Norwich, *Enfolded in Love: Daily Readings with Julian of Norwich*, Londres, Darton, Longman & Todd, 1980, p. 10.

En el pasado, nuestra concepción de Dios era demasiado una proyección de nuestra propia ira e incapacidad de perdonarnos entre nosotros. Por lo tanto, tratamos de presentar a Dios como un Dios castigador, un Dios con un gran libro de registro donde está escrito cada uno de nuestros pecados y que, de manera consecuente, nos exige que de algún modo paguemos por cada uno de esos pecados. Es un Dios que ha establecido algunos criterios muy estrictos ("el camino angosto") para la salvación. El fuego del infierno espera a aquellos que moralmente no pueden pasar airosamente por encima de la barrera más alta. Vivíamos temerosos de ese Dios. Hoy ese Dios se ha desmoronado, víctima de los tiempos difíciles, tanto fuera como dentro de las iglesias. No hay predicador, secular o religioso, que no haga de su misión el destronar a ese Dios castigador y exigente. Es triste, sin embargo, que no lo hayamos reemplazado con algo mejor.

Los círculos religiosos liberales son diferentes, pero no están más cerca de lo que prescribe el primer mandamiento. Su Dios tiende a ser el Dios de la ideología liberal: un Dios ansioso, preocupado, extremadamente sensible, políticamente correcto, maniático con el trabajo y por lo general quejumbroso. Este Dios todavía tiene dibujado un gesto de preocupación en su rostro y cuando mira al mundo su reacción espontánea no es bendecirlo, sino reprobar su estupidez y falta de conciencia social. El Dios liberal lo único que ve aquí es una multitud de jóvenes exitosos pagados de sí mismos.

El Dios a quien Jesús llama su "Padre" no ve al mundo como una multitud. Cuando leemos las primeras páginas de la Biblia vemos que, después de haber creado cada una de las cosas que componen el mundo, Dios la mira y dice "¡Esto es muy bueno!" (Gn 1). Esa bendición original, esa mirada aprobatoria, nunca ha cambiado, pese a la existencia del mal y del pecado. *La primera mirada de Dios sobre nosotros sigue siendo una mirada de aprecio.*

Al principio de los Evangelios tenemos una reiteración de esto, cuando Jesús es bautizado. Tal como lo describen los

Evangelios, en su bautismo, cuando la cabeza de Jesús sale del agua después que Juan lo hubiera sumergido, se abren los cielos y una voz, la voz de Dios, dice: "Éste es mi hijo amado, en él me complazco" (Mt 3, 13-17 y paralelos). Otra vez, como en la creación original, Dios dirige su mirada hacia la Tierra, su creación, y la ve buena. La conciencia de eso, de la sonrisa de Dios al contemplar el planeta, es una parte importante de la conciencia de Jesús. Para entender la actitud de Jesús y sus enseñanzas puede ayudarnos imaginar que durante toda su vida Dios, su Padre, le susurró a los oídos esa bendición de su bautismo: "Tú eres el que yo amo, mi amado, mi bendito, mi hijo y en ti me siento complacido." Esas palabras forman parte de la conciencia de Jesús, especialmente en el Evangelio de Lucas. Cuando Jesús mira a los pobres, los hambrientos y los que lloran y los ve como receptores de la bendición divina, es porque ante todo escucha la voz de Dios en su interior, diciéndole que Dios lo ve a él y ve al mundo de esa manera.

Hay una parábola budista contemporánea que puede ayudarnos a entender qué es lo que se está diciendo aquí: *Un día el Buda, sobrecargado de peso, estaba sentado debajo de un árbol. Un soldado joven, delgado y hermoso, vino, miró al Buda y le dijo: "Pareces un cerdo." El Buda le contestó: "Puede ser. Y tú pareces Dios." "¿Por qué dices eso?" —le preguntó el soldado joven, algo sorprendido. El Buda le contestó: "Bueno, vemos lo que tenemos adentro. Yo pienso en Dios todo el día y cuando miro a mi alrededor eso es lo que veo. Tú, evidentemente, debes tener otros pensamientos."*

Lo que vemos afuera de nosotros está teñido en gran medida por aquello que, en primer lugar, tenemos adentro. Jesús tenía adentro la imagen de un Dios relajado, sonriente, que bendice la tierra. Por eso cuando nos ve a nosotros también encuentra algo que le permite sonreír y bendecir.

Hace unos pocos años, antes de morir, Henri Nouwen, muy probablemente el mejor escritor espiritual de nuestra generación, publicó un libro que muchos consideran una obra maestra. Se titula *El regreso del hijo pródigo*.[11] Es un comentario de la famosa pintura de Rembrandt del mismo título pero, al mismo tiempo, una larga reflexión espiritual sobre la paternidad y la maternidad de Dios. Nouwen señala que, en la pintura de Rembrandt, el padre del hijo pródigo tiene una serie de características muy interesantes. En primer, lugar parecería ser ciego. Tiene los ojos cerrados y ve a su hijo no con sus ojos sino con su corazón (contra el cual sostiene, tiernamente, la cabeza del hijo). La insinuación es evidente: Dios ve con el corazón. Por otro lado, la figura que representa a Dios tiene una mano masculina (con la que abraza al hijo descarriado contra su pecho) y una mano femenina (con la cual acaricia la espalda de su hijo). Se representa a Dios aquí como padre y como madre, amando como lo hace una mujer y como lo hace un hombre.

Pero hay más aún. En la escena, tal como la representa Rembrandt, hay tres personajes: el hijo pródigo, su hermano mayor y el padre lleno de compasión, esa figura masculina/femenina que ofrece el abrazo de la compasión y el perdón. La pintura nos invita a vernos a nosotros mismos en cada uno de esos personajes, es decir, en la debilidad del hijo pródigo, en la amargura del hermano mayor y en la compasión del Dios padre/madre. Para nosotros, las dos primeras identificaciones son más obvias. Sabemos que, como el hijo menor, muchas veces estamos lejos de la casa de Dios por nuestras debilidades. Del mismo modo, sabemos que, como el hermano mayor, muchas veces estamos ausentes del amor del Padre y de su celebración, debido a nuestras propias amargura e ira. Al hacernos mayores nos damos cuenta de que, en realidad, somos los dos hijos; el joven, débil y pecador, y el mayor, amargado e iracundo.

Sin embargo, la revelación de Jesús en esta parábola nos invita —y esto se nos transmite de manera poderosa en la pintura de Rembrandt— a identificarnos con el Padre y su compasión, capaz de abrazarlo todo, de perdonar todo y de amar de manera compasiva, pese a todo. Al final del día, eso es lo que se

11 Henri Nouwen, *El regreso del hijo pródigo*, PPC.

nos invita a hacer en la vida espiritual: irradiar tanto el abrazo paternal, masculino y femenino, hacia el hijo pródigo como el abrazo paternal, masculino y femenino, hacia el hijo iracundo. Para poder hacer esto, sin embargo, necesitamos haberlo experimentado nosotros mismos, y parte de aceptar el abrazo perdonador de Dios es tener una concepción correcta de Dios.

Tener el coraje de dejarnos abrazar cuando sabemos que somos pecadores o nos sentimos amargados, es, ante todo, reconocer que Dios es —como para Jesús, Juliana de Norwich, Rembrandt y Henri Nouwen— un Padre perdonador y una Madre que nos acaricia, que nos mira con los ojos del corazón y que, pese a nuestras debilidades y enojos, está sentado, completamente relajado y sonriente, y su rostro es como una maravillosa sinfonía.

Esta sinfonía siempre clara en el rostro de Dios es el futuro hacia el cual todos (y nuestra misma Tierra) podemos mirar. Así, teniendo en cuenta que vivimos bajo la mirada de un Dios sonriente, relajado, que todo lo perdona y todo lo puede, nosotros también podemos relajarnos y sonreír, por lo menos de vez en cuando... porque, pese a todo lo que haya pasado alguna vez o vaya a pasar, al final "todo estará bien y todos estaremos bien y toda forma de ser estará bien".[12]

---

[12] Juliana de Norwich, ibíd., p. 13

Este libro se terminó de imprimir en el mes de junio de 2003
en el Establecimiento Gráfico **LIBRIS S.R.L.**
MENDOZA 1523 • (B1824FJI) LANÚS OESTE
BUENOS AIRES • REPÚBLICA ARGENTINA